Karl Morgenstern

Internationale Spezialisierung und Kooperation im RGW

Diese Schrift ist Bestandteil der internationalen Reihe „Sozialismus: Erfahrungen, Probleme und Perspektiven"

Karl Morgenstern

Internationale Spezialisierung und Kooperation im RGW

Ein Beitrag zu aktuellen Fragen

AKADEMIE-VERLAG · BERLIN
1977

Erschienen im Akademie-Verlag, 108 Berlin, Leipziger Straße 3–4

Lizenznummer: 202 · 100/286/77
Broschurumschlag: Rolf Kunze
Gesamtherstellung: VEB Druckhaus „Maxim Gorki", 74 Altenburg
Bestellnummer: 752 836 3 (6285) · LSV 0335
Printed in GDR
DDR 12,– M

Inhaltsverzeichnis

Vorwort

Mit der Entwicklung der sozialistischen ökonomischen Integration entfaltet sich die internationale Spezialisierung und Kooperation als eine ihrer Hauptformen und entscheidenden materiell-ökonomischen Grundlagen. Dieser planmäßig organisierte Prozeß wirft für Theorie und Praxis ständig neue komplizierte Fragen auf.

Die vorliegende Arbeit kann sich auf bestimmte Grundkenntnisse zur sozialistischen internationalen Arbeitsteilung und internationalen Spezialisierung und Kooperation stützen, die von Ökonomen der RGW-Länder erarbeitet wurden. An spezieller Literatur sei vor allem das Buch von Kormnov über Spezialisierung und Kooperation der Produktion im RGW verwiesen. Der Verfasser stellt sich daher nicht das Ziel, alle Probleme der internationalen Spezialisierung und Kooperation umfassend zu behandeln. Sein Anliegen ist es vielmehr, zur tieferen Klärung einer Reihe aktueller Fragen der Weiterentwicklung der internationalen Spezialisierung und Kooperation beizutragen und die Diskussion neuer Probleme anzuregen.

Nach den Darlegungen über Funktion, Stand und Aufgaben der internationalen Spezialisierung und Kooperation im RGW sowie einer gedrängten Übersicht über ihre Entscheidungsgrundlagen werden Aufgaben der inhaltlichen Gestaltung und der Organisation der internationalen Spezialisierung und Kooperation herausgearbeitet. Dabei werden in den entsprechenden Abschnitten jeweils Einflußfaktoren, Kriterien, Kennziffern und notwendige Analysen begründet bzw. teilweise auch nur genannt. Damit wird das Ziel verfolgt, das Ermitteln effektiver Varianten der internationalen Spezialisierung und Kooperation zu objektivieren. Hierzu bedarf es weiterer Forschungen sowohl über Entwicklungsprozesse der internationalen Spezialisierung und Kooperation als auch über ein System methodischer Grundlagen.

Hinsichtlich der Strukturentwicklung, der Konzentration und internationalen Spezialisierungsrichtungen sind die diesbezüglichen allgemeinen Erkenntnisse, insbesondere über die strukturellen Entwicklungsgesetzmäßigkeiten der sozialistischen Volkswirtschaften im Rahmen der sozialistischen internationalen Arbeitsteilung, vorausgesetzt. Auf diese aufbauend, werden ausgewählte Fragen, die für das Vertiefen und rationelle

Gestalten der internationalen Spezialisierung und Kooperation vordringlich sind, näher untersucht.

Der äußerst komplexe Charakter der internationalen Spezialisierung und Kooperation zwingt zu einer relativ breit angelegten Abhandlung. Das volle Erfassen dieser Komplexität und entsprechende Vorgehen beim Organisieren der internationalen Spezialisierung und Kooperation ist mit eine Voraussetzung dafür, diese auf ein qualitativ höheres Niveau zu heben. Dennoch verzichtet der Verfasser, auch infolge des begrenzten Umfanges der Schrift, auf Vollständigkeit. Eine Reihe von Fragen und Aufgabenstellungen wird daher nur angesprochen. Aus diesem Grund sowie in Anbetracht neuer Literatur zu den Ware-Geld-Beziehungen werden diese nicht ausführlich behandelt. Es werden aber, ebenso wie zu verschiedenen Aspekten der Leitung und Planung, im jeweiligen Zusammenhang konkrete Bezüge hergestellt. Das soll dem Leser helfen, die komplexen Beziehungen der internationalen Spezialisierung und Kooperation besser zu erfassen. Die Arbeit führt in wesentlichen Teilen Gedanken und Untersuchungen des Autors weiter, die in dem Buch „Sozialistische internationale Arbeitsteilung“ (Akademie-Verlag 1972) und anderen Veröffentlichungen enthalten sind.

In den nach der Fertigstellung dieser Arbeit veröffentlichten Dokumenten des IX. Parteitages der SED wird die hervorragende Bedeutung der sozialistischen ökonomischen Integration unterstrichen. Sie wird als „die feste Grundlage für die ständige Vervollkommnung der Zusammenarbeit und systematische Annäherung der sozialistischen Nationen auf allen Gebieten des gesellschaftlichen Lebens“ und als „eine entscheidende Bedingung für die stabile ökonomische und soziale Entwicklung der DDR“ bezeichnet.[1] Dabei spielt die Zusammenarbeit mit der UdSSR als dem Zentrum der sozialistischen ökonomischen Integration eine ausschlaggebende Rolle. Das Programm der SED und die Direktive der Entwicklung der Volkswirtschaft der DDR 1976–1980 orientieren auf die volle Nutzung der Vorzüge der sozialistischen internationalen Arbeitsteilung und die planmäßige Vertiefung der sozialistischen internationalen Spezialisierung und Kooperation in bewährten und neuen Formen der Zusammenarbeit.

Vorliegende Schrift erscheint in der internationalen Buchreihe „Sozialismus: Erfahrungen, Probleme und Perspektiven“. Der Verfasser hofft, mit seinem Beitrag die Diskussion auch im internationalen Rahmen weiter anzuregen.

[1] Programm der Sozialistischen Einheitspartei Deutschlands, Berlin 1976, S. 22 u. S. 32.

1. Internationale Spezialisierung und Kooperation in Forschung, Entwicklung und Produktion als ein entscheidender Wachstums- und Intensivierungsfaktor

1.1. Funktion der internationalen Spezialisierung und Kooperation im Prozeß der sozialistischen ökonomischen Integration

Die internationale Spezialisierung und Kooperation in Forschung, Entwicklung und Produktion zwischen den RGW-Ländern ist für die sozialistische ökonomische Integration und die Lösung der Aufgaben bei der Errichtung der entwickelten sozialistischen Gesellschaft von grundlegender Bedeutung. Diese Funktion ist in erster Linie durch ihren tiefgreifenden Einfluß auf die Effektivität der gesellschaftlichen Arbeit und auf die Befriedigung der wachsenden materiellen und kulturellen Bedürfnisse der Völker in den sozialistischen Staaten bestimmt. Die Hauptaufgabe und die neuen Maßstäbe der Intensivierung werden um so besser erfüllt, je wirksamer in den Ländern und in ihrer Zusammenarbeit alle Wachstums- und Intensivierungsfaktoren harmonisch miteinander verknüpft und auf das effektivste genutzt werden. Zwei Faktoren sind dabei von überragendem Gewicht: der wissenschaftlich-technische Fortschritt und die sozialistische ökonomische Integration. Wie zwischen allen Faktoren bestehen vor allem auch zwischen diesen beiden vielfältige Wechselbeziehungen, die planmäßig zu gestalten sind.

Auf der 13. Tagung des ZK der SED wurde festgestellt: „Unsere Anstrengungen für die Intensivierung der Produktion enden nicht an den Grenzen der DDR. Gerade die größten und lohnendsten Möglichkeiten schließen die enge Zusammenarbeit mit der UdSSR und den anderen Ländern des RGW ein. ... Der rasche wissenschaftlich-technische Fortschritt in unserer Republik setzt eine beschleunigte sozialistische Integration voraus."[1]

Die sozialistische ökonomische Integration basiert materiell-ökonomisch auf dem neuen Typ der internationalen Arbeitsteilung, der sich besonders zwischen den RGW-Ländern herausbildete und weiter entfaltet.

Das Komplexprogramm für die weitere Vertiefung der Zusammenarbeit und Entwicklung der sozialistischen ökonomischen Integration kennzeichnet diesen Prozeß und stellt für dessen weitere Entwicklung die wichtigsten Aufgaben.[2] Die sozialistische internationale Arbeitsteilung wird in wach-

[1] E. Honecker, Bericht des Politbüros an die 13. Tagung des ZK der SED, Berlin 1974, S. 46.

[2] Vgl. Komplexprogramm für die weitere Vertiefung und Vervollkommnung der

sendem Maße durch die planmäßig organisierte internationale Spezialisierung und Kooperation erweitert und vertieft. Sie bietet große Möglichkeiten zur Steigerung der Effektivität der gesellschaftlichen Produktion. Daraus ergibt sich der hohe Rang der internationalen Spezialisierung und Kooperation in der wirtschaftlichen Zusammenarbeit der Bruderländer.[3]

Es ist nicht Anliegen dieser Arbeit, das allgemeine Wesen der internationalen Spezialisierung und Kooperation ausführlich herauszuarbeiten.[4] Es erscheint aber zweckmäßig, kurz auf einige Aspekte einer möglichen Definition einzugehen, die für das Verständnis der Abhandlung dienlich sind.

In den Grundprinzipien der internationalen sozialistischen Arbeitsteilung wurde formuliert, daß zwischenstaatliche Spezialisierung Konzentration der Produktion gleichartiger Erzeugnisse in einem bzw. mehreren sozialistischen Ländern für die Befriedigung der Bedürfnisse der interessierten Länder bedeutet. Dabei werden das technische und organisatorische Niveau der Produktion erhöht und feste ökonomische Beziehungen zwischen den Ländern hergestellt.[5] Als Zielstellung wird angefügt, daß sie die Produktion und Arbeitsproduktivität erhöht, die Selbstkosten senkt, die Qualität und technischen Charakteristika der Erzeugnisse verbessert. Davon ausgehend, können wir u. E. das *ökonomische Wesen der internationalen Spezialisierung als einen Prozeß der Trennung und Verselbständigung der gesellschaftlichen Arbeit und Produktion zwischen den sozialistischen Ländern begreifen, wobei gleiche bzw. für komplexe Lösungen zusammengehörende F/E-Aufgaben und gleiche oder konstruktiv-technologisch ähnliche Erzeugnisse und Erzeugnisbestandteile zusammengefaßt werden.* Dieser Prozeß wird immer vollkommener untereinander *abgestimmt und* zwischen den Partnern *planmäßig organisiert.* Es bilden sich *stabile Produktions- und Außenhandelsbeziehungen heraus.* Die internationale Spezialisierung vollzieht sich in verschiedenen Richtungen (internationale Spezialisierungsrichtungen). Grundsätzlich wird in zwischenzweigliche und innerzweigliche internationale Spezialisierung unterschieden. Innerhalb der innerzweiglichen kann es – je nach Charakter der Produktion und der Erzeugnisse –

Zusammenarbeit und Entwicklung der sozialistischen ökonomischen Integration der Mitgliedländer des RGW, in: Dokumente RGW, Berlin 1971, S. 15, 19 und 48.

[3] Vgl. I. F. Kormnow, Spezialisierung und Kooperation der Produktion der RGW-Länder, Berlin 1974, S. 28 und N. W. Faddejew, Der Rat für gegenseitige Wirtschaftshilfe, Berlin 1975, S. 201 ff.

[4] Der Leser sei hierzu insbesondere auf Kormnow verwiesen, der sich auch mit verschiedenen Auffassungen auseinandersetzt und noch ungeklärte Fragen aufwirft. Vgl. I. F. Kormnow, Spezialisierung ..., a. a. O., 1. u. 2. Abschnitt (speziell S. 31 ff. u. S. 71 ff.).

[5] Grundprinzipien der internationalen sozialistischen Arbeitsteilung, in: Freundschaft, Zusammenarbeit, Beistand; Grundsatzverträge zwischen den sozialistischen Staaten, Berlin 1968, S. 271 f.

eine internationale Spezialisierung auf verschiedene Arten der Endprodukte (gleiche oder konstruktiv-technologisch ähnliche Typen, Größen, technologische Linien, Produktionsanlagen, Erzeugnissysteme), auf Erzeugnisbestandteile (Halbfabrikate, Baugruppen, Einzelteile) und technologische Prozesse (Arbeitsstufen, Montage) geben.

Sozialistische internationale Kooperation in Forschung, Entwicklung und Produktion bedeutet verallgemeinert planmäßige kameradschaftliche Zusammenarbeit zwischen wissenschaftlichen Einrichtungen, Betrieben, Vereinigungen und wirtschaftsleitenden Organen der sozialistischen Länder, die gemeinsam wissenschaftlich-technische Aufgaben lösen und Erzeugnisse bzw. größere Erzeugniseinheiten produzieren. Sie ermöglicht zusammen mit der Spezialisierung eine effektivere Nutzung der ökonomischen Potenzen der beteiligten Länder und wahrt – soweit sie auf internationaler Spezialisierung basiert – den Zusammenhang der geteilten Arbeit und Produktion.[6]

Die sozialistische internationale Spezialisierung und die Kooperation entwickeln sich generell in einem engen wechselseitig verbundenen Prozeß. Das bedeutet jedoch nicht, daß jeder Kooperation eine internationale Spezialisierung zugrunde liegen muß oder daß jede internationale Spezialisierung eine Kooperation nach sich zieht (das ist beispielsweise nicht unbedingt bei Spezialisierung auf Fertigerzeugnisse der Fall). „Die Form der Arbeit vieler, die in demselben Produktionsprozeß oder in verschiedenen, aber zusammenhängenden Produktionsprozessen planmäßig neben- und miteinander arbeiten, heißt Kooperation."[7]

Die internationale Spezialisierung und Kooperation bietet über die Konzentration der Forschung, Entwicklung und Produktion, über rationelle internationale Standortverteilung, Kooperation und Vereinigung nationaler Ressourcen in verschiedenen Formen sowie die damit verbundene ökonomische Kombination der Produktionselemente weitreichende Möglichkeiten zur Beschleunigung des wissenschaftlich-technischen Fortschritts. Es besteht ein enger Zusammenhang zwischen der Entwicklung von Spezialisierung, Technik und Markt. Lenin schrieb, daß der Umfang des Marktes untrennbar mit dem Grad der Spezialisierung der gesellschaftlichen Arbeit zusammenhängt und daß die Spezialisierung ihrem inneren Wesen nach ebenso unendlich ist wie die Entwicklung der Technik. „Der technische Fortschritt muß ... eine Spezialisierung der verschiedenen Teile

[6] Im erweiterten Sinne wird teilweise unter sozialistischer internationaler Kooperation das gesamte Zusammenwirken sozialistischer Länder in Wissenschaft und Technik, Bildung, Produktion, Absatz und Marktarbeit verstanden.

[7] K. Marx, Das Kapital, Erster Band, in: Marx/Engels, Werke (im folgenden MEW), Bd. 23, Berlin 1962, S. 344.

der Produktion, ihre Vergesellschaftung und folglich auch eine Erweiterung des Marktes nach sich ziehen."[8]

Diese Wechselbeziehungen entfalten sich neben der innerstaatlichen zunehmend über die zwischenstaatliche Spezialisierung. Die Vertiefung der internationalen Spezialisierung und Kooperation zwischen den RGW-Ländern erhält wichtige Impulse aus dem technischen Fortschritt und wirkt fördernd auf diesen Prozeß zurück. Die internationale Spezialisierung und Kooperation überwindet, verbunden mit der Erweiterung des Außenhandels, die Schranken, die der spezialisierten Großproduktion mit der begrenzten Aufnahmefähigkeit der Binnenmärkte auf immer mehr Gebieten gesetzt sind. Das kann graphisch in vereinfachter Form dargestellt werden (vgl. Abbildung 1).

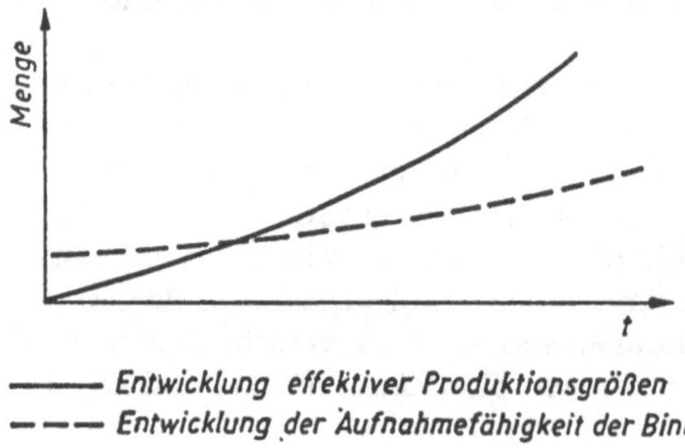

Abb. 1
Zusamenhang von tendenzieller Entwicklung effektiver Produktionsgrößen und der Aufnahmefähigkeit der Binnenmärkte

Während effektive Produktionsmaßstäbe im Durchschnitt der Industrie eine stark steigende Tendenz aufweisen, wächst der Binnenmarkt insbesondere in den kleinen und mittelgroßen Ländern – trotz ständiger Erweiterung im Sozialismus – für viele Erzeugnisse bei weitem nicht in diesem Maße. Ferner trägt die internationale Spezialisierung und Kooperation dazu bei, die in materieller, arbeitskräftemäßiger und finanzieller Hinsicht gegebenen Potentialbegrenzungen in den einzelnen Ländern im Verhältnis zu den wachsenden Aufwendungen für die Entwicklung der modernen Produktion relativ aufzuheben. Sozialistische internationale Arbeitsteilung, Spezialisierung und Kooperation werden des weiteren immer wichtiger, um sowohl das Erzeugnissortiment im Maße der Zunahme und Diversifikation der produktiven und individuellen Bedürfnisse zu erweitern

[8] W. I. Lenin, Zur sogenannten Frage der Märkte, in: Werke, Bd. 1, Berlin 1956, S. 91 f.

(teilweise in den einzelnen Ländern, vor allem aber im Rahmen der gesamten sozialistischen Gemeinschaft) als auch dem Gesetz der Konzentration und Spezialisierung der Produktion zu entsprechen.

Die Spezialisierung und Kooperation im RGW erweist sich demnach als eine wichtige Bedingung zur Lösung einer Reihe von Entwicklungswidersprüchen der modernen Produktivkräfte und der erweiterten Reproduktion im Sozialismus. Vor allem ist hierbei auch ihr Einfluß auf die Förderung progressiver Volkswirtschaftsstrukturen in den RGW-Ländern und deren schrittweise gegenseitige Anpassung sowie auf die dabei sich vollziehende Herausbildung internationaler Wirtschaftskomplexe zu sehen. Als *sozialistische* internationale Spezialisierung und Kooperation hilft sie aktiv, den Prozeß der allmählichen Angleichung des ökonomischen Entwicklungsniveaus der RGW-Länder voranzutreiben.

Die internationale Spezialisierung und Kooperation eröffnet mit diesen Wirkungen neue Dimensionen der intensiv erweiterten Reproduktion. Sie entfalten sich mit der höheren Stufe der internationalen Vergesellschaftung der Produktivkräfte und sozialistischen Produktionsverhältnisse, die Grundlage der sozialistischen ökonomischen Integration ist. In der sozialistischen ökonomischen Integration entstehen qualitativ neue Zusammenhänge zwischen den Wachstumsfaktoren; die „inneren" und „äußeren" Faktoren verbinden sich mit wachsender Verflechtung der Volkswirtschaften immer enger; sie werden zugleich zu Wachstumsbedingungen der höheren, integrierten sozialistischen Wirtschaft. Durch fortschreitende sozialistische internationale Vergesellschaftung von Produktion und Arbeit, durch breit entfaltete und stabile arbeitsteilige Verbindungen der Betriebe und Volkswirtschaften werden wichtige Grundlagen geschaffen, um die Anforderungen der wissenschaftlich-technischen Revolution mit den Vorzügen des Sozialismus zum Vorteil aller sozialistischen Staaten verbinden zu können.[9]

Die skizzierte Funktion der internationalen Spezialisierung und Kooperation bestimmt sie vor allem in der begonnenen Periode der vorwiegend intensiv erweiterten Reproduktion in den RGW-Ländern als einen erstrangigen Faktor des Wachstums und der Intensivierung der volkswirtschaftlichen und betrieblichen Reproduktionsprozesse, besserer Bedarfsdeckung an hochwertigen Produktions- und Konsumtionsmitteln. Zugleich ist sie vielfältig mit allen Formen der Zusammenarbeit (wie Investitionsbeteiligung und allen Seiten der Ware-Geld-Beziehungen) verbunden und erlangt für die Entwicklung des Außenhandels ein wachsendes Gewicht. Das betrifft das Volumen, die Struktur, die Stabilität und Rentabilität des

[9] Eine ausführliche Darstellung politökonomischer Probleme von Vergesellschaftung und sozialistischer ökonomischer Integration findet sich bei Kohlmey, G., Vergesellschaftung und Integration im Sozialismus, Berlin 1973.

Außenhandels. Die internationale Spezialisierung und Kooperation ist eine wichtige materiell-ökonomische Grundlage der sozialistischen ökonomischen Integration und ein sozialökonomischer Prozeß der Annäherung der sozialistischen Nationen und Völker und des Zusammenschlusses der sozialistischen Staaten.

Bei der Vertiefung und rationellen Gestaltung der internationalen Spezialisierung und Kooperation sind vielgestaltige und oft komplizierte Aufgaben zu lösen und Bedingungen zu schaffen. Sie stellen einen Komplex objektiver und subjektiver Komponenten dar. Eine erfolgreiche Förderung der internationalen Spezialisierung und Kooperation setzt voraus, ihre Rolle im Integrationsprozeß der RGW-Länder und ihren Einfluß auf die Intensivierung der gesellschaftlichen Produktion, auf das wirtschaftliche Wachstum und die Bedürfnisbefriedigung tief zu erfassen. Das schließt die Erkenntnis ein, daß sie eine entscheidende Grundlage für das effektive Wirken aller Wachstums- und Intensivierungsfaktoren in den Betrieben und in der gesamten Volkswirtschaft ist. Denn es bedarf der Kenntnis nicht nur der Leiter, sondern aller Werktätigen, um die sozialistische ökonomische Integration bewußt und zielstrebig organisieren und die zwischen internationaler Arbeitsteilung und volkswirtschaftlichem wie betrieblichem Reproduktionsprozeß bestehenden Wechselbeziehungen planmäßig gestalten zu können. Integration, internationale Spezialisierung und Kooperation, ist also nicht etwa nur oder vorrangig eine Aufgabe zentraler Organe, sondern in hohem Maße auch der Betriebe. Deren Verantwortung und Funktion wächst im Integrationsprozeß, weil es vor allem von ihrer Arbeit abhängt, wie die neuen Möglichkeiten noch wirksamer ausgeschöpft werden.

Es ist daher angebracht, die potentiellen Nutzensmöglichkeiten der internationalen Spezialisierung und Kooperation und ihre Beziehungen zu einzelnen Wachstums- und Intensivierungsfaktoren in einem knappen Überblick zusammenfassend darzustellen.

1. Wissenschaftlich-technischer Fortschritt – Erzeugnisqualität

Mit dem Übergang zur umfassenden Intensivierung wächst die Rolle der qualitativen Faktoren des Wirtschaftswachstums. An erste Stelle rückt hierbei der wissenschaftlich-technische Fortschritt. Von der rechtzeitigen Umsetzung neuer Ideen in technologische Lösungen, der Entwicklung und breiten Anwendung moderner Technik und der Einführung neuer Erzeugnisse mit besten technisch-ökonomischen Parametern hängen der ökonomische Fortschritt, die Bedürfnisbefriedigung und der Sieg im ökonomischen Wettbewerb mit dem Kapitalismus entscheidend ab. Während jedoch die Aufwendungen für Forschung und Entwicklung und die Anzahl wissenschaftlich-technischer Aufgaben unaufhörlich zunehmen, sind die Forschungspotentiale der Volkswirtschaften (Arbeitskräfte, experimentelle

Einrichtungen u. a. materielle wie finanzielle Fonds) – trotz Erweiterung – begrenzt. Der Ausweg aus diesem Widerspruch liegt in der fortschreitenden Internationalisierung der Forschungsarbeiten, in der wissenschaftlich-technischen Integration der sozialistischen Staaten.

Die wissenschaftlich-technische Zusammenarbeit und Forschungskooperation ermöglichen die Konzentration von Wissenschaftspotentialen und die gemeinsame Nutzung wissenschaftlicher Einrichtungen, die arbeitsteilige und gemeinsame Forschung und Entwicklung sowie die Mehrfachnutzung der erzielten Ergebnisse. Es wird das Ziel verfolgt, bei Zeit- und Kosteneinsparungen neue Ergebnisse der Grundlagenforschung zu erzielen, hochproduktive Technik und Technologien sowie Werkstoffe, Erzeugnisse und Erzeugnissysteme zu schaffen, die dem internationalen Höchststand entsprechen, diese schnell in die Produktion überzuleiten und marktwirksam zu machen – in den sozialistischen Ländern wie auf kapitalistischen Märkten. Zusammen mit der Produktionszusammenarbeit werden Qualität und Gebrauchswerteigenschaften der Erzeugnisse entscheidend gefördert.

Vom Ausmaß der Zusammenarbeit auf diesem Gebiet zeugt, daß neben bilateralen Maßnahmen von den RGW-Ländern gegenwärtig multilateral 270 Probleme und selbständige Themen bearbeitet werden, die praktisch alle Grundrichtungen der Entwicklung von Wissenschaft und Technik umfassen.[10] Ein Beispiel der erfolgreichen Zusammenarbeit zwischen der UdSSR und DDR ist das neu entwickelte Verfahren zur Herstellung von Hochdruckpolyäthylen und die Produktion der entsprechenden Ausrüstungen. Die Arbeitsproduktivität ist um das drei- bis fünffache höher als bei Anlagen, die in den letzten Jahren aus kapitalistischen Ländern gekauft wurden; die Selbstkosten liegen um ein Drittel unter den bisherigen.[11]

2. *Effektivität der Investitionen, Grundfondsökonomie, moderne Technologie und Produktionsorganisation*

Die Einwirkung der internationalen Spezialisierung und Kooperation auf diese Prozesse erfolgt über den konzentrierten abgestimmten Einsatz der begrenzt vorhandenen Investitionsmittel, ein technologisch-organisatorisch höheres Niveau von Investitionsmaßnahmen, die Sicherheit der ökonomischen Wirksamkeit von Investitionen bei stabiler Arbeitsteilung, den Aufbau optimaler Produktionsgrößen bzw. -kapazitäten und den dadurch möglichen rationellen Einsatz der modernen Technik und Technologie sowie höherer Formen der Produktionsorganisation. Ein weiterer Weg ist die wirtschaftliche Auslastung vorhandener Grundfonds und ihre Rekonstruk-

[10] Kommuniqué der XXIX. Tagung des RGW, in: Deues Deutschland vom 27. 6. 1975, S. 6.

[11] G. Schürer, Die Aufgaben bei der weiteren Verwirklichung der sozialistischen ökonomischen Integration, Berlin 1975, S. 23.

tion/Modernisierung auf der Grundlage spezialisierter Produktionsprogramme bei zunehmend gemeinsamer sozialistischer Rationalisierung und Rekonstruktion.[12] Diese schließt die Anwendung von Besttechnologien bzw. deren gemeinsame Ausarbeitung, die Erneuerung von Maschinen und Ausrüstungen, die Produktion und gegenseitige Lieferung von Betriebsmitteln, die vorbeugende Instandhaltung von Grundmitteln, die Durchführung von Generalreparaturen u. a. Maßnahmen ein, die für die Grundfondsökonomie ausschlaggebend sind. Außer der hierdurch möglichen Senkung des Aufwands an vergegenständlichter und lebendiger Arbeit, der Verbesserung der Zeitökonomie u. a. Effekten, können Zeitreserven durch aufeinanderfolgenden abgestimmten Aufbau optimaler Kapazitäten und ihre schnelle Produktionswirksamkeit erschlossen werden. Ein Beispiel hierfür ist die Olefinkooperation DDR/ČSSR. Dadurch kann sofort eine Produktionskapazität zur Erzeugung von Äthylen von 300 000 t/Jahr geschaffen werden, die den Bedarf und die Investitionskraft eines Landes übersteigt, aber wesentlich effektiver ist als eine Anlage von 150 000 t/Jahr. Durch eine Verbundleitung zwischen Böhlen und Zaluzi erfolgt der Transport und die Weiterverarbeitung in der ČSSR.

3. Sicherung der Rohstoff- und Energieversorgung

Die Deckung des wachsenden Bedarfs der sozialistischen Volkswirtschaften an Rohstoffen, Grundmaterialien und Elektroenergie ist von primärem Einfluß auf ihre kontinuierliche proportionale Entwicklung. Die internationale Spezialisierung und Kooperation trägt hierzu zusammen mit der Investitionsbeteiligung u. a. Formen durch die beschleunigte Produktion der benötigten Ausrüstungen und die Herausbildung einer entsprechenden Produktions- und Außenhandelsstruktur sowie durch Entwicklung neuer Verfahren zur Rohstoffgewinnung und -verarbeitung bei. Das ist ein Schwerpunkt von Maßnahmen der internationalen Spezialisierung und Kooperation. Wir denken u. a. an die steigende Produktion von Ausrüstungen für den Bergbau, die Metallurgie, die Energieerzeugung (hierzu gehört auch die Bildung der internationalen Wirtschaftsvereinigung „Interatomenergo“) und die Chemie. Gleichzeitig ist hier auch die Wirkung der internationalen Spezialisierung der Volkswirtschaften auf den Umfang und die Struktur des Bedarfs der einzelnen Länder an Roh- und Grundstoffen zu sehen. Es ist ein Erfordernis bei der Gestaltung der sozialistischen internationalen Arbeitsteilung, die natürlichen Vorkommen so ökonomisch wie möglich zu nutzen und unrationelle Transporte zu vermeiden.

[12] So werden infolge der gemeinsamen Rekonstruktion von Armaturenwerken in der UdSSR (Pensa) und in der DDR (Magdeburg) die Produktion verdoppelt bzw. verdreifacht, die Arbeitsproduktivität erheblich gesteigert und die Selbstkosten spürbar gesenkt. (Vgl. G. Grüner, Sozialistische ökonomische Integration – Intensivierungsfaktor der Produktion, in: Einheit, 3/1975, S. 348.)

4. Materialökonomie

Die internationale Spezialisierung und Kooperation nimmt auf die Materialökonomie durch Entwicklung und Anwendung neuer, material- und energiesparender Technologien, Werkstoffe und Erzeugnisse (Substitutionseffekt), durch Materialeinsparungen infolge größerer Serien und durch rationelle internationale Standortverteilung (Profilierung der Produktions- und Exportstrukturen auch – soweit möglich und zweckmäßig – unter Berücksichtigung des Materialfaktors) Einfluß.

5. Entwicklung und Wirksamkeit des gesellschaftlichen Arbeitsvermögens

Konzentrierte und spezialisierte Forschung und Produktion steigert die Arbeitsproduktivität. Die Arbeitskräfte können sich spezialisieren. Das gesellschaftliche Arbeitsvermögen wird ferner besser dadurch genutzt und erweitert, indem die internationale Spezialisierung und Kooperation das vorhandene Qualifikationsniveau berücksichtigt und es zugleich weiter fördert, die Produktionskapazitäten voll auslastet und durch die Strukturentwicklung (Standortverteilung) alle verfügbaren und freiwerdenden Arbeitskräfteressourcen der Länder effektiv in den wirtschaftlichen Kreislauf einbezieht.

6. Förderung progressiver Produktions- und Außenhandelsstrukturen in allen RGW-Ländern

Die internationale Spezialisierung und Kooperation ist ein grundlegender Faktor zur Schaffung und ständigen Vervollkommnung hocheffektiver Volkswirtschaftsstrukturen und für die allmähliche Angleichung des ökonomischen Entwicklungsniveaus der sozialistischen Länder. Diese Funktion wird faktisch durch alle Nutzenswirkungen ausgeübt. Da die Entwicklung effektiver Produktions- und Außenhandelsstrukturen eine entscheidende, langfristig wirkende Grundlage hohen kontinuierlichen Wachstums und steigender gesellschaftlicher Arbeitsproduktivität der Volkswirtschaften ist, muß die Gesamtanlage der sozialistischen internationalen Arbeitsteilung bewußt vor allem auf dieses Ziel ausgerichtet sein. Das ist zugleich eine Hauptvoraussetzung, um die Exportkraft der Volkswirtschaften zu stärken, den Import als Effektivitätsfaktor wirksamer zu nutzen und die Außenhandelsrentabilität zu erhöhen.[13]

[13] Jefimov wendet sich völlig zu Recht gegen eine enge Fassung der Intensivierung, die nur auf technologische Prozesse und leistungsfähige Maschinen bezogen ist. Er zählt zu den wichtigsten Faktoren der Intensivierung aus volkswirtschaftlicher Sicht die Struktur und die Proportionen der gesellschaftlichen Produktion.
A. Jefimov, Zur wissenschaftlichen Begründung des langfristigen Planes, in: Sowjetwissenschaft, Gesellschaftswissenschaftliche Beiträge, 7/1974, S. 705 f.

Die Steigerung der Effektivität der gesellschaftlichen Arbeit mittels sozialistischer internationaler Spezialisierung und Kooperation dient der besseren Befriedigung materieller und kultureller Bedürfnisse aller sozialistischer Völker. Durch geeignete organisatorische und technologische Lösungen unterstützt die internationale Spezialisierung und Kooperation die Verbesserung der Arbeits- und Lebensbedingungen auch im unmittelbaren Produktionsprozeß. Darüber hinaus nimmt sie direkten Einfluß auf die vermehrte Produktion qualitativ hochwertiger Konsumgüter und entsprechender Rohstoffe, Materialien und Ausrüstungen. Die Spezialisierung und Kooperation sowie der internationale Austausch haben auf diesem Gebiet in den letzten Jahren beachtlich zugenommen.

Erwähnt seien hier nur die Spezialisierungs- und Kooperationsmaßnahmen für die Entwicklung und Produktion von Maschinen und Ausrüstungen für die Landwirtschaft, die Leicht- und Lebensmittelindustrie, die PKW-Produktion und von Saatgutsorten. Entsprechend einer mehrseitigen Spezialisierungsvereinbarung zur Produktion einiger Saatgutsorten von 1973 erreichten die gegenseitigen Lieferungen bis 1975 z. B. von Getreidesaatgut 87 800 t. Die UdSSR erweiterte die Lieferung von Fernsehgeräten, Transistorempfängern, elektrischen Haushaltgeräten, Foto- und Filmapparaten, Waschmaschinen, PKW u. a. Waren an die sozialistischen Länder bedeutend. Ebenso nahmen ihre Importe von Konsumgütern aus den anderen RGW-Ländern im Fünfjahrplan 1971–1975 erheblich zu. Sie erreichten einen Umfang von etwa 8,5 Milliarden Rubel. Das entspricht einem Anteil von etwa 23 Prozent des Gesamtimports der UdSSR aus diesen Ländern.[14]

Die dargestellten Wirkungen verdeutlichen, in welch großem und weiterhin wachsendem Maße die internationale Spezialisierung und Kooperation bei komplexer Ausnutzung aller Wachstumsfaktoren als Produktivitäts- und Proportionalitätsfaktor wirkt, welche Rolle sie bei der planmäßigen Verwirklichung des ökonomischen Grundgesetzes des Sozialismus spielt bzw. zu spielen vermag. Das betrifft die untrennbare Einheit der Ziel-Mittel-Dialektik der Erfüllung des Grundgesetzes.

Es zeigt sich, daß eine entwickelte und intensiv gestaltete internationale Spezialisierung und Kooperation, die ihre Hauptaufgabe in der Schaffung wichtiger Voraussetzungen für eine hocheffektive gesellschaftliche Produktion sieht, einen umfassenden Einfluß auf die Intensivierung des gesamten Reproduktionsprozesses und auf die Umgestaltung und Modernisierung der Volkswirtschaftsstrukturen ausübt. Sie eröffnet in untrennbarer wechselseitiger Verbindung mit dem wissenschaftlich-technischen Fortschritt neue Wachstumsbedingungen für die sozialistischen Volkswirtschaften und för-

[14] L. O. Chodow, A. I. Sokolow, Die ökonomische Zusammenarbeit der sozialistischen Länder im Dienste der Erhöhung der Produktion und des Austauschs von Waren des Bevölkerungsverbrauchs, in: Wirtschaftswissenschaft, 12/1975, S. 1824–1834.

dert ihre Ergänzung und fortschreitende Verflechtung zu einem integrierten Wirtschaftssystem. Das bestimmt den globalen Charakter der internationalen Spezialisierung und Kooperation und macht sie zu einer strategischen Aufgabe für die perspektivische volkswirtschaftliche Entwicklung.

Natürlich handelt es sich hierbei zunächst um *potentielle* Nutzensmöglichkeiten, die nicht automatisch wirksam werden. Das muß u. a. deshalb besonders betont werden, weil nicht selten die Auffassung besteht, daß eine Integrationsmaßnahme auf jeden Fall einen Nutzen „verbürgt". Die großen Nutzeffektspotenzen der internationalen Spezialisierung und Kooperation wie der gesamten sozialistischen ökonomischen Integration gilt es planmäßig auszuschöpfen. Bei einer erheblichen Zahl von Objekten sind dazu beträchtliche Vorleistungen nötig. Aber diese Vorleistungen wären in der eigenen Volkswirtschaft nicht nur auch erforderlich, sondern entweder größer bzw. es könnten die entsprechenden Gebrauchswerte gar nicht erzeugt werden.[15]

Es hängt also von unseren Ländern, von der zentralen staatlichen Leitung und Planung, den Zweigleitungen, Betrieben und der Arbeit aller Werktätigen ab, die internationale Spezialisierung und Kooperation systematisch auf ein Niveau zu heben, das mit dem erreichten Entwicklungsstand der RGW-Länder möglich und angesichts der neuen Maßstäbe der Intensivierung notwendig ist. So kann die internationale Spezialisierung und Kooperation für alle Partner einen noch größeren, umfassenderen Nutzen bringen. Dazu gehört, daß sie stärker zur Lösung großer volkswirtschaftlicher Probleme, zum wissenschaftlich-technischen Fortschritt und zu progressiven Strukturveränderungen beiträgt.[16] Die gegenseitigen Anforderungen an die internationale Spezialisierung und Kooperation sind gestiegen. Das betrifft die bessere Bedarfsdeckung an modernen Produktions- und Konsumtionsmitteln, eine hohe Qualität und optimale technisch-ökonomische Parameter der Erzeugnisse, die wesentliche Effektivitätssteigerung, das preisgünstige Angebot, kurze Lieferfristen, weltmarktfähiger Kundendienst einschließlich reibungsloser Ersatzteilversorgung, Sicherheiten für den Produzenten/Exporteur und Anwender/Importeur durch bedarfs-, sortiments- und termingerechte Lieferung und garantier-

[15] Beispielsweise müßte die DDR für die Erzeugung der gleichen Menge Gas, die wir durch die Beteiligung am Bau der Erdgasleitung von Orenburg erhalten, über verschiedene Stufen der Braunkohlenveredelung das Zwei- bis Dreifache an Investitionen gegenüber den anteiligen Kosten aufwenden. (Vgl. G. Schürer, Die Aufgaben bei ..., a. a. O., S. 19.)

[16] Vgl. N. W. Faddejew, Der Rat für gegenseitige Wirtschaftshilfe, Berlin 1975, S. 216. Bisher war die internationale Spezialisierung und Kooperation in den meisten Fällen auf Teilaufgaben begrenzt, d. h. auf Teillösungen technischer und ökonomischer Art.

ten Import bei Einhaltung der festgelegten Parameter, eine wirksamere Förderung der progressiven Strukturentwicklung und des Exports sowie der planmäßigen proportionalen Entwicklung der sozialistischen Volkswirtschaften.

Diese Anforderungen können zunehmend erfüllt werden, wenn alle Quellen wirtschaftlichen Wachstums und intensiv erweiterter Reproduktion ausgeschöpft werden und wenn die bedeutende Funktion, die dabei die sozialistische internationale Spezialisierung und Kooperation einnimmt, voll zum Tragen kommt.

1.2. Stand und Aufgaben zur Vertiefung der internationalen Spezialisierung und Kooperation

1.2.1. Zum Stand der internationalen Spezialisierung und Kooperation

Die weitere Verbesserung der praktischen Arbeit auf dem Gebiet der internationalen Spezialisierung und Kooperation und die richtige Orientierung der theoretischen Aufgaben setzen eine fundierte realistische Analyse des Standes der internationalen Spezialisierung und Kooperation voraus, die regelmäßig auf den verschiedenen Ebenen vorgenommen wird. Das bezieht sich auf Fortschritte und Mängel sowie deren Ursachen.

Die Einschätzung des Standes darf sich nicht an einigen wenigen Kriterien orientieren. Sie muß möglichst umfassend, an Hand quantitativer *und* qualitativer Kriterien und Kennziffern erfolgen, um Einseitigkeiten und unbegründeten Schlußfolgerungen vorzubeugen.

Die Zahl der abgeschlossenen Vereinbarungen und Verträge zur internationalen Spezialisierung und Kooperation ist vor allem in den letzten Jahren rasch angestiegen. Die DDR ist gegenwärtig an über 400 solcher Vereinbarungen mit anderen RGW-Ländern beteiligt. Zur Zeit bestehen 17 multilaterale Verträge, die rund 1700 Erzeugnisse umfassen.[17]

Der Anteil der spezialisierten Erzeugnisse am Außenhandel der DDR hat sich wesentlich erhöht. Während ihr Anteil an unseren Exporten in die RGW-Länder 1970 ein Prozent betrug, waren es 1974 bereits etwa 17 Prozent. Im Export nach der UdSSR stieg dieser Anteil im gleichen Zeitraum von 0,7 auf über 27 Prozent.[18] Bis 1980 wird der Anteil weiter anwachsen.

Diese Angaben vermitteln ein detaillierteres Bild, wenn sie auf die einzelnen Bereiche und Zweige der Industrie sowie auf die einzelnen RGW-Länder bezogen werden und wenn der Anteil ausgewiesen wird, den die vertraglich spezialisierten Ausfuhren an den Hauptexportlinien ausmachen. So wird im Ergebnis der Plankoordinierung der Anteil spezialisierter

[17] G. Schürer, Die Aufgaben bei ..., a. a. O., S. 24 f.

[18] E. Honecker, Bericht des Politbüros an die 13. Tagung ..., a. a. O., S. 47.

Lieferungen am gesamten Warenaustausch zwischen der DDR und der UdSSR bis 1980 auf mindestens 35 Prozent ansteigen; mit der UVR wird der Anteil spezialisierter und kooperierter Erzeugnisse am Gesamtwarenaustausch im Zeitraum 1976–1980 mehr als 30 Prozent betragen; mit der VRP steigt dieser Anteil im Maschinenbau auf rund 35 Prozent und in der chemischen Industrie auf etwa 46 Prozent.[19]

Der gesonderte statistische Ausweis vertraglich vereinbarter Spezialisierungs- und Kooperationsmaßnahmen ist wichtig, stellen diese doch eine höhere Form der planmäßig organisierten sozialistischen internationalen Arbeitsteilung dar, die es weiter auszubauen gilt. Auf diesem Weg entwickelt sich die internationale Spezialisierung und Kooperation mit größerer Stabilität und Planmäßigkeit. Die vertraglich geregelte internationale Spezialisierung und Kooperation ist somit ein wirksamer Faktor im Integrationsprozeß und für die Herstellung planmäßiger Reproduktionsbeziehungen zwischen den sozialistischen Volkswirtschaften. Die Anzahl von Verträgen allein sagt jedoch noch nichts über die Effektivität dieser Maßnahmen sowie darüber, ob die dadurch erreichte Konzentration den Forderungen entspricht und die volkswirtschaftlichen Schwerpunkte erfaßt sind. Auch ist zu bedenken, daß sich – wie vorn dargelegt – die internationale Spezialisierung ihrem ökonomischen Wesen nach nicht allein auf vertraglich geregelte Maßnahmen reduziert.[20] Traditionelle stabile Export-Importbezüge können ebenfalls eine echte und effektive internationale Spezialisierung sein. Solche haben sich zwischen den sozialistischen Ländern auf nicht wenigen Gebieten herausgebildet und bewährt. Ein Teil davon ist inzwischen bereits Gegenstand von Verträgen geworden und weitere sollten es u. E. werden, um die Langfristigkeit der Beziehungen zu festigen. Zur quantitativen Einschätzung des Standes der internationalen Spezialisierung und Kooperation bedarf es vor allem auch ergänzender Angaben über den Konzentrations- und Spezialisierungsgrad der Volkswirtschaften und der einzelnen Produktionen (siehe dazu Abschnitt 2).

An qualitativen Merkmalen wären u. a. auszuweisen: Niveau der Forschungs- und Entwicklungsergebnisse, erzielte Effektivitätssteigerung, Anstieg der Bedarfsbefriedigung an hochwertigen Produktions- und Konsumtionsmitteln, technisch-ökonomische Parameter und Qualität der Erzeugnisse, Entwicklung der Handels- und Zahlungsbilanz, Stabilität und Flexibilität der arbeitsteiligen Beziehungen (und die dazu angewandten Formen und Methoden). Hier gibt es beachtliche Fortschritte seit der Annahme des Komplexprogrammes, insbesondere mit der UdSSR.

Sie kommen zum Ausdruck in der gemeinsamen Entwicklung, Projek-

19 Vgl. die Mitteilungen über die Plankoordinierung mit diesen Ländern, in: Neues Deutschland vom 28. 7. 1975, vom 11. 9. 1975 und vom 19. 9. 1975.

20 Vgl. I. F. Kormnow, Spezialisierung und Kooperation ..., a. a. O., S. 44 f.

tierung und Konstruktion von Verfahren, Ausrüstungen, Maschinen und Konsumgütern und im Bau von modernen Anlagen (wesentlich produktivere Verfahren für die chemische Industrie, Schaffung neuer Werkzeug-, Textil- und Landwirtschaftsmaschinen, wie Rübenkombine KS 6, gemeinsame Entwicklung der vollautomatischen Waschmaschine). Viele weitere Beispiele ließen sich anführen. Sie werden weiterhin sichtbar in der gemeinsamen Schaffung von Maschinen- und Gerätesystemen (ESER, Maschinensysteme für Halmfutterernte u. a. landwirtschaftliche Arbeiten, für den Straßenbau), im komplexeren Herangehen an die Organisation der internationalen Spezialisierung und Kooperation, in mehr Langfristigkeit und Multilateralität, in der beginnenden gemeinsamen Planung, im Ausbau der Direktbeziehungen zwischen Ministerien, Zweigleitungen und Kombinaten, in der Vervollkommnung bestehender und der Anwendung neuer Formen der Zusammenarbeit in Forschung, Entwicklung und Produktion (Bildung von Spezialistenkollektiven, gemeinsamen Abteilungen für Forschung und Entwicklung, Laboratorien, Instituten, Koordinierungszentren und internationalen Wirtschaftsorganisationen).[21]

Quantitative und qualitative Merkmale lassen eindeutig erkennen, wie die RGW-Länder vor allem in den Jahren nach der Annahme des Komplexprogrammes in der internationalen Spezialisierung und Kooperation vorangekommen sind. Zugleich machen sie sichtbar, daß den oben angeführten Anforderungen an die internationale Spezialisierung und Kooperation noch nicht überall im erforderlichen Maße entsprochen wird. Die Gestaltung tiefgehender effektiver arbeitsteiliger Beziehungen ist ein sehr komplizierter und unaufhörlicher Entwicklungsprozeß, der mit dem Voranschreiten beim sozialistischen und kommunistischen Aufbau und infolge der wissenschaftlich-technischen Revolution sowie der zunehmenden Internationalisierung des Wirtschaftslebens im Weltmaßstab immer wieder neue Probleme und Aufgaben stellt. So können nunmehr die Anstrengungen der RGW-Länder verstärkt darauf konzentriert werden, die Effektivität der Maßnahmen der internationalen Spezialisierung und Kooperation zu erhöhen, den Bedarf an spezialisierten Erzeugnissen mit besten technisch-ökonomischen Parametern zu befriedigen und den Export nach Drittländern zu erweitern, die Marktarbeit zu verbessern und den Einfluß der internationalen Spezialisierung und Kooperation auf die Herausbildung und gegenseitige Anpassung rationeller Volkswirtschaftsstrukturen zu vergrößern. Damit werden ergiebige Reserven für das wirtschaftliche Wachstum und die Intensivierung der gesellschaftlichen Produktion erschlossen.

[21] Im einzelnen werden Erfolge und Entwicklungsprobleme der Zusammenarbeit und der sozialistischen ökonomischen Integration u. a. abgehandelt bei: I. F. Kormnow, Spezialisierung und Kooperation ..., a. a. O.; RGW – DDR. 25 Jahre Zusammenarbeit, Berlin 1974; N. W. Faddejew, Der Rat für gegenseitige Wirtschaftshilfe, a. a. O.

Die Ursachen für noch vorhandene Mängel und Entwicklungsschwierigkeiten der internationalen Spezialisierung und Kooperation sind vorwiegend historisch begründet. Sie liegen in den noch bestehenden Unterschieden im ökonomischen Entwicklungsniveau der sozialistischen Länder, wobei die Fortschritte in der Angleichung dieses Niveaus in Anbetracht der relativ kurzen Zeitspanne des sozialistischen Aufbaus nicht hoch genug bewertet werden können (vgl. Tabelle 5 im 2. Abschnitt). Aber das ist ein langfristiger Prozeß.

Die Ursachen liegen untrennbar damit verbunden im Bereich der Ökonomie, der Leitung, Planung und ökonomischen Stimulierung, der wissenschaftlichen und technischen Voraussetzungen (hierzu zählen internationale Standardisierung, Lizenzpolitik, Schaffung methodischer Grundlagen für die Ermittlung effektiver Varianten der internationalen Spezialisierung und Kooperation u. a. m.) und der Bewußtheit der Werktätigen. Bei der Leitung und Planung spannt sich der Bogen von den notwendigen langfristigen, sich gegenseitig ergänzenden und international abzustimmenden volkswirtschaftlichen Strukturkonzeptionen bis zur Organisierung der einzelnen Maßnahmen der internationalen Spezialisierung und Kooperation. Auf diese müssen für Forschung, Entwicklung, Überleitung, Auf- oder Ausbau von Produktionskapazitäten Kräfte und Mittel in ausreichendem Umfang konzentriert werden. Gleiches gilt für die gesicherte Bereitstellung von Valutamitteln für den Import. Die Erkenntnis über die objektive Notwendigkeit und die Vorteile einer sich ständig vertiefenden internationalen Spezialisierung und Kooperation ist auf Grund der praktischen Resultate und der ideologischen Arbeit der Bruderparteien gewachsen. Dennoch bedarf es auch auf diesem Gebiet weiterer intensiver Tätigkeit.

Wir haben es also mit wechselseitig verbundenen Wirkungsursachen objektiver und subjektiver Natur zu tun, die letztlich in den Entstehungsbedingungen des Weltsozialismus, in der vom Kapitalismus ererbten ökonomischen Rückständigkeit der meisten sozialistischen Länder begründet sind. „Wie weit die Produktionskräfte einer Nation entwickelt sind, zeigt am augenscheinlichsten der Grad, bis zu dem die Teilung der Arbeit entwickelt ist.“[22] Diese Erkenntnis von Marx und Engels hat eine sinngemäße Beziehung auch zum Stand der sozialistischen internationalen Arbeitsteilung.

Der ersten größeren Periode der Zusammenarbeit der RGW-Länder drückte die sozialistische Industrialisierung, der Aufbau der Grundlagen des Sozialismus, die vorwiegend extensiv erweiterte Reproduktion in den sozialistischen Ländern ihren Stempel auf. Ziele und Bedingungen der Außenwirtschaftsbeziehungen und hier insbesondere der internationalen

[22] K. Marx / F. Engels, Die deutsche Ideologie, in: MEW, Bd. 3, Berlin 1958, S. 22.

Spezialisierung und Kooperation stehen in untrennbarem Zusammenhang zu den Aufgaben und Bedingungen des Wirtschaftens im Inneren der Länder. Deshalb konnte sich in dieser Zeit auch zwangsläufig kein System der Leitung, Planung und ökonomischen Stimulierung innerhalb der Länder und in ihrer Zusammenarbeit entwickeln, das ausreichend auf eine tiefgehende und rationell gestaltete internationale Spezialisierung und Kooperation ausgestaltet ist. Mit dem Aufbau der entwickelten sozialistischen Gesellschaft, dem Übergang zur vorwiegend intensiv erweiterten Reproduktion steht die Aufgabe und reifen auch immer mehr die Bedingungen heran, die internationale Spezialisierung und Kooperation im Prozeß der sozialistischen ökonomischen Integration viel stärker auf Effektivität und Sicherung der volkswirtschaftlichen Proportionalität auszurichten. Durch diese Einwirkung auf kontinuierliches proportionales und von hoher Effektivität gekennzeichnetes Wirtschaftswachstum erhält sie ein zunehmendes Gewicht für die Wirksamkeit der qualitativen Wachstumsfaktoren in den RGW-Ländern.

Entwickelte sozialistische Gesellschaft, sozialistische ökonomische Integration und umfassende sowie rationell gestaltete arbeitsteilige Beziehungen als materiell-ökonomische Grundlage der Integration gehören untrennbar zusammen.

In diesem Zusammenhang erscheint es wichtig, die internationale Spezialisierung und Kooperation nicht nur als technisch-ökonomischen Prozeß zu begreifen, sondern zugleich als Prozeß zwischenstaatlicher ökonomischer Beziehungen und der Entfaltung der sozialistischen Produktionsverhältnisse. Infolge der staatlichen Form des gesellschaftlichen Eigentums ist die internationale Spezialisierung und Kooperation im Unterschied zur innerstaatlichen stets mit dem internationalen Austausch, mit dem Eigentümerwechsel der Waren zwischen den selbständigen Volkswirtschaften verbunden. Daraus entspringen mannigfache komplizierte ökonomische Probleme und Zusammenhänge mit dem Außenhandel, den Währungsbeziehungen, der Strukturentwicklung und des Wachstums der beteiligten Volkswirtschaften. Das bringt besondere Aufgaben hinsichtlich der Übereinstimmung zwischen den gemeinsamen und spezifischen Interessen der sozialistischen Staaten und der Entwicklung des ökonomischen Mechanismus der Zusammenarbeit mit sich.[23] Zugleich werden damit die Beziehungen zur Ideologie, zur Erziehung der Arbeiterklasse und aller Werktätigen zum proletarischen Internationalismus und zu weiteren Überbaufunktionen der sozialistischen Staaten deutlich. Das Voranschreiten auf dem Wege

[23] Kormnow verweist neben Gemeinsamkeiten bzw. Ähnlichkeiten auf diese qualitativen Unterschiede zwischen internationaler und innerstaatlicher Spezialisierung. (Vgl. I. F. Kormnow, Spezialisierung und Kooperation ..., a. a. O., S. 33 ff.)

der sozialistischen ökonomischen Integration erfordert von den kommunistischen Parteien, den sozialistischen Staaten, den wirtschaftsleitenden Organen und Betrieben, in der politisch-ideologischen und wirtschaftlichen Tätigkeit das Nationale und Internationale miteinander zu verbinden; denn der Sozialismus ist seinem Wesen nach eine internationalistische Ordnung.

1.2.2. Wege und Bedingungen zur Vertiefung und rationellen Gestaltung der sozialistischen internationalen Spezialisierung und Kooperation[24]

Aus den dargelegten Zusammenhängen leiten sich Wege und Bedingungen zur Vertiefung der internationalen Spezialisierung und Kooperation ab. Sie sollen hier nur skizziert und in den anschließenden Abschnitten teilweise ausführlicher behandelt werden. Um die internationale Spezialisierung und Kooperation zu vertiefen und noch rationeller gestalten zu können, ist es ganz entscheidend, ihre objektiv bedingte Komplexität voll zu erfassen und bei ihrer Organisierung danach zu verfahren. Die internationale Spezialisierung und Kooperation wird immer mehr Bestandteil der Reproduktion. Sie ist in der Einheit von Gebrauchswert und Wert, von materiellen und finanziellen Prozessen mit allen ihren Phasen, Stufen und Elementen verbunden. Sie weist engste Wechselbeziehungen zur Wissenschaft, Technik und Technologie, zu den Investitionen, zur Produktion, zu den Arbeitskräften, zu Export und Import und damit zu allen Formen der wissenschaftlich-technischen und ökonomischen Zusammenarbeit der sozialistischen Staaten auf. Der Einfluß der internationalen Spezialisierung und Kooperation auf die volkswirtschaftliche Strukturentwicklung wird immer größer, und zwar sowohl auf die Makro- als auch auf die Mikrostruktur. (Makrostruktur verstanden als die Gliederung der Volkswirtschaft in die grundlegenden Proportionen, in die Bereiche und Zweige sowie deren Wachstumsproportionen, Mikrostruktur als die Gliederung der Zweige in die einzelnen Produktionen und deren Wachstumsproportionen.) In dem Maße, wie diesen Zusammenhängen auf den verschiedenen Ebenen der Leitung und Planung Rechnung getragen wird, kann die sozialistische internationale Spezialisierung und Kooperation als ein erstrangiger Wachstums- und Intensivierungsfaktor immer nachhaltiger wirksam werden. Es können gegenseitig vorteilhafte und realisierbare Varianten der Arbeitsteilung ermittelt und verwirklicht werden. Die Komplexität der sozialistischen internationalen Spezialisierung und Kooperation zwingt somit zu einer umfassenden gebrauchswertmäßigen und wertmäßigen Analyse, Pla-

[24] In diesem und im folgenden Unterabschnitt werden einige Erkenntnisse verarbeitet, die in einer gemeinsamen Analyse über die internationale Spezialisierung und Kooperation von Bandelin, Keil, Faude und Morgenstern gewonnen wurden.

nung, Vorbereitung und Durchführung der Maßnahmen. Dabei sind die Wechselbeziehungen zwischen internationaler Spezialisierung und Kooperation und struktureller Entwicklung der Volkswirtschaften sowie die Einheit der Reproduktionsphasen zu sichern. Das erfordert, die Grundrichtungen der sozialistischen internationalen Arbeitsteilung abzustimmen und mit den einzelnen Maßnahmen der internationalen Spezialisierung und Kooperation zu synchronisieren.

Die internationale Spezialisierung und Kooperation ist also ein politisch-ideologischer, ökonomischer und wissenschaftlich-technischer Prozeß, der hohe Anforderungen an die politische Führung und Wirtschaftsführung, an die Theorie und an das sozialistische Bewußtsein der Arbeiterklasse und aller Werktätigen stellt. Das Erreichen einer qualitativ höheren Stufe der internationalen Spezialisierung und Kooperation macht es notwendig, sie sowohl innerhalb der einzelnen Reproduktionsphasen als auch hinsichtlich deren Verbindung einheitlich zu leiten und zu planen und als einen geschlossenen Prozeß von Forschung, Entwicklung, Projektierung und Konstruktion (einschließlich internationaler Standardisierung und abgestimmter Lizenzpolitik), Investitionstätigkeit, Arbeitskräftevorbereitung und -einsatz, Materialbereitstellung, Technologie, Produktion, Marktvorbereitung, Absatz, Bezug und Kundendienst zu verstehen und zu organisieren.

Die internationale Spezialisierung und Kooperation zeitigt größere Effektivitätswirkungen und wird den wissenschaftlich-technischen Fortschritt noch wirksamer fördern, wenn sie konsequent auf ein hohes technisches und ökonomisches Niveau orientiert und volkswirtschaftlich strukturwirksamer wird. Das bedingt, die Spezialisierungs- und Kooperationsobjekte wissenschaftlich begründet auszuwählen, die Spezialisierung und Kooperation auf die neuesten Errungenschaften in Wissenschaft, Technik, Technologie und Produktionsorganisation sowie auf die fortgeschrittensten Produktionsarten zu konzentrieren und schrittweise eine koordinierte bzw. einheitliche technische Politik zwischen den RGW-Ländern zu verwirklichen. Das bedingt ferner, die Maßnahmen der internationalen Spezialisierung und Kooperation auf der Grundlage fundierter Bedarfskenntnisse rechtzeitig und langfristig sowie zunehmend multilateral zu planen und materiell wie finanziell zu bilanzieren. Dazu gehört insbesondere, die arbeitsteiligen Vorhaben enger mit der Entwicklung der Volkswirtschaftsstruktur, der Wissenschaftspolitik, der Investitions- und Kapazitätsplanung, der Verfügbarkeit und dem Einsatz der Arbeitskräfte sowie den Export- und Importaufgaben abzustimmen. Daraus leitet sich eine weitere Qualifizierung der Leitung und Planung auf allen Ebenen in der Volkswirtschaft und der gemeinsamen Planungstätigkeit der RGW-Länder ab. Zugleich ist es erforderlich, die internationale Spezialisierung und Kooperation ökonomisch wirksam und zielgerichteter zu stimulieren und dazu die wirtschaftliche Rechnungsführung in den Ländern zu vervollkommnen sowie die Ware-Geld-Kategorien auch im ökonomischen Mechanismus der sozialistischen ökonomischen Integration als Instrumente der Planung und ökonomischen Stimulierung aktiv auszunutzen. Auf diese Weise und durch den Ausbau der Rechtsgrundlagen können die arbeitsteiligen Beziehungen noch umfassender sowohl die nötige Stabilität als auch Flexibilität aufweisen. Zu diesem Zweck soll auch die Bilanzierung von Vorhaben der sozialistischen ökonomischen Integration vorrangig erfolgen.[25]

Aus dem Gesetz der planmäßigen proportionalen Entwicklung leitet sich die Aufgabe ab, die immer enger und vielfältiger werdenden Wechselbeziehungen zwischen der Entwicklung der Volkswirtschaftsstrukturen und der internationalen Arbeitsteilung, insbesondere der sozialistischen internationalen Spezialisierung und Kooperation, planmäßig zu beherrschen. Die Effektivität, Proportionalität und Stabilität der weiteren Verflechtung der sozialistischen Volkswirtschaften erfordern zunehmend, Grundrichtungen der sozialistischen internationalen Arbeitsteilung abzustimmen und Schritt für Schritt gemeinsam auszuarbeiten.[26]

Die Analyse und Entscheidungen zur sozialistischen Arbeitsteilung betreffen die Makro- und Mikrostrukturen in ihrer untrennbaren Einheit von volkswirtschaftlichen und betrieblichen Reproduktionsprozessen. Die sozialistische internationale Arbeitsteilung hat einen Stand erreicht, wo eine vorwiegend auf einzelne Erzeugnisse und Maßnahmen ausgerichtete internationale Spezialisierung und Kooperation nicht mehr ausreicht, den notwendigen Fortschritt in Bedarfsbefriedigung, Effektivität und Wachstum zu sichern. „Mehr und mehr nehmen dabei die Bestrebungen konkrete Gestalt an, das Wirtschaftspotential der RGW-Länder als Ganzes in ausgewogenen Proportionen zu entwickeln".[27] So wurde vor Jahren damit begonnen, komplette Anlagen, einzelne Maschinen- und Gerätesysteme und dazugehörige Systemlösungen multilateral zu entwickeln (ESER, im Landmaschinenbau und andere). Bis 1980 ist die einheitliche Entwicklung ausgewählter Gerätekomplexe der Medizintechnik vorgesehen. Weitere Beispiele, vor allem mit der UdSSR, zeigen, daß die Zusammenarbeit immer mehr auf die Ebene größerer Erzeugniseinheiten und Zweige ausgedehnt wird.

[25] G. Schürer, Die Aufgaben bei ..., a. a. O., S. 29.

[26] So wurden auf der 17. Tagung der Paritätischen Regierungskommission zwischen der DDR und der UdSSR auch Fragen der „langfristigen Planung und Abstimmung der Entwicklungsrichtungen wichtiger Erzeugnisgruppen und Zweige ..." beraten. Ziel war es, für einen langfristigen Zeitraum effektive Integrationsbeziehungen zu vereinbaren. (Vgl. Neues Deutschland vom 13. 6. 1975, S. 5.)

[27] E. Honecker, Bericht des Politbüros an die 13. Tagung ..., a. a. O., S. 48.

Der erreichte Entwicklungsstand der Produktivkräfte, der Produktionsverhältnisse und des Überbaus in den RGW-Ländern, der wissenschaftlich-technische Fortschritt sowie der Aufbau der entwickelten sozialistischen Gesellschaft erfordern und ermöglichen, zunehmend die Entwicklung ganzer Erzeugnisgruppen und Zweige der sozialistischen Volkswirtschaften untereinander abzustimmen und die Forschungs- und Produktionskooperation sowie die Spezialisierung einzelner Produktionsarten unter Berücksichtigung des gesamten Erzeugnissortiments vorzunehmen. Damit wird der wachsenden gegenseitigen Beeinflussung der volkswirtschaftlichen Strukturentwicklung und der gemeinsamen Lösung großer wissenschaftlich-technischer und ökonomischer Aufgaben entsprochen. Die Objekte und Vorhaben der internationalen Spezialisierung und Kooperation können besser in die volkswirtschaftliche Strukturgestaltung eingeordnet werden und die internationale Spezialisierung und Kooperation wird ein noch wirksamerer Faktor zur Schaffung effektiver volkswirtschaftlicher Strukturen in den RGW-Ländern. Gleichzeitig können auf diese Weise in größerem Maße optimale Lösungen der Spezialisierung und Kooperation für einzelne Maßnahmen und Produktionen gefunden werden. Fehlt der Blick auf das ganze riesige und stets wachsende Erzeugnissortiment, auf die Gesamtentwicklung der Zweige und der Volkswirtschaften, dann wird nicht selten die Einigung über eine Spezialisierung und Kooperation für das einzelne Produkt und die Interessenübereinstimmung erschwert bzw. es werden unrationelle Wege beschritten. Dann ist es auch schwierig, den Konzentrationsprozeß zielstrebig zu fördern und die Herausbildung weiterer unökonomischer Parallelproduktionen zu verhindern. Das führt zwangsläufig dazu, daß andere, für den wissenschaftlich-technischen und ökonomischen Fortschritt der Länder sowie die Bedarfsbefriedigung genauso wichtige Produktionen unbeachtet bleiben bzw. die Kapazitäten nicht genügend ausgebaut werden.

Das Organisieren der einzelnen Maßnahmen der sozialistischen internationalen Spezialisierung erhält also durch ein umfassenderes Vorgehen einen fundierten Rahmen und eine volkswirtschaftlich begründete Zielstellung. Es können in Übereinstimmung mit der Gesamtentwicklung der Zweige die entscheidenden Objekte und Maßnahmen der internationalen Spezialisierung und Kooperation festgelegt werden.

Die sich schrittweise entfaltende Koordinierung der volkswirtschaftlichen Strukturgestaltung und die gemeinsame Ausarbeitung von Grundrichtungen der sozialistischen internationalen Arbeitsteilung ermöglichen es, die zweckmäßigsten Grundvarianten der langfristigen Einbeziehung der einzelnen Volkswirtschaften in die sozialistische internationale Arbeitsteilung zu ermitteln. Voraussetzungen hierfür sind allerdings klare Vorstellungen über die perspektivische volkswirtschaftliche Strukturgestaltung, wobei die internationale Spezialisierung und Kooperation zu einer entscheidenden Grundlage für die Vervollkommnung der Produktions- und Außenhandelsstrukturen und die Intensivierung der volkswirtschaftlichen und betrieblichen Reproduktionsprozesse gemacht wird.

Die effektivere Nutzung der internationalen Spezialisierung und Kooperation für die Volkswirtschaften der RGW-Länder schließt daher ein, ihre Entwicklung umfassend in die langfristige volkswirtschaftliche Strukturkonzeption und in die zweiglichen wie betrieblichen Intensivierungsprogramme einzuordnen. Grundlage dafür ist vor allem eine fundierte Strategie der volkswirtschaftlichen Entwicklung im Rahmen der sozialistischen ökonomischen Integration. Obwohl es zu deren Erarbeitung notwendig ist, von vornherein die Bedürfnisse, Möglichkeiten und Entwicklungstendenzen nicht nur der eigenen Volkswirtschaft, sondern auch die der UdSSR und der anderen Integrationspartner (und die Entwicklung im Weltmaßstab) gebührend zu berücksichtigen, kann das jedoch lediglich bedingt geschehen. Die Haupttendenzen der wirtschaftlichen Entwicklung der RGW-Länder müssen rechtzeitig international koordiniert werden. Das geschieht durch den Ausbau der gegenseitigen Konsultationen zu Grundfragen der Wirtschaftspolitik, der langfristigen Volkswirtschaftsplanung und der Koordinierung der Pläne wichtiger Zweige sowie Produktionsarten für eine längere Perspektive. Im Komplexprogramm ist vorgesehen, durch die Konsultationen günstigere Bedingungen für die „schrittweise Ausarbeitung und Realisierung der Richtungen einer abgestimmten Strategie der weiteren Vertiefung und Vervollkommnung der Zusammenarbeit und Entwicklung der sozialistischen ökonomischen Integration zu fördern ...“[28]

Eine solche Abstimmung und gemeinsame Arbeit kann sich naturgemäß zunächst nur auf jene Zweige und Gebiete erstrecken, die von besonderem Gewicht für den wissenschaftlich-technischen und ökonomischen Fortschritt sowie die Bedürfnisbefriedigung sind und den abgestimmten bzw. gemeinsamen Ressourceneinsatz mehrerer sozialistischer Staaten erfordern. Zu diesen Schwerpunkten sollten auch gemeinsame Entwicklungsprogramme der internationalen sozialistischen Kooperation ausgearbeitet werden. Beispiele dafür sind die Beschlüsse der XXVIII. und XXIX. Tagung des RGW zur Ausarbeitung perspektivischer Programme für die Zusammenarbeit der Mitgliedsländer bei der Entwicklung wichtiger Brennstoff- und Energieträger und zur Schaffung eines einheitlichen Energiesystems. Diese Tätigkeit wird sich auch auf die verarbeitende Industrie, insbesondere den Maschinenbau, die Elektrotechnik/Elektronik und die Chemie sowie auf die Erzeugung von Konsumgütern ausdehnen. Die Fortschritte in der gemeinsamen Planungstätigkeit lassen nunmehr die Aufgabe real werden, die Programm-Ziel-Methode zur Koordinierung der Pläne für die weitere Perspektive anzuwenden. Ihre Realisierung wird enorme Aufwendungen

[28] Vgl. Komplexprogramm für die weitere Vertiefung ..., a. a. O., S. 25.

erfordern und „zur Schaffung einer völlig neuen, effektiveren Wirtschaftsstruktur führen ...". Deshalb können sie nicht im Laufe von nur fünf oder zehn Jahren verwirklicht werden und auch nicht nur auf der Grundlage zweiseitiger Formen der Zusammenarbeit.[29]

Durch ein derart breit angelegtes Vorgehen wird die internationale Spezialisierung und Kooperation wesentlich vertieft. Dabei sind eine Vielzahl weiterer Aufgaben zielstrebig zu lösen. Dazu gehören:

- die Vervollkommnung der Formen und Bedingungen der wissenschaftlich-technischen Zusammenarbeit und ihre enge Verknüpfung mit der Spezialisierung und Kooperation der Produktion;
- eine noch entschiedenere Konzentration in Forschung, Entwicklung und Produktion;
- die Anwendung und Kombination der jeweils zweckmäßigsten internationalen Spezialisierungsrichtungen der Produktion und solcher Organisations- und Kooperationsformen, mit denen die wissenschaftlich-technischen und ökonomischen Potentiale der Partner wirksam vereinigt und stabile Kooperationsbeziehungen hergestellt werden können;
- eine rationelle internationale Standortverteilung der spezialisierten Produktion, die das Kostenoptimum in Produktion und Transport richtig mit der Angleichung des ökonomischen Entwicklungsniveaus und der Förderung einer progressiven Strukturgestaltung in allen RGW-Ländern verbindet;
- die Analyse der Auswirkungen von Vorhaben der internationalen Spezialisierung und Kooperation auf den Außenhandel, auf die Handels- und Zahlungsbilanzen und die präzise Festlegung der Liefer- und Bezugsbedingungen sowie die exakte Erfüllung der Verpflichtungen;
- die rechtzeitige Marktvorbereitung neu- oder weiterentwickelter Erzeugnisse, die Sicherung eines weltmarktfähigen Kundendienstes einschließlich Ersatzteilversorgung und das koordinierte bzw. gemeinsame Auftreten auf dritten Märkten. Dazu ist eine enge Zusammenarbeit in der Zirkulationssphäre bis zu verschiedenen Formen des gemeinsamen Absatzes und Bezugs geboten.

Wir können u. E. die einzelnen Wege und Bedingungen zur Vertiefung der internationalen Spezialisierung und Kooperation in zwei Richtungen zusammenfassen. Einmal geht es darum, den Einfluß der internationalen Spezialisierung und Kooperation auf die Entwicklung und gegenseitige Anpassung progressiver Volkswirtschaftsstrukturen der RGW-Länder plan-

[29] N. Baibakow, Gemeinsame Planungstätigkeit — der Haupthebel der Entwicklung der sozialistischen ökonomischen Integration, in: DDR-Außenwirtschaft, 24/1975, S. 2f. Inzwischen sind dafür mit den Beschlüssen der XXX. Tagung des RGW zur Ausarbeitung von Zielprogrammen wichtige Entscheidungen getroffen worden.

mäßig zu stärken. Zum anderen steht die Aufgabe, die einzelnen Maßnahmen der internationalen Spezialisierung und Kooperation mit größtmöglicher Effektivität und zum gegenseitigen Vorteil zu gestalten. Beides ist voneinander abhängig und wirkt aufeinander ein.

Die Darlegungen lassen erkennen, wie wichtig es ist, integrationsfördernde Systeme der Leitung, Planung und ökonomischen Stimulierung auf- und auszubauen, überall noch besser in den größeren Dimensionen der sozialistischen ökonomischen Integration denken und handeln zu lernen und stets die nationalen und internationalen Interessen der sozialistischen Staaten miteinander zu verbinden.

1.2.3. Einheit von internationaler Spezialisierung und Kooperation in Forschung, Entwicklung und Produktion

Im Rahmen der komplexen Organisierung der internationalen Spezialisierung und Kooperation kommt es insbesondere auch darauf an, die Forschungs- und Produktionskooperation eng miteinander zu verbinden. Das Gewicht der internationalen Forschungskooperation ist in der wachsenden Rolle von Wissenschaft und Technik als Produktivkraft, in ihrem großen Einfluß auf die gesamte Wirtschaftsentwicklung und die Modernisierung der Produktions- und Außenhandelsstrukturen begründet. Zunehmend ist es nur noch mit Hilfe der internationalen Spezialisierung, Konzentration und Kooperation möglich, ein hohes Niveau der wissenschaftlich-technischen Arbeiten mit der erforderlichen Effektivität zu gewährleisten. Die Zusammenarbeit der RGW-Länder in Forschung und Entwicklung und die sich entwickelnde wissenschaftlich-technische Integration sind ein Ausdruck des sozialistischen internationalen Vergesellschaftungsprozesses der Arbeit und eine Grundbedingung, um das wissenschaftlich-technische Potential der sozialistischen Gemeinschaft insgesamt in Umfang, Struktur und Niveau ständig den wachsenden Anforderungen anzupassen.

Zugleich ergibt sich daraus das Erfordernis, die internationale Spezialisierung und Kooperation verstärkt in der Forschung und Entwicklung zu beginnen mit dem Ziel, neue hochproduktive Technologien und Produktionsmittel sowie moderne Konsumgüter zu schaffen. Damit wird die Forschung, Entwicklung, Konstruktion und Projektierung in den Ländern erheblich intensiviert. Es handelt sich hierbei natürlich nicht um eine absolute Reihenfolge im Beginn der internationalen Spezialisierung und Kooperation. Diese wird teilweise auch weiterhin ihren Ausgangspunkt in der Produktion nehmen. Das kann z. B. bei der Übernahme der Fertigung eines Erzeugnisses durch ein anderes Land oder bei der Baugruppenkooperation der Fall sein.

Die Kooperation in Forschung und Entwicklung kann intensiviert werden und für alle Beteiligten noch größere Nutzeffekte zeitigen, wenn verschiedene Seiten ihrer Tätigkeit vervollkommnet und eine Reihe von Aufgaben gelöst werden. Dazu gehören unter anderen: richtige Auswahl der Vorhaben entsprechend der wissenschaftlich-technischen und volkswirtschaftlichen Dringlichkeit[30]; fundierte und reale Aufgabenstellung und -verteilung unter Berücksichtigung der Entwicklungstendenzen des Bedarfs, der Wissenschaft und Technik, der rationellsten Aufteilbarkeit der wissenschaftlichen und technischen Arbeiten und der vorhandenen Forschungspotentiale der Partner; konzentrierter Einsatz von Kräften und Mitteln, um kurze Entwicklungszeiten und hohe Ergebnisse zu erzielen; forcierte internationale Standardisierung, Entwicklung einer abgestimmten bzw. einheitlichen wissenschaftlich-technischen Politik bezüglich der Verfahren, Erzeugnisse, Erzeugnissysteme und Anwenderunterlagen. Als wichtig erweist sich hierbei die abgestimmte bzw. einheitliche Lizenzpolitik besonders gegenüber den kapitalistischen Ländern, da sonst ernste Hindernisse für die Vertiefung der sozialistischen Arbeitsteilung und den internationalen Austausch entstehen und Mittel unökonomisch verausgabt werden.

Weiterhin ist es notwendig, die Interessen der Länder/Partner gebührend zu berücksichtigen, die materielle Interessiertheit in der wissenschaftlich-technischen Zusammenarbeit zu erhöhen und die wirtschaftliche Rechnungsführung auszubauen, die gegenseitigen Verpflichtungen teilweise noch exakter in Verträgen festzulegen, nachdem sie vorher von den Partnern materiell und finanziell bilanziert wurden, diese gewissenhaft zu erfüllen und zweckmäßigste Formen der Zusammenarbeit und des Austausches anzuwenden. Neben wissenschaftlich-technischen Aufgaben sind auf diesem Gebiet auch vielfältige ökonomische Probleme für die Theorie und Praxis entstanden und werden mit der weiteren Entwicklung immer wieder entstehen. Wir können darauf hier nicht weiter eingehen. Verwiesen sei u. a. auf die Behandlung von Problemen der Preise für Lizenzen und der Finanzierung der Aufwendungen und des Nutzeffektes der wissenschaftlich-technischen Kooperation bei Kormnow.[31] Für das materielle Interesse der Partner und für die Effektivität der wissenschaftlich-technischen Kooperation ist eine ökonomisch fundierte Bewertung der Anteile der Partner an den Aufwendungen wie an den Ergebnissen außerordentlich wichtig. Uns scheint z. B. die Notwendigkeit von Überlegungen darüber herangereift zu sein, die Aufwandsbewertung nicht nur oder vorrangig quantitativ nach der Anzahl der aufgewandten Stunden (und Mitarbeiter) vorzunehmen, sondern vor allem auch qualitativ, d. h. nach dem Ergebnis, nach dem Niveau der erbrachten Leistung.

[30] Auf der 14. Tagung des ZK der SED wurde darauf orientiert, die Forschungskooperation verstärkt auf die Erschließung neuer Effektivitätsreserven in der Produktion zu konzentrieren. (Vgl. Bericht des Politbüros an die 14. Tagung des ZK der SED, Berlin 1975, S. 46.)

[31] I. F. Kormnow, Spezialisierung und Kooperation ..., a. a. O., S. 93 ff.

Mit der Abstimmung der Forschungs- und Entwicklungsarbeiten, ihrer Spezialisierung und Kooperation sollen Parallelentwicklungen vermieden und infolge der Konzentration verschiedenartige Nutzeffekte erzielt werden. Ein diskussionswertes Problem dürfte hierbei darin liegen, daß nicht jede parallele Forschung und Entwicklung unterbunden werden sollte und auch gar nicht werden kann. Diese ist vielmehr in einem bestimmten Maße für die Ideenentwicklung und das Auffinden mehrerer Lösungen, aus denen die besten ausgewählt werden können, unerläßlich. Die Betonung sollte daher auf die Vermeidung uneffektiver Parallelentwicklungen gelegt werden, die zu Kräfteverschleiß und Zeitverlust führen.

Eine begründete parallele Arbeit dürfte jedoch nicht in Gegensatz zur Planung geraten. Deshalb müßte diese Tätigkeit umfassender und systematisch international koordiniert werden. Informationsaustausch, gegenseitige Konsultationen u. a. Formen eines Ergebnisaustausches zwischen den interessierten Ländern verfolgen das Ziel, die erfolgversprechendsten Lösungen anzuwenden *bzw.* – je nach ihrem Charakter – gemeinsam zur technologischen Anwendungsreife weiterzuentwickeln.

Wenn eingangs betont wurde, wie wichtig es ist, die internationale Spezialisierung und Kooperation in der Regel mit der Forschung und Entwicklung zu beginnen, so ist ein Hauptaugenmerk aber auf das unmittelbare Verbinden der arbeitsteiligen Forschung und Entwicklung mit der Spezialisierung und Kooperation in der Produktion zu lenken. Das gilt zwar nicht generell, ist jedoch für die angewandte Forschung und Entwicklung von Verfahren und Erzeugnissen in den meisten Fällen eine vorrangige Aufgabe. Davon, wie dies besser als bisher gelingt, hängt in hohem Maße die weitere Vertiefung der internationalen Spezialisierung und Kooperation in der Produktion ab. Denn die ökonomischen Interessen der Länder sind besonders an die Überleitung der Forschungs- und Entwicklungsergebnisse in die Produktion sowie an deren Realisierung (einschließlich Export) gebunden. Die Tatsache, daß es auf einzelnen Gebieten bereits größere Fortschritte in der wissenschaftlich-technischen Zusammenarbeit gibt, ist mit daraus zu erklären, daß hier die spezifischen ökonomischen Interessen der Länder nicht bzw. nicht immer in dem Maße wirken wie in der Produktionsspezialisierung und -kooperation, wo die materiellen Güter produziert werden. Oder besser: scheinbar noch nicht; denn in manchen Fällen zeigt sich, daß ein Vertagen der Entscheidung über die künftige Produktion zum Hemmnis für Vereinbarungen in Forschung und Entwicklung werden kann (natürlich hauptsächlich auf die angewandte Forschung und Entwicklung zutreffend). Daraus ergibt sich die Schlußfolgerung, die Kooperation in Forschung und Entwicklung eindeutiger auf die internationale Spezialisierung und Kooperation in der Produktion auszurichten, durch sie den erforderlichen Vorlauf für die anschließende Arbeitsteilung zu schaffen und kurze Überleitungszeiten zu gewährleisten. Andererseits gilt es, die Produktionskooperation enger mit der wissenschaftlich-technischen Kooperation zu koppeln, um die Verfahren und Erzeugnisse ständig weiterzuentwickeln und auf dem neuesten Stand zu halten.

Die wissenschaftlich-technische Zusammenarbeit in ihren verschiedenen Formen und vor allem die Forschungskooperation sollen eine hohe Produktionswirksamkeit zeitigen. Sie müssen noch zielgerichteter für die Vervollkommnung der materiell-technischen Basis, die Erneuerung des Produktionsapparates, die Intensivierung, die progressive Strukturentwicklung und die Erhöhung der Exportkraft in allen RGW-Ländern eingesetzt werden. Das bedingt, den Zyklus Wissenschaft – Technik – Produktion – Absatz innerstaatlich und zunehmend zwischenstaatlich einheitlich zu organisieren bzw. abzustimmen. Diese schon in den Ländern nicht einfach zu lösende Aufgabe bereitet international zusätzliche Schwierigkeiten, resultierend aus dem Erfordernis, die Interessen der Länder und ihre volkswirtschaftliche Strukturentwicklung richtig miteinander zu verbinden und zugleich daraus, daß sich hier die Planungsprozesse in Form der internationalen Koordinierung und der sich erst schrittweise entwickelnden gemeinsamen Planung vollziehen.

Es ist daher erforderlich, mit der arbeitsteiligen Forschung und Entwicklung zugleich die Bedingungen der Überleitung der Ergebnisse und die künftige Spezialisierung und Kooperation in der Produktion zu erörtern und dies zusammen mit dem Absatz und Bezug einheitlich in den Verträgen zur internationalen Spezialisierung und Kooperation festzulegen. Das setzt neben der genauen Bedarfskenntnis vor allen Dingen voraus, die Ziele der wissenschaftlich-technischen Zusammenarbeit unter Berücksichtigung der volkswirtschaftlichen Erfordernisse festzulegen, die Produktionsmöglichkeiten der Länder real einzuschätzen und mit den Anforderungen an die Produktion zu bilanzieren. Auf dieser Grundlage kommt es darauf an, rechtzeitig und allseitig mit den Vorbereitungen für die spezialisierte Produktion zu beginnen, damit diese von der arbeitskräftemäßigen, materiellen und finanziellen Seite her gesichert und mit bedarfsgerechtem Umfang sowie auf hohem wissenschaftlich-technischen Niveau betrieben werden kann. Dafür sind alle erforderlichen Kräfte und Mittel bereitzustellen. Damit wird – als eine der wichtigsten Erfahrungen aus der bisherigen internationalen Spezialisierung und Kooperation – von Anbeginn eine weitgehende Garantie für eine effektive, bedarfs- und qualitätsgerechte Produktion und ihren Absatz geschaffen. Sonst zahlen sich die Anstrengungen und die in der wissenschaftlich-technischen Kooperation vollbrachten Leistungen ökonomisch nicht aus, woraus negative Rückwirkungen auf diesen Bereich entstehen. Das ist ganz entscheidend für die Realisierung der Verträge, für stabile arbeitsteilige Beziehungen und für die Festigung des gegenseitigen Vertrauens.

Einheit von internationaler Spezialisierung und Kooperation in Forschung, Entwicklung und Produktion bedeutet durchaus nicht in jedem Fall gleichartige Varianten für beide arbeitsteilige Prozesse anzustreben. Diese können sich in bezug auf den Konzentrationsgrad, den Standort und die Kooperationsformen unterscheiden. So kann es sich als zweckmäßig erweisen, die Forschung und Entwicklung stärker zu konzentrieren als die Produktion oder umgekehrt, den gleichen internationalen Standort festzulegen oder Forschung und Entwicklung und Produktion an jeweils verschiedenen Standorten zu betreiben, beide Prozesse in einer Kooperations- bzw. Organisationsform oder in gesonderten Formen zu organisieren. Mit diesen Varianten kann auch eine unterschiedliche Entscheidung hinsichtlich einer evtl. ökonomisch begründeten Parallelentwicklung oder -fertigung verbunden sein. Diese Sachlage wird vom Charakter der Forschungs- und Entwicklungsaufgaben und den spezifischen Produktionsbedingungen einerseits sowie den konkreten Produktionsmöglichkeiten der Länder andererseits beeinflußt. Damit hängt auch das Problem der Proportionen zwischen Forschungs- und Produktionspotentialen zusammen.

Es ist generell notwendig, die Bilanzierung zwischen Aufgabenstellung und zu erzielenden Ergebnissen der wissenschaftlich-technischen Zusammenarbeit und den materiellen wie finanziellen Ressourcen der Länder für deren schnelle Anwendung zu verbessern. Aber das ist nicht für jede Aufgabe und Produktion vollkommen übereinstimmend in der einzelnen Volkswirtschaft möglich. Wenn auch eine bessere Übereinstimmung zwischen Forschungs- und Produktionsentwicklung sowie Exporterfordernissen der Länder anzustreben ist, kann doch das einzelne Land Ergebnisse der Forschung und Entwicklung erzielen, für deren materielle Umsetzung die eigenen Akkumulationsmittel nicht ausreichen bzw. wofür in einem anderen Land günstigere Produktionsbedingungen bestehen. Das tritt mitunter auch in der wissenschaftlich-technischen Zusammenarbeit in Erscheinung. Hier wird die materielle Interessiertheit durch Lizenzvergabe oder andere Formen der Beteiligung am materiellen Ergebnis in einem anderen sozialistischen Land zu wahren sein. Dies kann in Form einer Beteiligung am Produktions- oder Exportergebnis erfolgen.

Die Proportionierung zwischen Forschungs- und Produktionspotentialen (nach Umfang, Struktur und Niveau) gilt also sowohl für das einzelne Land als auch für die gesamte sozialistische Gemeinschaft. Letztere gewinnt mit der weiteren internationalen Vergesellschaftung und den wachsenden Anforderungen an Wissenschaft, Technik, Produktion und Absatz immer mehr an Gewicht.

In die herbeizuführende größere Einheitlichkeit der Planung von Wissenschaft, Technik und Produktion ist als ein wesentliches Moment die Abstimmung zwischen der internationalen Spezialisierung und Kooperation und den Investitionsplänen sowie der Kreditplanung (materiell und finanziell) eingeschlossen. Es gehört dazu das ganze Arsenal von Formen der

Zusammenarbeit und der gegenseitigen Unterstützung, darunter die gemeinsamen Arbeiten zur sozialistischen Rationalisierung und Rekonstruktion von Betrieben. So erweist sich auch von dieser Seite her die Notwendigkeit fundierter volkswirtschaftlicher und international abgestimmter Strukturkonzeptionen und langfristiger Volkswirtschaftspläne, und zwar nicht nur zur Realisierung wissenschaftlich-technischer Ergebnisse. Von der Klarheit perspektivischer Entwicklungsziele und Produktionsstrukturen wird zugleich maßgeblich das Interessenfeld künftiger gemeinsamer Vorhaben in Forschung und Entwicklung abgesteckt. Andererseits entstehen im Prozeß der wissenschaftlich-technischen Arbeiten nicht immer langfristig vorausschaubare neue Produktionsarten, Technologien und Werkstoffe, die schnell genutzt werden müssen. Hier verhelfen eine bewegliche Leitung und Planung und das Vorhandensein von Reserven in der sozialistischen Staatengemeinschaft zu einer flexiblen Anpassung der Produktion und der Strukturen an neue wissenschaftlich-technische Erkenntnisse und neue Bedarfstendenzen. Das läßt *Wechselbeziehungen* der Arbeitsteilung in Forschung, Entwicklung und Produktion erkennen.

1.3. Objektive Entscheidungsgrundlagen für die internationale Spezialisierung und Kooperation

Für die Organisierung und rationelle Gestaltung der internationalen Spezialisierung und Kooperation werden von den zentralen Organen und Wirtschaftseinheiten mehr noch als bisher wissenschaftliche Entscheidungsgrundlagen benötigt. Darauf wird mit Recht auch in den Thesen des Internationalen Instituts für ökonomische Probleme des sozialistischen Weltsystems beim RGW für ein Symposium zur internationalen sozialistischen Spezialisierung und Kooperation hingewiesen, das im Dezember 1974 in Berlin stattfand.

In den Thesen sind einige Gedanken zur Ausarbeitung methodologischer Grundlagen enthalten. Im umfassenden Sinne handelt es sich dabei um objektive Bewertungsmaßstäbe für das Einschätzen des erreichten Standes und die notwendige weitere Entwicklung der sozialistischen internationalen Arbeitsteilung.

Objektiv begründete Entscheidungen zur internationalen Spezialisierung und Kooperation stützen sich auf die Kenntnis inhaltlicher Zusammenhänge und Gesetzmäßigkeiten sowie auf geeignete methodische Grundlagen. Es bedarf der Kenntnis über die potentiellen Nutzenswirkungen der sozialistischen internationalen Arbeitsteilung und ihre Wechselbeziehungen zur Intensivierung der Reproduktionsprozesse, über die Vielzahl von Einflußfaktoren und die politischen, volkswirtschaftlichen, wissenschaftlich-technischen, ökonomischen sowie sozial-ökonomischen Zusammenhänge zur internationalen Arbeitsteilung. An Mitteln (Instrumenten) wären anzuwenden: Prognosen und Analysen, Kriterien und Kennziffern zur Bewertung des Konzentrations- und Spezialisierungsniveaus sowie Methoden der Nutzeffektsberechnung. Letztere sind sehr wichtig, können jedoch nur eingeordnet in ein System von Analysen zur Ermittlung effektiver und realisierbarer Varianten der internationalen Spezialisierung und Kooperation beitragen.

Mit Hilfe der analytischen Tätigkeit soll untersucht werden, welche Möglichkeiten der Produktions- und Effektivitätssteigerung durch internationale Spezialisierung und Kooperation bestehen und wie diese ausgeschöpft werden können. Das setzt u. a. Prognosen des Bedarfs, der Ressourcen der Länder, der Grundrichtungen der volkswirtschaftlichen Strukturgestaltung und technisch-ökonomische Analysen voraus. Das Ziel besteht darin, in Einheit mit permanenten Nutzeffektsberechnungen die Entscheidungen zur internationalen Arbeitsteilung zu objektivieren und effektive und reale Maßnahmen der internationalen Spezialisierung und Kooperation zu bestimmen, die den Interessen aller beteiligten Länder Rechnung tragen. Durch noch differenzierter auszuarbeitende Kriterien können begründete Entscheidungen herbeigeführt werden. Diese beziehen sich einmal auf die *Notwendigkeit* internationaler Arbeitsteilung und Kooperation. Zum anderen auf das *Wie* der internationalen Spezialisierung der sozialistischen Volkswirtschaften und der internationalen Standortverteilung der zu spezialisierenden Produktion. Und schließlich auf die *Richtungen und Formen* der internationalen Spezialisierung und Kooperation des einzelnen Gegenstandes. Die drei Seiten stellen eine Einheit dar.

Im wechselseitigen Zusammenhang von Produktivkräften, sozialistischen Produktionsverhältnissen und Überbau wirken darauf vor allem folgende Faktoren ein:

- Bedarfsentwicklung im Inland, in sozialistischen und anderen Ländern, Dringlichkeit besserer Bedarfsdeckung auf bestimmten Gebieten;
- wissenschaftlich-technische Entwicklungstendenzen der Verfahren, Erzeugnisse und Anwendertechnologien;
- Funktion der Zweige und Erzeugnisse im Reproduktionsprozeß und für den technisch-ökonomischen Fortschritt;
- Charakter der Erzeugnisse, ihre technischen und ökonomischen Produktionsbedingungen, die Voraussetzungen zur internationalen Standardisierung und der hierbei erreichte Grad;
- quantitative und qualitative Anforderungen in Forschung, Entwicklung, Produktion und Zirkulation an die materiellen, geistigen und finanziellen Potentiale zur Sicherung eines hohen technischen und ökonomischen Niveaus der Produktion und der Erzeugnisse;
- verfügbare Ressourcen der RGW-Länder, ihr wissenschaftlich-technischer Entwicklungsstand, die Aufnahmefähigkeit der Binnenmärkte;

- bestehende Produktions- und Außenhandelsstrukturen in den sozialistischen und nichtsozialistischen Ländern sowie die Tendenzen ihrer weiteren Entwicklung;
- Niveau der sozialistischen ökonomischen Integration und der angewandten Leitungs- und Planungssysteme sowie die konkreten Möglichkeiten ihrer Vertiefung und Vervollkommnung;
- Bedingungen der ökonomischen Zusammenarbeit mit nichtsozialistischen Ländern, Entwicklungstendenzen des Welthandels;
- die durch internationale Spezialisierung und Kooperation erreichbare Effektivitätssteigerung und ihr Einfluß auf die progressive Strukturentwicklung der sozialistischen Volkswirtschaften (in gewissem Sinne als synthetisches Kriterium).

Die Faktoren stehen untereinander in vielfältigen Wechselbeziehungen. Die zu diesen Faktoren und Zusammenhängen anzufertigenden Analysen sollen Antwort auf etwa solche Fragen geben: Wie kann durch internationale Arbeitsteilung und Kooperation der Bedarf an Grundstoffen, hochwertigen Produktionsinstrumenten und Konsumgütern besser gedeckt werden? In welchen Grundrichtungen sollte die volkswirtschaftliche Strukturgestaltung im Rahmen der sozialistischen ökonomischen Integration bei zunehmender gegenseitiger Strukturanpassung unter Berücksichtigung der weltweiten Arbeitsteilung verlaufen? Welche Konsequenzen leiten sich aus der Entwicklung der Technik, der Verfahrens- und Erzeugnisentwicklung für die internationale Spezialisierung und Kooperation ab? Welche Aufgaben, Verfahren, Erzeugnisse sollten vorrangig Gegenstand der internationalen Spezialisierung und Kooperation sein? Welcher Konzentrationsgrad ist anzustreben, welche Spezialisierungsrichtungen wären anzuwenden?

Gestützt auf sämtliche Untersuchungsergebnisse vermitteln vor allem die Analysen über Konzentration, internationale Spezialisierungsrichtungen, Standortverteilung und Kooperation wesentliche Ansatzpunkte für Entscheidungen zu den einzelnen Objekten und Maßnahmen der internationalen Spezialisierung und Kooperation. Sie stellen sozusagen den Kern für die zweckmäßigste Gestaltung der Spezialisierung und Kooperation dar. Solche Ansatzpunkte ergeben sich, wenn durch die letztgenannten Analysen die Faktorenanalyse ergänzt wird und Aussagen zu folgenden Entscheidungsgrundlagen gewonnen werden:

- erforderliches und mögliches Konzentrationsniveau in Forschung, Entwicklung und Produktion (unter Berücksichtigung der Aufwendungen, der Anwendbarkeit rationeller Technologien und der erzielbaren Nutzeffekte insgesamt). Von besonderem Interesse sind Dringlichkeit und Realisierungsmöglichkeit optimaler Größenordnungen auf ausgewählten Gebieten in Forschung, Entwicklung und Produktion;

- Gleichartigkeit oder Ähnlichkeit von Forschungs- und Entwicklungsaufgaben, Erzeugnissen und Erzeugnisbestandteilen. Auf dieser Grundlage kann eine *Klassifizierung* der Erzeugnisse, Baugruppen und Teile nach konstruktiv-technologischen Merkmalen und nach dem Verwendungszweck als *einer* Entscheidungshilfe für ihre mögliche internationale Zusammenfassung unter Berücksichtigung einer weiteren Standardisierung vorgenommen werden;
- internationale Spezialisierungswürdigkeit von Aggregaten, Baugruppen und Einzelteilen;
- Standortanforderungen der Produktion und Erfordernisse und Möglichkeiten der Länder hinsichtlich Produktion, Export und Import (Bedingungen für Produktionserweiterung oder -einschränkung, Übernahme oder Neuaufnahme von Produktionen);
- ökonomische Transportzonen bzw. allgemein Transportbedingungen, die auf die Spezialisierung und den internationalen Standort bei verschiedenen Produktionen und Erzeugnissen von erheblichem Einfluß sind;
- zweckmäßigste Formen der Kooperation, der gegenseitigen Hilfe und des Zusammenschlusses von materiellen, finanziellen und geistigen Potenzen der Länder.

Auf der Grundlage der erzielten Analysenergebnisse können von den zentralen Organen und den Wirtschaftseinheiten Konzeptionen und Varianten sowohl für Grundrichtungen der sozialistischen internationalen Arbeitsteilung als auch für die einzelnen Produktionen erarbeitet, international abgestimmt und der lang- wie mittelfristigen Planung zugrunde gelegt werden.

Dabei kommt es vor allem darauf an, die technisch-ökonomischen Erfordernisse mit den objektiven Entwicklungsinteressen und -bedingungen der einzelnen sozialistischen Länder zu verbinden. Das ist eine Grundvoraussetzung, um die internationale Spezialisierung und Kooperation ständig vertiefen und zum gegenseitigen Vorteil rationell gestalten zu können. Zwischen beiden Seiten bestehen Wechselbeziehungen. Die Länder müssen den in der wissenschaftlichen sowie technisch-ökonomischen Entwicklung begründeten Zwang zur tieferen internationalen Arbeitsteilung voll erkennen und ihn aber zugleich so verwirklichen, daß den konkreten volkswirtschaftlichen Gegebenheiten entsprochen wird. Das bezieht sich auf die vorgefundenen und im Einklang mit dem wissenschaftlich-technischen Fortschritt weiterzuentwickelnden volkswirtschaftlichen Bedingungen. Diesem Problem begegnen wir bei den Grundfragen der volkswirtschaftlichen Strukturgestaltung, bei der Konzentration, den internationalen Spezialisierungsrichtungen und der Standortverteilung.

Auswahl des Spezialisierungsgegenstandes

Bei der Herstellung der Einheit von Entscheidungen über die Grundrichtungen der sozialistischen internationalen Arbeitsteilung und die Einzelmaßnahmen der internationalen Spezialisierung und Kooperation spielt die Auswahl des Gegenstandes der Spezialisierung und Kooperation eine große Rolle. Bereits bisher wurden in die Auswahl eindeutig bestimmbare und wichtige Objekte/Erzeugnisse und Verfahren einbezogen. Teilweise sind dabei aber auch noch eine gewisse Isoliertheit der Maßnahmen innerhalb und zwischen den Zweigen, Augenblickslösungen und Zufälligkeitsentscheidungen zu verzeichnen. Dieses Problem gilt es im Zuge der komplexen Gestaltung der internationalen Spezialisierung und Kooperation zu lösen.

An Hand der Analysenergebnisse kann eine wissenschaftlich begründete Auswahl von Objekten/Gegenständen der internationalen Spezialisierung und Kooperation erfolgen. Dabei erhält die einzelne Maßnahme jeweils immer einen konkreten Anstoß in Verbindung mit der Interessenlage der Länder. Aber gerade hinsichtlich der Interessen (der gemeinsamen und der nationalen) und der Nutzenswirkungen kann man sich nicht nur von kurzfristigen, sondern muß man sich vor allem von den langfristigen, von den durch die internationale Spezialisierung und Kooperation erzielbaren größeren und oft erst in mehreren Jahren voll wirksam werdenden Effekten leiten lassen. Deshalb können nicht primär Augenblickslösungen und auch nicht allein gegenwärtige Kapazitätsprobleme für die Auswahl bestimmend sein.

Es geht darum, die internationale Spezialisierung und Kooperation auf die Schwerpunkte des wissenschaftlich-technischen und ökonomischen Fortschritts der Volkswirtschaften und der Bedürfnisbefriedigung auszurichten. Die *Hauptkriterien* für die *Objektwahl* müssen noch näher begründet werden.[32] Wichtige Kriterien sind offensichtlich die Aufnahme oder Erweiterung der Produktion von Produktions- und Konsumtionsmitteln, die für die Befriedigung produktiver und individueller Bedürfnisse entscheidend sind (wie Sicherung der Rohstoff- und Energiebasis, ausreichende Erzeugung moderner Konsumgüter); ferner die arbeitsteilige Schaffung

[32] In dem bereits genannten Material des RGW-Instituts sind hierfür einige Gesichtspunkte enthalten. Während wir die meisten für begründet ansehen, scheinen uns einige zu ungenau oder zu absolut formuliert zu sein. So die Spezialisierung von „Produkten, die in sozialistischen Ländern nicht oder in ungenügenden Mengen hergestellt werden“ oder von „Produkten, deren Ausstoß in großen Serien und mit minimalen Investitionen möglich ist“. Es gab und gibt heute erst recht kein Autarkiestreben des RGW. Der Serieneffekt ist sehr wichtig. Es können aber neben Erzeugnissen, die in großen Serien gefertigt werden, auch bei solchen durch internationale Spezialisierung erhebliche Nutzeffekte erzielt werden, die dem Gegenstand nach nur in kleinen Serien anfallen.

neuer Verfahren, Werkstoffe, Produktionsinstrumente und ganzer Maschinen- und Gerätesysteme, die qualitative Veränderungen im technisch-ökonomischen Produktionsniveau herbeiführen und den wissenschaftlich-technischen Fortschritt nachhaltig fördern. Hierdurch und durch eine optimale Konzentration gilt es solche Effektivitätssteigerungen zu erzielen, die ohne internationale Spezialisierung und Kooperation unerreichbar sind. Ein weiteres damit verbundenes Kriterium ist die gemeinsame Bewältigung des Aufwands- und Kapazitätsproblems. Bei dieser schwerpunktmäßigen Auswahl sollte zugleich eine Konzentration auf Produkte erfolgen, mit denen infolge der Modernisierung der Produktionsstruktur die Exportkraft gestärkt und bedeutende, feste Positionen auf den internationalen Märkten errungen werden können.

In der Praxis wirken oft mehrere Kriterien. Dabei können jedoch jeweils einzelne Vorrang haben. Kapazitätsdisproportionen in den Ländern (Überhänge oder Engpässe) u. a. momentane Situationen spielen natürlich oft in die Entscheidungen hinein und werden sie auch künftig wesentlich beeinflussen. Aber sie dürfen nicht so determinierend wirken wie bisher, wenn sie nicht mit den „übergeordneten" Kriterien in Einklang stehen. Ähnlich verhält es sich mit Defizitpositionen. Historisch bedingt ist dieser Faktor von großem Einfluß und die Forderung wäre zu einfach, ihm seine oft eingeräumte Vorrangigkeit zu nehmen. Dennoch ist es auch hierbei angebracht, im Interesse volkswirtschaftlich und international effektivster Lösungen teilweise differenzierter zu entscheiden. Außerdem ist dieser Begriff zu ungenau, zu allgemein. Die damit verbundenen Entscheidungen hätten zwei Gesichtspunkte zu berücksichtigen: erstens die Übereinstimmung mit den angeführten Kriterien, zweitens die Tatsache, daß nicht aus allen Defiziten Eigenentwicklungen bzw. Produktionssteigerungen zur vollen Bedarfsdeckung abgeleitet werden können. Es erweitert sich auch die weltweite Arbeitsteilung.

Wenn bei der Auswahl des Spezialisierungsgegenstandes so verfahren und vom gesamten Spektrum an Bedürfnissen und Erzeugnissen ausgegangen wird, können begründet Prioritäten gebildet werden. Damit kann zugleich die für die Entwicklung der einzelnen Länder und die gesamte sozialistische Gemeinschaft schädliche Tendenz überwunden werden, einen zu kleinen Kreis von Erzeugnissen und Zweigen als technische Schrittmacher, als Schlüsselerzeugnisse für den ökonomischen Fortschritt der Länder anzusehen.

2. Internationale Spezialisierung und Kooperation und Entwicklung hocheffektiver Volkswirtschaftsstrukturen in den RGW-Ländern

2.1. Internationale Spezialisierung und Kooperation als ein entscheidender Faktor für die Herausbildung hocheffektiver Volkswirtschaftsstrukturen

Die Ausführungen in diesem Abschnitt stützen sich auf die theoretischen Grundkenntnisse über die volkswirtschaftliche Strukturgestaltung unter den Bedingungen der sozialistischen internationalen Arbeitsteilung (siehe Hinweis im Vorwort). Es sollen daher nur einige Probleme, die mit dem Erreichen einer höheren Stufe der internationalen Spezialisierung und Kooperation an Aktualität gewonnen haben, herausgegriffen und einige Gedanken zu ihrer Klärung geäußert werden. Hierfür ist es angebracht, zunächst auf bestimmte allgemeine Zusammenhänge zwischen der Entwicklung der Volkswirtschaftsstrukturen und der internationalen Spezialisierung und Kooperation hinzuweisen.

Mit der gewachsenen Stärke der einzelnen Länder und der gesamten sozialistischen Gemeinschaft, dem Übergang zur sozialistischen ökonomischen Integration sowie dem beschleunigten wissenschaftlich-technischen Fortschritt bilden sich günstigere Bedingungen für Wirtschaftswachstum, Effektivität und Bedürfnisbefriedigung heraus. Es entstehen qualitativ neue Möglichkeiten für die Schaffung effektiver, gegenseitig angepaßter Volkswirtschaftsstrukturen und die allmähliche Herausbildung optimaler volkswirtschaftlicher Komplexe auf der Grundlage einer tieferen sozialistischen internationalen Arbeitsteilung.[1] Damit stellen sich für die Strukturgestaltung neue Fragen, die eine entsprechende Denkweise erfordern und hohe Ansprüche an das System der Leitung, Planung und ökonomischen Stimulierung auf staatlicher und zwischenstaatlicher Ebene hervorrufen. Neben materiellen Voraussetzungen hängt es vom Gesamtsystem der Zusammenarbeit, von der gemeinsamen Planungstätigkeit, der aktiven planmäßigen Ausnutzung der Ware-Geld-Beziehungen und von den organisatorischen und rechtlichen Formen und Methoden ab, wie sich die sozialistische ökonomische Integration entwickelt und wie dabei diese neuen Möglichkeiten einer rationellen Strukturgestaltung verwirklicht werden

[1] Mit theoretischen Problemen der Schaffung hocheffektiver Volkswirtschaftsstrukturen und der Angleichung des ökonomischen Entwicklungsniveaus der RGW-Länder befaßte sich ausführlich ein internationales Symposium 1973 in Poznań. Vgl. entsprechenden Bericht von V. Schamin, A. Kupich, Z. Nekola, R. Pieplow, S. Schalmanow in: Wirtschaftswissenschaft, 4/74, S. 577 ff.

können.[2] Die neuen Wirkungsbedingungen der ökonomischen Gesetze des Sozialismus im volkswirtschaftlichen und internationalen Rahmen müssen planmäßig genutzt und die nationalen und internationalen Interessen wirksam verbunden werden.

Auf der Grundlage eines hohen Standes planmäßig organisierter internationaler Spezialisierung und Kooperation ist es möglich, die Produktions- und Außenhandelsstrukturen sowie die weiteren Elemente der Volkswirtschaftsstrukturen langfristig so zu profilieren und zu verzahnen, daß die Gebrauchswertanforderungen unter günstigen Bedingungen der Wertbildung und -realisierung erfüllt werden. Das heißt, die zu produzierende Gebrauchswertstruktur kann zunehmend unter dem Gesichtspunkt eines günstigen Verhältnisses von Aufwand zu Ergebnis entwickelt werden. Damit wird die enge Einheit von Gebrauchswert und Wert in der sozialistischen Wirtschaft auf rationellere Weise verwirklicht. Dazu ist es notwendig, den Einfluß der internationalen Spezialisierung und Kooperation auf die Herausbildung effektiver Volkswirtschaftsstrukturen in den RGW-Ländern und damit auf die allmähliche Angleichung ihres ökonomischen Entwicklungsniveaus wesentlich zu stärken. Das erfolgt, indem die internationale Spezialisierung und Kooperation eng mit der volkswirtschaftlichen Strukturgestaltung verbunden und so organisiert wird, daß sich ihre Nutzeffekte in einer anhaltenden progressiven Entwicklung der Produktions- und Außenhandelsstrukturen der sozialistischen Länder niederschlagen. Umgekehrt ist die Schaffung effektiver, moderner und aufeinander abgestimmter Strukturen der sozialistischen Volkswirtschaften eine entscheidende Bedingung für die weitere rationelle Gestaltung der internationalen Spezialisierung und Kooperation. Das planmäßige Beherrschen der Wechselbeziehungen zwischen volkswirtschaftlicher Strukturentwicklung und internationaler Spezialisierung und Kooperation ist einer der wichtigsten Aspekte der komplexen Lösung von Problemen der Vertiefung der internationalen Spezialisierung und Kooperation.

Die internationale Spezialisierung und Kooperation fördert die Entwicklung effektiver Volkswirtschaftsstrukturen vor allem durch Konzentration, Kooperation und zweckmäßigste internationale Spezialisierung der Volkswirtschaften bei zunehmender Paßfähigkeit der Strukturen, durch ihre schwerpunktmäßige Orientierung auf die Lösung entscheidender Probleme des wissenschaftlich-technischen Fortschritts und ein vorrangiges Wachstum der technisch-ökonomisch führenden Zweige sowie durch Vereinigung der Ressourcen der Länder in verschiedenen Formen. Auf dieser materiellen Grundlage vollzieht sich der Prozeß einer immer engeren Ver-

[2] Vgl. P. Alampijew, O. T. Bogomolow, Ju. S. Schirjajew, Ökonomische Integration — objektives Erfordernis der Entwicklung des Weltsozialismus, Berlin 1973, S. 62 ff.

flechtung der sozialistischen Volkswirtschaften. Es bilden sich internationale Wirtschaftskomplexe heraus. Verflechtung der sozialistischen Volkswirtschaften und Erhöhung der Effektivität der gesellschaftlichen Arbeit in jedem Land und in der ganzen Gemeinschaft müssen einhergehen.

Die planmäßige Leitung der Wechselbeziehungen zwischen Strukturentwicklung und internationaler Spezialisierung und Kooperation wirft methodische Fragen der langfristigen Volkswirtschaftsplanung und ihrer Verbindung mit der gemeinsamen Planungstätigkeit der RGW-Länder auf. Vor allem setzt sie aber auch die tiefere Erkenntnis komplizierter inhaltlicher Probleme der zweckmäßigsten volkswirtschaftlichen Strukturgestaltung im Rahmen der Integration und der internationalen Arbeitsteilung voraus. Zu diesen inhaltlichen Problemen gehört u. a. das Bestimmen eines zweckmäßigen Verhältnisses von komplexer Entwicklung der Volkswirtschaft und ihrer internationalen Spezialisierung. Damit ist die Frage nach der Optimalität der Konzentration und des internationalen Spezialisierungsgrades der Volkswirtschaften aufgeworfen. Das schließt das Verhältnis von Konzentration und Diversifikation sowie Stabilität und Elastizität der Volkswirtschaftsstrukturen ein.

Weiterhin handelt es sich um die Art der internationalen Spezialisierung der Volkswirtschaften, um die Beziehungen zwischen gleichen oder ähnlichen Grundrichtungen der Gestaltung von Produktions- und Außenhandelsstrukturen und dem Erhalten bzw. Ausprägen spezifischer Züge dieser Strukturen. Beides steht in untrennbarem Zusammenhang mit dem Verbinden von Zweigspezialisierung und innerzweiglicher internationaler Spezialisierung. Die eingehendere Erforschung der inhaltlichen Strukturprobleme ist eine unentbehrliche Grundlage, um Strategien und Konzeptionen der volkswirtschaftlichen Entwicklung fundiert ausarbeiten und abstimmen und die langfristigen Strukturlinien in Produktion, Export und Import mit größerer Sicherheit festlegen zu können.

Im weiteren wollen wir uns mit einigen Problemen der Konzentration und der zweckmäßigsten internationalen Spezialisierung der sozialistischen Volkswirtschaften befassen.

2.2. Zum Konzentrationsprozeß und internationalen Spezialisierungsgrad sozialistischer Volkswirtschaften

Die Konzentration und die zweckmäßigste internationale Spezialisierung der Volkswirtschaften üben einen tiefgreifenden Einfluß auf das Wirtschaftswachstum und die Effektivität der gesellschaftlichen Produktion aus. Bei der Analyse der Konzentration steht die Frage, ob das gegenwärtige Konzentrationsniveau den Anforderungen entspricht bzw. wie die Volkswirtschaften zu entwickeln sind, um den wachsenden Konzentrationserfordernissen Rechnung zu tragen. Diese Frage ist untrennbar mit dem internationalen Spezialisierungsgrad der Volkswirtschaften und den Schwerpunkten ihrer internationalen Spezialisierung verbunden.

Dabei wird davon ausgegangen, daß sich der Konzentrationsprozeß auf der Ebene der Makro- und Mikrostruktur der Volkswirtschaften vollzieht. Wir verstehen darunter die Konzentration auf Zweige und Erzeugnisgruppen und die Konzentration der einzelnen Produktionen. Zwischen beiden Seiten bestehen wechselseitige Beziehungen, die planmäßig zu gestalten sind. Dieser Aspekt vor allem soll hier näher betrachtet werden, da dieser Zusammenhang bisher nicht oder nur ungenügend herausgearbeitet wurde. Meist wird die Konzentration nur auf die einzelne Produktion sowie Forschung und Entwicklung (F/E) bezogen oder vom Standpunkt der Strukturbreite in Produktion und Export behandelt. Beides ist – je nach Anliegen einer Arbeit – berechtigt. Man muß sich dabei aber der Wechselbeziehungen bewußt sein.

Die Konzentration bringt dann den größten volkswirtschaftlichen Nutzen, wenn sie auf der Grundlage der internationalen Arbeitsteilung und unter Berücksichtigung aller Einflußfaktoren auf beiden Ebenen in abgewogenen Proportionen zueinander verläuft, *d. h. es muß die erforderliche Konzentration der Zweigstruktur und der Produktionen bestehen bzw. entwickelt werden.*

Aus diesen objektiven Zusammenhängen leitet sich das Erfordernis ab, den Konzentrationsprozeß (und die internationalen Spezialisierungsschwerpunkte) für die gesamte Volkswirtschaft bzw. die Industriezweige und die Produktion der einzelnen Erzeugnisse zu erfassen, zu verfolgen und einheitlich zu leiten. Für das Erfassen und Messen der Konzentration und internationalen Spezialisierung gibt es verschiedene, z. T. auf die Ebenen zugeschnittene Kennziffern, die jeweils einen bestimmten, aber zwangsläufig unterschiedlichen Aussagewert besitzen. Deshalb ist es wichtig, die Spezifik der einzelnen Kennziffern und die Grenzen ihrer Aussage zu berücksichtigen, um die gewonnenen Ergebnisse richtig in die Gesamtanalyse einordnen zu können. Das ist für eine begründete Entscheidungsfindung unerläßlich.

Zu dieser Problematik sollen lediglich beispielhaft einige Entwicklungstendenzen der Konzentration und internationalen Spezialisierung auf der Ebene der Volkswirtschaft und der Industriezweige in den RGW-Ländern dargelegt werden. An statistischen Angaben und Kennziffern können hierfür u. a. bekanntlich die Anzahl der Zweige und Erzeugnisgruppen (bzw. Warengruppen), deren Anteil an Produktion und Export des Landes bzw. aller RGW-Länder und Kennziffern der Außenwirtschaftsintensität verwendet werden.

Zwischen der Konzentration in Produktion und Export und dem internationalen Spezialisierungsgrad einer Volkswirtschaft bestehen Beziehungen, deren Variationsvielfalt sicher noch näher zu untersuchen ist. Fest steht aber, daß sie über die Glieder: Größe und vor allem ökonomisches Potential der Länder (natürliche Ressourcen, Arbeitskräfte, Akkumulationskraft), Entwicklungsniveau (Größe des Nationaleinkommens absolut und pro Kopf), Größe des Binnenmarktes und Entwicklungserfordernisse der Produktivkräfte, vermittelt sind. So weisen kleinere, jedoch ökonomisch entwickelte Länder sowohl einen hohen Konzentrations- als auch einen hohen internationalen Spezialisierungsgrad auf. Mit anderen Worten: Will ein kleines bzw. mittelgroßes Land einen hohen ökonomischen und damit vor allem industriellen Entwicklungsstand erreichen, muß es sich in Produktion und Export stark konzentrieren, einen großen Anteil der Produktion exportieren und einen erheblichen Teil der für den Inlandverbrauch benötigten Erzeugnisse importieren. Das gilt natürlich für die einzelnen Produktionen unterschiedlich, weshalb die Export- und Importquoten und die Export-Import-Relationen variieren können und nicht immer eine gleichgerichtete Aussage zu den anderen Kennziffern aufweisen. Diese schon länger vorliegende, durch die jüngste Entwicklung der Produktivkräfte aber erhärtete und verschärfte Erkenntnis ist für die meisten RGW-Länder von grundlegender Bedeutung. Demgegenüber kann ein großes ökonomisch entwickeltes Land über eine breitere Produktions- *und* Exportstruktur verfügen, es kann aber auch bei größerer Produktions-

Tabelle 1

Anteil einzelner Zweige an der gesamten industriellen Produktion in den Jahren 1950 und 1970 (in Prozent)

	Wärme- und Elektroenergie		Maschinenbau und Metallverarbeitung		Gummi- und chemische sowie Asbestindustrie		Eisenhüttenwesen		Textilindustrie		Nahrungs- und Genußmittelindustrie	
	1950	1970	1950	1970	1950	1970	1950	1970	1950	1970	1950	1970
VRB	1,7	2,6	9,1	20,2	2,9	7,5	0,1	3,1	14,2	9,2	41,0	25,4
ČSSR	2,4	2,8	13,8	28,0	2,5	7,0	8,9	10,3	8,6	5,3	30,9	15,8
DDR	2,0	3,1	24,0	34,3	12,3	10,7	5,6	6,8	11,2	5,8	14,3	16,7
VRP	1,7	2,3	8,1	31,0	4,6	11,6	9,8	7,3	10,4	7,6	31,7	15,2
SRR	2,0	3,2	12,9	25,1	3,7	10,4	5,9	8,5	11,9	7,2	25,1	17,3
UVR	3,1	4,8	24,5	29,4	4,9	9,5	5,6	8,4	18,1	5,0	21,2	16,0

Quelle: V. Ijudina, I. Oleinik, Strukturveränderungen in der Wirtschaft der sozialistischen Länder, in: Sowjetwissenschaft, Gesellschaftswissenschaftliche Beiträge, 2/1973, S. 123.

palette ein im Verhältnis dazu stärker konzentriertes Erzeugnissortiment exportieren. Diese möglichen Varianten stehen einem kleineren Land nicht offen.

Über die Anzahl der in den RGW-Ländern vorhandenen Zweige bzw. Erzeugnisgruppen liegen uns keine genauen und vergleichbaren Angaben vor. Im Zuge der sozialistischen Industrialisierung vollzogen sich insbesondere in den ehemals ökonomisch rückständigen Ländern grundlegende Veränderungen der Produktions- und Exportstruktur in quantitativer und qualitativer Hinsicht, die in den Tabellen 1 und 2 zum Ausdruck kommen. Mit ihnen bildeten sich entsprechende Schwerpunkte der Konzentration und internationalen Spezialisierung heraus.

Tabelle 2

Warenstruktur der Exporte und Importe der RGW-Länder (in Prozent)

Hauptwarengruppen		Maschinen und Ausrüstungen		mineralische Rohstoffe, Brennstoffe, Metalle		pflanzliche und tierische Rohstoffe, Lebensmittel		industrielle Konsumgüter		chemische Erzeugnisse, Düngemittel, Kautschuk, Baumaterial	
Länder	Jahr	Exp.	Imp.	Exp.	Imp.	Exp.	Imp.	Exp.	Imp.	Exp.	Imp.
VRB											
	1950	0	37,2	8,4	33,0	87,9	13,9	1,5	4,7	2,2	11,2
	1960	13,6	43,2	9,3	24,7	56,4	16,7	17,9	7,6	2,8	7,8
	1970	29,0	40,6	8,1	29,1	43,4	15,9	14,7	5,7	4,8	8,7
	1972	35,0	46,4	8,3	27,3	40,4	12,2	12,4	6,0	3,9	8,1
ČSSR											
	1950	26,4	11,2	22,6	26,1	19,7	51,1	25,3	2,6	6,0	9,0
	1960	45,1	21,7	19,7	27,7	10,4	37,1	20,4	3,3	4,4	10,2
	1970	50,4	33,4	18,6	23,5	7,3	24,1	16,6	8,5	7,1	10,5
	1972	49,4	33,8	17,2	26,0	7,6	22,4	18,7	7,8	7,1	10,0
DDR											
	1960	48,2	12,6	16,7	38,3	6,0	39,1	14,8	5,3	14,3	4,7
	1970	51,7	34,2	10,1	27,6	7,4	28,1	20,2	4,5	10,6	5,6
	1972	51,3	32,1	10,0	28,1	8,0	25,4	18,8	5,6	11,9	8,8
MVR											
	1950	–	...	–	...	99,1	...	0,9	...	–	...
	1965	–	23,3	0,6	10,5	96,7	20,7	2,6	36,2	0,1	9,3
	1970	0,3	27,2	5,2	13,4	87,6	15,7	6,0	33,1	0,9	10,6
	1972	0,5	26,5	4,1	12,3	87,3	17,2	7,5	34,8	0,6	9,2

Tabelle 2 (Fortsetzung)

Hauptwarengruppen		Maschinen und Ausrüstungen		mineralische Rohstoffe, Brennstoffe, Metalle		pflanzliche und tierische Rohstoffe, Lebensmittel		industrielle Konsumgüter		chemische Erzeugnisse, Düngemittel, Kautschuk, Baumaterial	
Länder	Jahr	Exp.	Imp.	Exp.	Imp.	Exp.	Imp.	Exp.	Imp.	Exp.	Imp.
VRP											
	1955	13,1	30,9	55,6	19,6	20,0	35,2	7,2	4,3	4,1	10,0
	1960	28,0	27,1	34,2	25,1	23,2	33,9	10,1	5,4	4,5	8,5
	1970	38,5	36,2	23,9	26,6	15,9	21,4	16,1	6,4	5,6	9,4
	1972	39,1	38,9	22,7	24,2	15,0	20,1	16,0	7,9	7,2	8,9
SRR											
	1950	4,2	37,1	33,8	24,8	54,6	22,3	1,3	10,2	6,1	5,6
	1960	16,6	32,5	37,0	35,4	35,9	18,1	5,8	5,2	4,7	8,8
	1970	22,8	40,3	22,7	30,4	26,8	15,4	18,1	5,5	9,6	8,4
	1972	24,9	46,1	16,5	26,6	28,6	15,4	18,9	5,1	11,1	6,8
UdSSR											
	1950	11,8	21,5	15,7	26,9	39,5	34,4	4,9	7,4	28,1	9,8
	1960	20,5	29,8	37,2	21,2	27,3	23,7	2,9	17,2	12,1	8,1
	1970	21,5	35,5	38,2	11,8	19,5	24,8	2,7	18,3	18,1	9,6
	1972	23,6	34,6	39,1	12,1	16,8	25,6	3,1	18,6	17,4	9,1
UVR											
	1950	23,0	22,0	8,2	26,3	45,9	41,4	20,3		2,6	8,8
	1960	38,0	28,3	13,4	27,9	27,4	29,2	17,8	3	3,4	9,5
	1970	32,6	30,9	14,4	23,6	26,7	24,4	21,3	7,7	5,0	13,4
	1972	33,5	35,3	12,1	24,0	26,4	20,9	22,8	6,7	5,2	13,1

Quelle: Statističeskij eżegodnik shan-členov Soveta ekonomičeskoj v zaimopomošči, Moskva 1970, S. 356–359 und 1973, S. 355–358.

Dem schnellen Wachstum der Industrie und besonders dem vorrangigen Wachstum des Maschinenbaus, der Chemie und Energieerzeugung liegt in diesen Ländern der gesetzmäßige Aufbau einer Mehrzweigstruktur zugrunde. Das ist ein großer politischer und ökonomischer Fortschritt für die Volkswirtschaften und die ganze sozialistische Gemeinschaft. Folglich erweiterte sich auch das Exportsortiment, und zwar vor allem im Maschinenbau, dessen Anteil am Gesamtexport sich stark erhöhte.

Die Exportkonzentration kann in gewissem Maße mit Angaben über den Gesamtanteil solcher Warengruppen ausgewiesen werden, die einen hohen

Tabelle 3
Anteile der jeweils größten Warengruppen am mvI-Export 1972 (in Prozent)

Land	Anteil der vier größten Warengruppen	Anteil der acht größten Warengruppen
VRB	55	64
ČSSR	31	48
DDR	30	50
VRP	28	53
UdSSR	44	67
UVR	41	57

Quelle: Bandelin, J., Internationale Produktionsspezialisierung und Konzentration in der Exportwarenstruktur der mvI, Thesen für die Forschungsgemeinschaft ISK, 1974 (unveröffentlicht).

oder den größten Anteil am Export des Landes insgesamt bzw. eines Bereiches haben. Tabelle 3 zeigt den Anteil von vier bzw. acht Warengruppen am Export der metallverarbeitenden Industrie in einigen RGW-Ländern.

Aus der Tabelle 3 ist zu ersehen, daß zwar in allen angeführten RGW-Ländern 1972 mit vier Warengruppen mindestens rund 30 Prozent und mit acht Warengruppen mindestens rund 50 Prozent des Exports der metallverarbeitenden Industrie (mvI) belegt werden, daß aber beachtliche Unterschiede zwischen den Ländern bestehen. Das ist in ihrem Entwicklungsstand und ihrer Größe begründet. Kleinere, noch nicht so hoch entwickelte Länder müssen sich stärker konzentrieren. Zu beachten ist jedoch – und das ist für die eigene langfristige Strukturpolitik und ihre gegenseitige Anpassung sehr wichtig –, daß auch in diesen Ländern mit dem weiteren wirtschaftlichen Aufschwung die Breite der Produktions- und Exportstruktur bis zu einem bestimmten Punkt zunimmt. Das dürfte vor allem auf die mvI, die Chemie und andere Industriebereiche in der VRB, der VRP und der SRR zutreffen. Vor einigen Jahren besaßen in diesen Ländern wenige Warengruppen einen noch größeren Anteil am mvI-Export. So machte beispielsweise in der VRB der Export von Hebe- und Förderausrüstungen, elektrotechnischen Ausrüstungen und Traktoren/Landmaschinen 1964 einen Anteil von rund 61 Prozent am mvI-Export aus, während er bis 1972 auf 50 Prozent sank.

Eine Ausnahme stellt in dieser Tabelle die UdSSR dar. Das Bild kann unter Umständen durch die erfaßten Warengruppen etwas verzerrt sein. Unabhängig davon spiegelt sich aber darin wider, daß die UdSSR im Export von mvI-Erzeugnissen z. Z. noch sehr stark konzentriert und spezialisiert ist. Dieser historisch bedingte Umstand wird sich aufgrund des großen ökonomischen Potentials des Landes und der sich schon vollziehenden breiteren Exportausrichtung der Industrie zwangsläufig ändern.

Das gewonnene Bild wird durch weitere Angaben über Anteile einzelner Erzeugnisgruppen bzw. Erzeugnisse wesentlich aussagefähiger. Daraus ist deren Gewicht an Produktion und Export ersichtlich, wobei für die langfristige Strukturplanung die konkreten Entwicklungsbedingungen analysiert werden müssen.

Von einer ausgeprägten Konzentration und internationalen Spezialisierung sowie von wesentlichen Veränderungen in einzelnen Ländern zeugen u. a. die Angaben der Tabellen 4 u. 5.[3]

Aus den Tabellen in der Studie von J. Keil ist eine Zunahme der Parallelproduktion bei PKWs sowie bei Diesel- und Elektrolokomotiven ersichtlich. Dabei wären für letztere die Typenvielfalt und die technologischen Produktionsbedingungen zu berücksichtigen, bevor über die Ökonomie dieser Entwicklung geurteilt werden kann.

Mit der Produktionskonzentration erhöhten sich teilweise die *Exportquoten* beachtlich, so bei Elektro- und Motorkarren Bulgariens von 76 (1960) auf 99% (1972), bei Autobussen Ungarns von 63 (1960) auf 89% (1972).

Die Übersicht über die Exportspezialisierung einer Volkswirtschaft wird vervollständigt durch die Analyse der gesamten Exportstruktur des Landes.

Die qualitativen Besonderheiten der Exportspezialisierung eines Landes im Vergleich zu anderen Ländern, zu einer Gruppe von Ländern oder zum Export der gesamten Welt können vor allem mit Hilfe des Koeffizienten der relativen internationalen Spezialisierung ausgedrückt werden. Zugleich erlaubt dieser Koeffizient, bestimmte Konzentrationsprozesse zu erfassen.

Der *Koeffizient der relativen internationalen Spezialisierung* wird durch einen Vergleich des Exportanteils eines Zweiges (Warengruppe), einer Erzeugnisgruppe oder einer einzelnen Ware eines Landes mit dem Exportanteil derselben Einheit im Weltmaßstab oder einer Gruppe von Ländern (z. B. des RGW) errechnet.[4]

[3] Diese Angaben sind einer Studie von I. Keil entnommen, der sich ausführlich mit Strukturveränderungen in den RGW-Ländern im Zusammenhang mit der internationalen Spezialisierung und Kooperation befaßt. (Vgl. I. Keil, Sozialistische internationale Spezialisierung und Kooperation und die Herausbildung effektiver Volkswirtschaftsstrukturen. Unveröffentlichte Studie der AdW der DDR, Zentralinstitut für Wirtschaftswissenschaften, April 1975, S. 34 a.)
Aufschlußreich ist die von Keil vorgenommene Gegenüberstellung des absoluten und relativen Anteils der Produktion bestimmter Erzeugnisse in den einzelnen Ländern an der Gesamtproduktion im RGW. Dabei ist der relative Anteil auf die Größe der Bevölkerung der einzelnen Länder bezogen (vgl. ebenda, S. 35 f.).

[4] Vgl. P. Savjalov, Die internationale Spezialisierung und Kooperation im kapitalistischen Handel mit Ausrüstungen, in: Vnešnjaja torgovija SSSR, 3/1973, S. 20. Savjalov führt für die Berechnung des Koeffizienten folgendes Beispiel an: der Anteil des Exports von Büromaschinen betrug 1969 in den USA 6,42%, am Weltexport von Ausrüstungen 4,11%. Daraus ergibt sich für die USA ein Koeffizient von 156 (6,42 : 4,11 $\times$ 100).

Tabelle 4

Anteil an der Gesamtproduktion des RGW ohne UdSSR (in Prozent)

Land	Erzeugnisse	Jahr	Anteil
VRB	Elektro- und Motorkarren	1971	63,1
	Telefonapparate	1973	98,8
	Sämaschinen	1960	5,4
	(die Produktion von Sämaschinen ging in der DDR und der SSR erheblich zurück)	1971	44,4
DDR	Eisenbahnpersonenwagen	1960	47,1
		1972	55,4
VRP	Autobusse	1972	39,8
UVR	Autobusse	1972	23,9

Tabelle 5

Beispiele für strukturelle Verschiebungen der Produktionsanteile

Erzeugnisse	Jahr	Land	
		VRP	*ČSSR*
Traktoren	1960	13,3	49,8
	1971	40,3	20,2
		SSR	*ČSSR*
Portaldrehkrane	1960	11,1	43,3
	1971	33,5	5,4
		DDR	*VRP*
Bagger	1960	25,4	28,3
	1971	9,3	62,3

Tabelle 6 gibt eine Übersicht über die Entwicklung dieses Koeffizienten für einige Zweige bzw. Warengruppen in 6 RGW-Ländern.

Bei einer Wertung der Aussagen dieser Tabelle muß berücksichtigt werden, daß in ihr nur Warengruppen der mvI – und auch diese nicht vollständig – enthalten sind. Dennoch bietet sie interessante Aufschlüsse. Die DDR hat die größte Anzahl überdurchschnittlich konzentrierter Warengruppen im Export (mit einem Koeffizienten von über 100), wobei ein Rückgang von 13 (1969) auf 11 (1972) erfolgte. Die ČSSR verfügt nach wie vor über 6 solcher Gruppen, aber es sind in größerem Umfang als in der DDR Strukturverschiebungen eingetreten. Die VRP hat den Anteil von 6 auf 8 erhöht, die UdSSR von 1 auf 3. Bei der VRB ist ein leichter Rückgang zu verzeichnen (von 4 auf 3), bei der UVR ein sehr starker (von 9 auf 3 Gruppen).

Unter Berücksichtigung anderer internationaler Vergleiche können auch mit diesen Angaben, trotz ihrer Unvollständigkeit, bestimmte gesetzmäßige

Tabelle 6

Internationale Konzentration des Exports bestimmter Erzeugnisgruppen der europäischen RGW-Mitgliedsländer in den Jahren 1960 und 1972

	VRB		ČSSR		DDR		VRP		UdSSR		UVR	
Traktoren, landwirtschaftliche Maschinen	137	250	160	81	126	206	63	73		60	347	81
Geräte, Laborausrüstungen	6	48	78	68	320	261	29	79	37	37	166	216
Ausrüstungen für chemische Industrie	0	5	260	182	206	172		150	19	54	215	68
Ausrüstungen für Textilindustrie	0	33	182	256	473	223	41	113		27	12	15
Elektrotechnische Ausrüstungen	282	336	95	120	252	160	86	133	31	28	54	58
Schiffe, Schiffs- und Hafenausrüstungen	127	86	42	33	265	215	282	282	9	36	104	28
Energetische Ausrüstungen	9	6		123	322	68	50	144	57	125	157	26
Polygraphische Ausrüstungen			77	132	480	410		44		19	59	0
Bergbauausrüstungen	...	8	...	45	317	90	26	118	24	148	430	18
Ausrüstungen für Nahrungsmittelindustrie	15	49	183	96	151	179	121	132	2	25	440	308
Ausrüstungen für geologische Erkundigungen				62			72	6	210	220	64	10
Ausrüstungen für Schmieden und Pressen	0	0	152	230	370	322	14	30	9	26	19	15
Kabel und Leitungen	27	11	155	88	242	247	62	112	38	46	126	153
Hebe- und Transportausrüstungen	279	682	95	47	261	175	...			29	378	63

Quelle: R. Sagner, Internationale Zirkulationsbeziehungen und Konzentration der Produktion unter den Bedingungen der sozialistischen ökonomischen Integration, Wissenschaftliche Zeitschrift der HFÖ, 4/1974, S. 44.

Erscheinungen und Entwicklungstendenzen der Exportspezialisierung und -konzentration gestützt werden. Diese sind im ökonomischen Entwicklungsniveau der Länder (hier speziell des Maschinenbaus), ihrer Größe und in spezifischen historischen Bedingungen begründet. Kleinere Länder, die den Maschinenbau im wesentlichen erst im Sozialismus errichten und ihn frühzeitig auf den Export ausrichten können und müssen, konzentrieren sich auf einige Zweige und entwickeln in der Regel eine entsprechend kleine Zahl von Warengruppen zu Hauptträgern des Exports. Bei diesen kann, bedingt durch die planmäßige sozialistische internationale Arbeitsteilung, relativ schnell ein hoher internationaler Spezialisierungsgrad im Vergleich zu anderen Ländern erreicht werden. Länder mit bereits entwickeltem Maschinenbau verfügen über eine breitere Produktions- und Exportstruktur und in der Regel über mehr Konzentrationspunkte im Export. Differenzierungen ergeben sich bei diesen Ländern aus ihrer Größe (dem ökonomischen Gesamtpotential) und historischen Bedingungen.

Von diesen allgemeinen Aussagen ausgehend ist es möglich, eine gewisse Interpretation der Tabelle 6 vorzunehmen.

Die breitere Exportkonzentration bei der DDR und der ČSSR ist in dem bereits zu Beginn des sozialistischen Aufbaus vorhandenen entwickelten Maschinenbau begründet. Bei der DDR kommen insbesondere Folgen der von den imperialistischen Mächten betriebenen Spaltung Deutschlands hinzu, die zu einer zusätzlichen Verbreiterung der Produktions- und Exportstruktur führten. Die VRP erhöhte die Anzahl der Konzentrationspunkte im Export als Folge einer strukturell ziemlich breit angelegten sozialistischen Industrialisierung. Als mittelgroßes Land verfügt sie über potential beachtliche Reserven. Die VRB konzentrierte als kleineres Land bei hohem Industrialisierungstempo die Kräfte zunächst auf wenige Zweige und Exportschwerpunkte. Die UVR übernahm aus dem Kapitalismus ein mittleres Niveau einiger Industriezweige. Sie hat in Anbetracht des begrenzten Potentials seit etwa Ende der 50er Jahre eine deutliche selektive Strukturentwicklung vollzogen und die Exportkonzentration in der mvI stark erhöht. (Die UVR stellte oder stellt z. B. die Produktion von Erntekombines, Eisenbahnwaggons, Traktoren und Schiffen ein. Der Anteil der Produktion von Autobussen und zugehöriger Mittel erhöhte sich dagegen an der Gesamtproduktion des Maschinenbaus von 6,9 (1960) auf 15,4 Prozent (1973). Einen ähnlich starken Aufstieg erfuhr die Produktion von Vakuumtechnik, Erzeugnissen des Gerätebaus u. a. materialarmer sowie den Bedingungen des Landes entsprechender Erzeugnisgruppen.)

Bei der Analyse der Tabelle dürfen nicht nur die Warengruppen mit Koeffizienten von über 100 oder sogar 200 betrachtet werden. Und es muß auch die Größenveränderung der Koeffizienten analysiert werden. Dadurch kommt man zu weitergehenden Einsichten. So ist z. B. bei der VRB eine wesentliche Verstärkung der Exportkonzentration bei drei Warengruppen zu verzeichnen, (landwirtschaftliche Maschinen, elektrotechnische Ausrüstungen, Hebe- und Transportausrüstungen), zugleich aber auch eine Tendenz zu einer größeren Strukturbreite im Export. Ähnliches trifft auf die VRP zu. Für die DDR gibt es nicht nur den schon erwähnten Rückgang in der Anzahl hochkonzentrierter Warengruppen, sondern bei den meisten dieser Gruppen hat sich auch der Koeffizient der relativen internationalen Spezialisierung verringert. Das ist aufgrund der zu großen Breite der Exportstruktur (im Verhältnis zum Potential der Volkswirtschaft) eine zwangsläufige Erscheinung. Bei der UdSSR ist die Tendenz zu größerer Breite des Exportsortiments deutlich erkennbar. Diese anhaltende Tendenz bewirkt, daß weitere Warengruppen ihren Koeffizienten erhöhen werden. Aber im Vergleich zu kleineren Ländern mit enger Exportausrichtung wird nicht ein so hoher Prozentsatz des Gesamtexports von Maschinen und Ausrüstungen im Bereich von über 200 liegen. Der internationale Spezialisierungsgrad ist also im Durchschnitt der Warengruppen niedriger.[5]

Aus der Tabelle des Koeffizienten der relativen internationalen Spezialisierung und aus Übersichten der Exportstrukturen der Länder können in der Tendenz übereinstimmende Aussagen über Exportstrukturveränderungen gewonnen werden, wenn diese Veränderungen ein bestimmtes Ausmaß annehmen, so daß sie bei der Berechnung des Koeffizienten ins Gewicht fallen.

Beispiele dafür sind:

VRB Rückgang des Koeffizienten bei Schiffen und Schiffsausrüstungen, Erhöhung bei Hebe- und Transportausrüstungen

UVR Anhebung des Koeffizienten bei Geräten und Laborausrüstungen

DDR Anhebung bei landwirtschaftlichen Maschinen, Rückgang bei Schiffen/Schiffsausrüstungen

In der Exportstruktur widerspiegelt sich das in Tabelle 7:

Die bisher angeführten Kennziffern und Angaben vermitteln bereits ein gewisses Bild über Stand und Entwicklungsverlauf der Konzentration in Produktion und Export der RGW-Länder. Für sich allein genommen bieten sie aber keine Entscheidungsgrundlage zur Beantwortung der mit den konkreten Konzentrationserfordernissen auftretenden Fragen.

Auch die Kennziffer „Anteil am Weltsortiment“ (oder aggregierte Ver-

[5] Eine analoge Entwicklung hat sich hinsichtlich dieser Koeffizienten im Export von Maschinen und Ausrüstungen kapitalistischer Länder vollzogen. Kleine Länder mit entwickeltem Maschinenbau (Schweiz, Schweden, Niederlande) und Japan mit sehr konzentriertem Maschinenbau weisen einen höheren Grad der internationalen Spezialisierung auf als Länder mit breiter entwickeltem Maschinenbau und einer Vielzahl internationaler spezialisierter Zweige (USA, BRD, Großbritannien, Frankreich). Vgl. ebenda, S. 21.

Tabelle 7
Anteil der betreffenden Erzeugnisgruppe am Maschinenexport (in Prozent)

Land	Erzeugnis	Jahr 1960	Jahr 1971
VRB	Schiffe, Schiffsausrüstungen	23,0	5,5
	Hebe- und Transportausrüstungen	10,7	16,8
DDR	Landwirtschaftliche Maschinen	2,4	7,3
	Schiffe und Schiffsausrüstungen	12,6	6,9
UVR	Geräte- und Laborausrüstungen	3,8	7,5

Quelle: J. Bandelin, F. Heiduschat, Fragen der internationalen Spezialisierung und Kooperation in Verbindung mit der Exportwarenstruktur der RGW-Länder bei Maschinen und Ausrüstungen, Referat auf der Konferenz des Internationalen Instituts des RGW für ökonomische Probleme des sozialistischen Weltsystems zu theoretischen Problemen des sozialistischen Weltmarktes, Nov. 1973, unveröffentlichtes Material des FMA.

gleichsgrößen) vermag diese Aussagenlücke nicht zu schließen. Sie ist ebenfalls ein synthetische, verallgemeinernde Größe. Als solche ermöglicht sie aber, verbunden mit anderen Kennziffern, eine bestimmte Aussage. Allerdings bereitet die Gewinnung und der Vergleich der hierzu erforderlichen Angaben erhebliche organisatorische und methodische Schwierigkeiten. Das beginnt damit, daß der Begriff „Weltsortiment“ oft nicht exakt definiert bzw. verschieden ausgelegt wird und selten mit genauen Angaben ausgefüllt ist. Hinzu kommen Schwierigkeiten bzw. Unexaktheiten bei der Erfassung der Werte im volkswirtschaftlichen Rahmen und bei ihrem internationalen Vergleich. Es darf daher nicht leichtfertig mit entsprechenden Zahlen umgegangen werden. Vor allem nicht hinsichtlich daraus abzuleitender Schlußfolgerungen, wobei solche allein aus dieser Kennziffer sowieso nur bedingt gezogen werden können.

Insofern sind entsprechende kritische Bewertungen zu unterstützen.[6] Bekanntlich wird in der DDR z. B. seit längerem häufig die Angabe verwendet, daß unser Maschinenbau 70 bis 80 Prozent (oder sogar noch mehr) des Weltsortiments an Maschinen und Ausrüstungen produziert, ohne daß entsprechende Quellen und die verwendete Aggregationsstufe nachgewiesen werden. Für die ČSSR lautet eine analoge Angabe etwa 60 bis 70 Prozent. Da nach Meinung Wunderlichs die Berechnung anhand einer

[6] Vgl. H.-J. Wunderlich, Tendenzen und Probleme der Strukturentwicklung des DDR-Außenhandels mit Maschinen und Ausrüstungen unter den Bedingungen der gesetzmäßigen Vertiefung der internationalen sozialistischen Arbeitsteilung. Dissertation A, Sektion Sozialistische Betriebswirtschaft, TU Dresden, 1974, S. 80 f.

detaillierten Nomenklatur von Erzeugnispositionen praktisch nicht möglich ist, wählt er den Weg einer höheren Aggregationsstufe und nimmt die „Grundtypen“ zur Vergleichsgrundlage. Das ist durchaus legitim, setzt aber ebenfalls eine genaue Definition des Begriffs „Grundtypen“ voraus. Ferner bedürfen die gewonnenen Werte einer Untermauerung durch zusätzliche Angaben.

So müßten sie u. a. durch Angaben über den Aufwand, die Kompliziertheit und die Funktion der in der DDR produzierten Grundtypen im Verhältnis zu den insgesamt erfaßten Grundtypen der jeweiligen Gruppe ergänzt werden. Hinter einem Mengenanteil von beispielsweise 20 oder 30 Prozent kann sich ein Aufwandsanteil von 60 oder mehr Prozent verbergen. Es können die für die Forschung, Entwicklung und Produktion kompliziertesten Erzeugnisse der betreffenden Erzeugnisgruppe sein, die ein quantitativ und qualitativ viel höheres Potential erfordern, als aus dem Mengenanteil ersichtlich ist.

Ein fundiertes Bild über das vorhandene Konzentrationsniveau kann letztlich nur durch detaillierte Analysen gewonnen werden. Es bedarf konkreter, auf die Erzeugnisgruppen und Erzeugnisse bezogener Analysen der Bedingungen in F/E, Produktion, Export/Import (einschließlich der gesamten Marktarbeit), um in Verbindung mit anderen Analysen festzustellen, ob die Konzentration und der internationale Spezialisierungsgrad bei den einzelnen Produktionen das erforderliche Niveau aufweisen und welche Entwicklung anzustreben sowie möglich ist. Es ist für die einzelnen F/E-Aufgaben und Produktionen nachzuweisen, ob die Konzentration der Kräfte und Mittel sowie des Umfanges der Produktion ausreicht, um mit hoher Effektivität die wissenschaftlich-technische Arbeit und die Produktion durchführen zu können. In der Produktion setzt das voraus, daß ausgehend vom Bedarf vor allem auf den für das Wachstum und die Effektivitätsentwicklung der Volkswirtschaft (und damit auch ihres Exports) entscheidenden Gebieten die neue Technik rationell eingesetzt und mit niedrigen Kosten produziert wird. Letzten Endes ist das für den erzielbaren Konzentrationseffekt maßgebend.

Als Kennziffern können hierfür dienen:

- Aufwand an Mitteln und Anzahl der Forschungs- und Entwicklungskräfte je Thema im Vergleich zu Zeitdauer und Ergebnis (daran wird deutlich, daß Qualifikation der Kräfte, Organisationsniveau u. a. qualitative Faktoren von großem Einfluß sind);

$$- \frac{\text{Produktionsvolumen für Erzeugnis X}}{\text{optimale Produktionsgröße Erzeugnis X}}$$

Ausschlaggebend dafür, ob das Konzentrationsniveau den erforderlichen Stand hat oder nicht, sind die damit zu erzielenden Ergebnisse: die Sicherung eines kontinuierlichen hohen Wachstums bei bedarfsgerechter Gebrauchswertstruktur, niedrige Selbstkosten, hohe Arbeitsproduktivität u. a. günstige Effektivitätswerte der Produktion und ein hohes technisch-ökonomisches Niveau der Erzeugnisse. Zwar wirken darauf viele weitere Faktoren ein, aber ohne Konzentration sind diese Ziele nicht zu verwirklichen.

Die generell bestehenden Zusammenhänge zwischen der Entwicklung der Makro- und Mikrostruktur der Volkswirtschaft zeigen sich auch deutlich hinsichtlich der Konzentration. Die Anzahl überhaupt durchführbarer, vor allem aber ausreichend konzentrierter F/E-Arbeiten und Produktionen wird von der ökonomischen Gesamtpotenz der Volkswirtschaft, ihrem Entwicklungsstand und – in vielfältiger Wechselwirkung – vom internationalen Spezialisierungsgrad der Volkswirtschaft sowie dem Niveau der internationalen Kooperation bestimmt. Das trifft sinngemäß auf die verschiedenen Bereiche der Volkswirtschaft bzw. der Industrie zu.

Beispielsweise kann sich ein Land eine größere Zahl international spezialisierter Zweige des Maschinenbaus oder der Elektrotechnik – mit jeweils wiederum vielen Einzelpositionen – nur „leisten", wenn für diesen Bereich eine große Akkumulationskraft, ein großes wissenschaftlich-technisches und Produktionspotential zur Verfügung steht und wenn der Bereich ein hohes Entwicklungsniveau aufweist. Sehr richtig heißt es bei Savjalov: „Das Bestreben, den Export von Maschinen und Ausrüstungen mit reichem Sortiment ohne diese Bedingungen zu entwickeln, senkt nicht nur die Effektivität des Exports, sondern auch letzten Endes ernsthaft seine Entwicklung."[7]

Umgekehrt werden die Entwicklung der ökonomischen Gesamtkraft einer Volkswirtschaft und ihre Dynamik wesentlich davon beeinflußt, welches Konzentrationsniveau die einzelnen Produktionen aufweisen und welche Stellung sie in der internationalen Arbeitsteilung und auf den internationalen Märkten einnehmen.

Dieser wesentliche Zusammenhang zwischen der Konzentration und internationalen Arbeitsteilung auf makro- und mikrostruktureller Ebene kommt folglich auch in den entsprechenden Kennziffergruppen (den Kennziffern der Konzentration auf makrostruktureller Ebene und denen für die einzelnen Produktionen) zum Ausdruck, woraus sich die zwischen ihnen bestehenden Beziehungen ergeben. Erstere vermittelt aussagefähige Anhaltspunkte über das Konzentrationsniveau unter Berücksichtigung von Größe und ökonomischem Entwicklungsniveau der Länder. Entscheidend für die Effektivität sind eine optimale Volkswirtschaftsstruktur und die Konzentration bei den einzelnen Aufgaben der F/E und den spezialisierten Produktionen. Die für letztere anzuwendenden Kennziffern sind ein wich-

7 Vgl. P. Savjalov, Die internationale Spezialisierung und Kooperation im kapitalistischen Handel mit Ausrüstungen, a. a. O., S. 21.

tiger Maßstab für die Planung zum Erreichen des erforderlichen *und* möglichen Konzentrationsniveaus. Andere Kennziffern (wie zusammengefaßte Export- und Importquoten) sind unter dem Gesichtspunkt der konkreten Konzentrationserfordernisse abgeleitete Größen. Das bedeutet keinesfalls eine Abwertung ihrer Wichtigkeit und Notwendigkeit, ihre Entwicklung zu analysieren, um daraus die nötigen Schlußfolgerungen zu ziehen. Für bestimmte globale Entscheidungen über die weitere Entwicklung von Außenhandel und internationaler Arbeitsteilung sind diese Kennziffern von wesentlicher Aussage.

Wenn diese Zusammenhänge berücksichtigt werden, gestatten die Kennziffern in ihrer Gesamtheit ein eindeutigeres Bild über das gegebene Konzentrationsniveau und korrespondierend dazu über den internationalen Spezialisierungsgrad sowie über die gebotene Veränderung beider Größen. Das kann am Beispiel der DDR kurz verdeutlicht werden.

Zum Stand der Konzentration in der DDR

Aus den ungefähren Angaben über die Breite des Produktionssortiments und der Exportpalette (in gewisser Hinsicht auch in den Koeffizienten der relativen internationalen Spezialisierung zum Ausdruck kommend) kann bereits angenommen werden, daß unser Produktionsprogramm trotz zunehmender Konzentration in einigen Zweigen insgesamt noch zu breit ist, daß der erreichte Grad der Konzentration nicht ausreicht. Einen deutlichen Beweis dafür bietet die Analyse, die in den meisten Zweigen, vor allem der mvI eine im Verhältnis zum Wissenschafts- und Produktionspotential zu große Zahl von F/E-Arbeiten und ein zu großes Erzeugungssortiment ausweist. Bei einem zu geringen Teil der Produktion werden angenähert optimale Produktionsgrößen erreicht und hohe Formen der Produktionsorganisation angewendet. Zwangsläufige Folgen dessen sind – neben anderen darauf einwirkenden Ursachen – teilweise zu lange Entwicklungs- und Überleitungszeiten und fehlende Akkumulationsmittel und Arbeitskräfte zur Umsetzung von F/E-Ergebnissen, eine teilweise ungenügende Ökonomie in Produktion und Zirkulation (beim Absatz und in der gesamten Arbeit auf den Außenmärkten, einschließlich Kundendienst), unzureichende Produktionskapazitäten auch bei nicht wenigen international spezialisierten Erzeugnissen. Neben den eigenen Verlusten aus ungenügender Bedarfsdeckung resultiert daraus z. T. mit der Aufbau an sich unökonomischer Parallelproduktionen in anderen RGW-Ländern.

Selbstverständlich sind hierbei die bereits erwähnten historischen Umstände zu berücksichtigen, die wesentlich diese Breite der Strukturentwicklung und des Erzeugnissortiments verursachten. Ebenso die Tatsache, daß Strukturveränderungen größeren Ausmaßes einen längeren Zeitraum erfordern, sehr kompliziert sind und daß dafür zahlreiche Bedingungen gegeben sein müssen. Hier kann daher nur zur vertieften Erkenntnis beigetragen werden, daß eine weitere Erhöhung des wissenschaftlich-technischen und ökonomischen Niveaus der Produktion, besonders in der mvI der DDR, eine stärkere Konzentration erfordert. Zugleich soll ein Beitrag zu inhaltlichen und methodischen Problemen einer Analyse der Konzentration geleistet werden.

Das Konzentrationsniveau widerspiegelt sich in allgemeiner Tendenz in den Kennziffern der Außenhandelsintensität, des internationalen Spezialisierungsgrades. Zwar ist der Außenhandelsumsatz der DDR wesentlich schneller als das Nationaleinkommen gewachsen. In Valutamark (VM) gemessen hatte der Außenhandelsumsatz 1960 einen Anteil von 26 Prozent am produzierten Nationaleinkommen (in M gemessen) und 1973 von 42 Prozent. Obwohl der Vergleich durch die zwei unterschiedlichen Preisbasen eingeschränkt wird, zeigt dieser Anstieg die zunehmende Bedeutung des Außenhandels für die Volkswirtschaft der DDR. Worauf es aber vor allem ankommt, ist das schnellere Wachsen des Außenhandels gegenüber der Industrieproduktion. In dieser Hinsicht ist die Entwicklung in der DDR wie auch in anderen RGW-Ländern in einzelnen Jahren unterschiedlich verlaufen. Über einen längeren Zeitraum betrachtet wuchs der Außenhandel jedoch nur geringfügig schneller als die Industrieproduktion. Von 1960 bis 1970 stieg der Außenhandelsumsatz auf 195 Prozent und die Industrieproduktion auf 182 Prozent. In den letzten zwei bis drei Jahren entwickelte sich der Außenhandel beträchtlich schneller als die Industrieproduktion. Jedoch hat sich die Außenhandelsintensität dadurch nur unwesentlich erhöht. Der Außenhandelsumsatz hatte 1974 einen Anteil von 28,7 Prozent an der industriellen Warenproduktion. Die Exportquote $\left(= \frac{\text{Export}}{\text{Industrieproduktion}}\right)$ betrug 1974 13,7 Prozent und war damit kaum höher als 1960.[8]

Die Exportquoten in einzelnen Zweigen der DDR sind bekanntlich sehr hoch (im Schiffbau etwa 90 Prozent, im Werkzeugmaschinenbau zwischen 60 und 70 Prozent), in der metallverarbeitenden Industrie insgesamt ist sie aber unter Berücksichtigung der Entwicklungserfordernisse noch relativ niedrig. Das kommt auch im Außenhandelsumsatz pro Kopf der Bevölkerung zum Ausdruck (vgl. Tabelle 8). Mit 589 Rubel 1972 lag dieser noch knapp an der Spitze der RGW-Länder, jedoch erheblich unter der Pro-Kopf-Quote in industriell entwickelten kleinen und mittleren kapitalistischen Staaten. Dabei muß natürlich die durch Inflation u. a. Ursachen aufgeblähte Entwicklung des Außenhandelsumsatzes im Kapitalismus berücksichtigt werden.

Die Konzentrationserfordernisse sind natürlich kein Selbstzweck. Darauf wurde schon weiter oben verwiesen. Um ein kontinuierlich hohes und effektives Wirtschaftswachstum zu gewährleisten, sind ökonomischer Ein-

[8] Berechnet nach: Statistisches Jahrbuch der DDR 1975, Berlin 1975.

Tabelle 8

Der Außenhandelsumsatz der RGW-Länder pro Kopf der Bevölkerung

	in Rubel				in Relation zur DDR (DDR = 1,0)			
	1955	1960	1970	1972	1955	1960	1970	1972
VRB	52	137	419	503	0,4	0,6	0,8	0,9
CSSR	139	247	469	546	1,1	1,1	0,9	0,9
DDR	130	230	498	588	1,0	1,0	1,0	1,0
MVR	76	160	150	178	0,6	0,7	0,3	0,3
VRP	51	86	197	256	0,4	0,4	0,4	0,4
SRR	40	67	179	208	0,3	0,3	0,4	0,4
UdSSR	24	47	92	104	0,2	0,2	0,2	0,2
UVR	100	165	418	508	0,8	0,7	0,8	0,9
RGW-Länder insgesamt	40	77	157	151	0,3	0,3	0,3	0,3

Quelle: Berechnet nach Statističeskij ežegodnik stran-členov Soveta ėkonomičeskoj vzaimopomošči, Moskva 1970, S. 6–7, und 353 und 1973, S. 5 und 351.

satz der Ressourcen (und dazu als wichtige Bedingungen Konzentration und internationale Spezialisierung), Proportionalität, Stabilität und Elastizität der volkswirtschaftlichen Entwicklung notwendig. Einige der zwischen diesen Erfordernissen und Prozessen bestehenden Wechselbeziehungen wurden bereits an anderer Stelle herausgearbeitet. So der Gesichtspunkt, daß zwischen ihnen kein prinzipieller Widerspruch vorliegt, wobei aber aus der planmäßigen proportionalen Entwicklung und dem flexiblen Reaktionsvermögen bestimmte Anforderungen an die Gestaltung der arbeitsteiligen Beziehungen erwachsen.[9]

Eine Schlußfolgerung bestand darin, daß neben einer stabilen und zugleich elastischen internationalen Spezialisierung und Kooperation die flexible Reaktion der Volkswirtschaft auf den wissenschaftlich-technischen Fortschritt, auf Bedarfsveränderungen u. a. Faktoren auch eine bestimmte Breite (und Art) der Struktur und des Sortiments in Produktion und Export verlangt. Hierauf wirkt insbesondere der im Weltmaßstab sich beschleunigende Diversifikationsprozeß ein. Von ihm wird – wenn auch in unterschiedlichem Grad – jede Volkswirtschaft erfaßt. Konzentration und Diversifikation beeinflussen sich wechselseitig. Eine zweckmäßige Sortimentsbreite innerhalb einer Erzeugnisgruppe oder eines Zweiges wird nicht nur von effektiven Produktionsmaßstäben bestimmt, sondern auch von der Bedarfsentwicklung, der Sicherheit und Rationalität der Bedarfs-

[9] Vgl. K. Morgenstern, Sozialistische internationale Arbeitsteilung, Berlin 1972, S. 118 ff.

deckung durch eigene Produktion oder Import, der erforderlichen und möglichen Entwicklung des Exports und Imports (Volumen, Rentabilität, Zahlungsbilanz), den konstruktiven Entwicklungstendenzen der Erzeugnisse, ihren qualitativen Anforderungen und den Möglichkeiten, diesen zu entsprechen, sowie vom konstruktiv-technischen Zusammenhang zwischen Erzeugnissen, der in bestimmten Fällen eine geschlossene Entwicklung und Produktion erfordern kann. Doch während die fortlaufende Verbesserung und sukzessive Erneuerung des Erzeugnissortiments generelles Prinzip ist, kann die Erweiterung des Erzeugnissortiments nicht für jedes Land ein unendlicher Prozeß sein. „Für jedes sozialistische Land besteht in gegebenen Moment eine objektive ökonomische Grenze der Diversifikation.“[10]

Diversifikation steht also der internationalen Arbeitsteilung nicht entgegen, sondern setzt vielmehr ihre weitere Vertiefung voraus. Wohl zwingt die Erwirtschaftung des erforderlichen Exportvolumens und die Sicherung von Märkten zur Produktion einer bestimmten Sortimentsbreite, aber zugleich muß immer die Frage beantwortet werden, ob dabei Weltmarktfähigkeit hinsichtlich Niveau/Qualität der Erzeugnisse, Lieferfähigkeit, Kundendienst usf. gewährleistet sind. Anderenfalls kann mit diesem Sortiment die nötige Flexibilität auch nicht erreicht werden und es treten zwangsläufig Export- und Wachstumsverluste ein. Die Nachfrage nach kompletten Sortimenten (z. B. von Produktionsanlagen) u. a. Anwenderbedürfnisse wirken daher dem Konzentrationsprozeß nur bedingt entgegen. Vielfach muß diesen Erfordernissen mit vertiefter internationaler Spezialisierung und Kooperation Rechnung getragen werden. Die Aufgabe besteht darin, das sich entwickelnde Erzeugnissortiment bei hoher Effektivität von Produktion *und* Absatz *und* ständig bessere Bedarfsbefriedigung immer aufs neue rationell zu gestalten – eine Aufgabe, die in der einzelnen Volkswirtschaft und zunehmend in der sozialistischen Gemeinschaft gelöst wird.

Durch planmäßig organisierte und effektiv gestaltete internationale Spezialisierung und Kooperation, durch Anwendung höherer Formen der Zusammenarbeit der sozialistischen Länder in allen Reproduktionsphasen (auch im Absatz) und abgestimmte Strukturpolitik können sowohl die Vorteile der Konzentration erschlossen als auch Proportionalität und Flexibilität gewahrt werden.

Indem alle diese Erfordernisse planmäßig miteinander verbunden werden, bildet sich für jede sozialistische Volkswirtschaft ein *optimaler Konzentrations- und internationaler Spezialisierungsgrad heraus*. Dieser stellt die ökonomisch zweckmäßigste Synthese zwischen komplexer (mehrseitiger) Entwicklung und internationaler Spezialisierung der Volkswirtschaften dar.

[10] P. Alampijev, I. F. Kormnov, V. Maksakovski, Volkswirtschaftsstrukturen und Integration der sozialistischen Länder, Voprosy ėkonomiki, 9/1974, S. 62.

Der optimale Konzentrations- und internationale Spezialisierungsgrad vermeidet sowohl eine gemessen an den Potenzen der Volkswirtschaft zu große Struktur- und Sortimentsbreite als auch eine zu enge internationale Spezialisierung des Landes. Die internationale Spezialisierung und Kooperation löst damit entscheidend den Widerspruch zwischen dem für die erweiterte Reproduktion wachsenden Sortiment an Produktions- und Konsumtionsmitteln und den begrenzten nationalen Potentialen. Unter dem Einfluß vielfältiger innerer und äußerer Faktoren ökonomischer und politischer Art und des wissenschaftlich-technischen Fortschritts unterscheidet sich dieser Grad von Land zu Land; er ist eine dynamische und für die verschiedenen ökonomischen Entwicklungsphasen unterschiedliche Größe. Der optimale Konzentrations- und internationale Spezialisierungsgrad muß schnellen Effektivitätsfortschritt, Proportionalität und ausreichende Reaktionsfähigkeit der Volkswirtschaft auf die verschiedenen Einflußgrößen gewährleisten. Er wird durch solche Faktoren wie das Verhältnis von Aufwand zur Entwicklung der Zweige und Produktionen auf hohem technisch-ökonomischen Niveau und dem ökonomischen Potential der Volkswirtschaft, durch das ökonomische Entwicklungsniveau der Volkswirtschaft, die notwendige und mögliche vertiefte Eingliederung in die internationale Arbeitsteilung, die Bedürfnisse, Bedingungen und Effektivität des Exports-Imports u. a. beeinflußt. Optimale Konzentration und internationale Spezialisierung unterliegen in ihrer Zielsetzung dem ökonomischen Grundgesetz des Sozialismus und dem daraus abgeleiteten synthetischen volkswirtschaftlichen Kriterium: Erzielung eines kontinuierlichen maximalen Nationaleinkommenszuwachses in bedarfsgerechter Struktur zwecks immer besserer Befriedigung der gesellschaftlichen und individuellen Bedürfnisse.

Wir können in bezug auf den Konzentrationsprozeß in den RGW-Ländern u. a. folgende Schlußfolgerungen ziehen:

– In allen RGW-Ländern steht die Aufgabe, im Zuge der Intensivierung die Konzentration in F/E und Produktion zu fördern. Dabei ergeben sich aufgrund der Größe und des Entwicklungsstandes der Länder Differenzierungen.

– Als besonders dringend erscheint die Erhöhung des Konzentrationsniveaus in Produktion und Export für die DDR und die ČSSR. Das ist im industriellen Entwicklungsstand und im ökonomischen Potential begründet. Dieser Prozeß wird sich in einem steigenden Grad der internationalen Spezialisierung, in wachsender Außenhandelsintensität (gemessen am Vergleich zwischen Wachstum des Außenhandelsumsatzes und Industrieproduktion niederschlagen.[11] Einen vorrangigen Platz in der Weltindustriepro-

[11] Auf der 13. Tagung des ZK der SED wurde hervorgehoben, daß sich der Außenhandel erheblich schneller als die Industrieproduktion entwickeln muß. (Vgl. E. Honecker, Bericht des Politbüros an die 13. Tagung . . ., a. a. O., S. 28.)

duktion absolut bzw. pro Kopf der Bevölkerung behaupten, verlangt unter den Bedingungen der DDR einen vorderen Platz im Welthandel (nach dem Außenhandelsumsatz pro Kopf) einnehmen bzw. festigen. Nach der absoluten Höhe der Industrieproduktion liegt die DDR gegenwärtig auf dem 10. Platz im Weltmaßstab.[12] Dazu sind systematischer Ausbau der sozialistischen ökonomischen Integration, tiefere Eingliederung in die internationale Arbeitsteilung und effektive Gestaltung des gesamten Systems der Außenwirtschaftsbeziehungen notwendig. Sonst kann das ökonomische Grundgesetz des Sozialismus nicht auf immer höherer Stufe erfüllt werden und die Intensivierung der gesellschaftlichen Produktion nicht im gebotenen Tempo vorankommen.

– In einigen anderen RGW-Ländern werden sich mit der weiteren industriellen Entwicklung das Erzeugnissortiment und die Produktions- und Exportstruktur noch etwas stärker verbreitern (in der MVR und in Kuba steht diese Aufgabe im Zusammenhang mit den sich entwickelnden Industriezweigen im wesentlichen noch bevor), wobei auch hier in einzelnen Zweigen schon jetzt mehr konzentriert und international spezialisiert werden müßte. Die Sicherung eines langfristigen effektiven Wachstums der eigenen Volkswirtschaft und der ganzen sozialistischen Gemeinschaft und die jeweilige volkswirtschaftliche Potenz setzen der Ausdehnung der Struktur- und Sortimentsbreite eine rechtzeitig zu beachtende Grenze;

– bedingt durch die Größe des Volkswirtschaftskomplexes, der verfügbaren Ressourcen sowie der Bevölkerung wird sich in der UdSSR das Produktions- und vor allem das Exportsortiment wesentlich erweitern. Auch die UdSSR gliedert sich immer mehr in die internationale Arbeitsteilung ein, die Außenhandelsintensität wird aber nur allmählich ansteigen und weiterhin erheblich unter der der anderen RGW-Länder bleiben;

– in allen RGW-Ländern entwickelt sich (mit Unterschieden) das Exportsortiment weniger komplex als das Importsortiment. Das ist eine Folge der sich vertiefenden Eingliederung in die internationale Arbeitsteilung. Ab einem bestimmten zeitlichen Entwicklungspunkt erhöht sich der internationale Spezialisierungsgrad jeder Volkswirtschaft *relativ* als *eine* Voraussetzung weiterer Steigerung des ökonomischen Niveaus (d. h. das Erzeugnissortiment der Volkswirtschaft kann sich zwar erweitern, aber nicht in dem Tempo wie im internationalen Maßstab) bzw. sogar *absolut*.[13]

Zusammenfassung der Kennziffern über Konzentration und internationale Spezialisierung und ihrer Aussagen

Mehrere Kennziffern, mit denen jeweils bestimmte Aspekte der Konzentration und internationalen Spezialisierung Ausdruck finden, können für

[12] E. Honecker, Zur Durchführung der Parteiwahlen 1975/76, Berlin 1975, S. 18.
[13] K. Morgenstern, Sozialistische internationale Arbeitsteilung, a. a. O., S. 125 ff.

alle Aggregationsebenen verwendet werden, d. h. vom einzelnen Erzeugnis bzw. der einzelnen Produktion bis zur gesamten Volkswirtschaft. Daneben gibt es Kennziffern, die nur auf die einzelne Produktion bezogen sind. Mit einer gewissen Berechtigung könnte man die Kennziffern in vier Gruppen einteilen:

1. Kennziffern, die Konzentrations- und Spezialisierungsschwerpunkte in Produktion und Export der Volkswirtschaft verdeutlichen:

a) $\dfrac{\text{Produktionsvolumen der Erzeugnisse/Zweige}}{\text{Gesamtproduktion der höheren Einheit (Zweig, Bereich, gesamte Volkswirtschaft)}}$

b) $\dfrac{\text{Exportvolumen der Erzeugnisse/Zweige}}{\text{Gesamtexport der höheren Einheit (Zweig, Bereich, gesamte Volkswirtschaft)}}$

2. Kennziffern, die den Anteil des Landes an Produktion und Export einer größeren Einheit ausdrücken (der ML/RGW, der gesamten Welt oder einer anderen Gruppierung). Durch Vergleich mit den betreffenden Anteilen der anderen Länder kann daraus der Platz des Landes an Produktion und Export auf einem bestimmten Gebiet ermittelt werden.

a) $\dfrac{\text{Produktionsvolumen der Erzeugnisse/Zweige im Land y}}{\text{Gesamtproduktion der betreffenden Erzeugnisse/Zweige im RGW-Bereich oder im Weltmaßstab}}$

b) $\dfrac{\text{Exportvolumen der Erzeugnisse/Zweige des Landes y}}{\text{Gesamtexport der betreffenden Erzeugnisse/Zweige im RGW-Bereich oder im Weltmaßstab}}$

c) Koeffizient der relativen internationalen Spezialisierung

Dieser Koeffizient vermittelt sowohl Aussagen über Exportschwerpunkte des einzelnen Landes als auch über den *relativen* Platz im betreffenden Export mehrerer oder aller Länder.
Die Kennziffern 2a und 2b widerspiegeln zwar in der Regel die Produktions- und Exportkonzentration im betreffenden Land, aber nicht in vollkommen paralleler Weise, weil sie eine andere Erfassungsebene darstellen, in sie die Produktion und der Export mehrerer Länder eingehen und somit der Unterschied zwischen relativem und absolutem Gewicht einer betrachteten Produktion zutage tritt. Die Produktion des Erzeugnisses X kann im Land einen hohen Anteil besitzen, muß ihn aber nicht in der übergeordneten Einheit haben. Und umgekehrt. Das hängt mit der absoluten Größe der Produktion im betreffenden Land zusammen. Auch zeigt sich hier ein Zusammenhang zum internationalen Spezialisierungsgrad der einzelnen Produktion (Kennziffer 4b).

Bei einem Koeffizienten 1, d. h. im Falle der Spezialisierung nur eines Landes auf das Erzeugnis X, verwischt sich der Unterschied von relativem und absolutem Gewicht der betreffenden Produktion. Zwar ist ein solcher Koeffizient bei vielen Produktionen anzustreben, nicht aber in jedem Fall möglich (Bedarfsdeckung u. a.) und ökonomisch sinnvoll. Je nach Charakter der Produktion und weiteren Faktoren kann eine spezialisierte Fertigung des gleichen Erzeugnisses in mehreren Ländern ökonomisch begründet sein.

In einem eindeutigeren aussagefähigen Zusammenhang mit der Exportkonzentration steht der „Koeffizient der relativen internationalen Spezialisierung". Ein hoher Konzentrationsgrad im Export – großer Anteil weniger Warengruppen am Export – hat zwangsläufig auch einen hohen Koeffizienten der relativen Spezialisierung zur Folge.

3. Kennziffern, die den internationalen Spezialisierungsgrad, den Grad der Außenwirtschaftsintensität eines Landes anzeigen:

a) Außenhandelsintensität

Hierzu bietet sowohl die Gegenüberstellung des gesamten Außenhandelsumsatzes zum produzierten Nationaleinkommen bzw. zur Industrieproduktion und zur Größe der Bevölkerung (Außenhandelsumsatz/Kopf der Bevölkerung) als auch die getrennte Gegenüberstellung von Export und Import zu diesen Größen eine, allerdings jeweils spezifische, Aussage. Die Export–Importquoten können auf allen Aggregationsstufen verwendet werden.

b) $\dfrac{\text{Spezialisierte Exporterzeugnisse eines Bereiches}}{\text{Gesamtproduktion des betreffenden Bereiches}}$

Die Kennziffer „Anteil am Weltsortiment" (bezogen auf Zweige oder die gesamte Industrie) vermittelt ein Bild über die Breite des Sortiments und der Struktur und bietet durch Vergleich mit entsprechenden Ländern unter Berücksichtigung der oben genannten Bedingungen Anhaltspunkte über das Konzentrationsniveau in den Zweigen bzw. der gesamten Volkswirtschaft. Der internationale Spezialisierungsgrad der Volkswirtschaft kann damit aber nicht ausgewiesen werden.

Die Export–Import-Quoten für die gesamte Industrie oder einzelne Bereiche sind dafür ein bestimmter, jedoch kein genauer Ausdruck; denn diese Quoten lassen nur bedingt erkennen, ob und wieviele Erzeugnisse international spezialisiert sind. So kann beispielsweise für eine Exportquote von 30 Prozent eines Zweiges oder des gesamten Maschinenbaus das Exportvolumen nur einiger hochspezialisierter Erzeugnisse bestimmend sein, während von einer Vielzahl weiterer Erzeugnisse lediglich geringe

Anteile exportiert werden, ohne daß diese Produktionen echt international spezialisiert sind. Es bietet sich daher an, die *spezialisierten* Exporterzeugnisse der Produktion des betreffenden Bereiches gegenüberzustellen. Das kann sowohl wertmäßig als auch auf der Grundlage der Anzahl der Erzeugnisse geschehen. Interessant wäre auch ein Vergleich zwischen der Anzahl spezialisierter Exporterzeugnisse und der Anzahl spezialisierter Importerzeugnisse.

Einen noch weitgehenderen Aufschluß würde die Gegenüberstellung des Anteils am Weltsortiment zu der so ermittelten Exportquote geben. Ein Beispiel: Im Maschinenbau eines Landes werden etwa 60 Prozent des Weltsortiments produziert. Von diesen ist die Hälfte eine international spezialisierte Produktion und wird exportiert. Das hieße, daß in diesem Land 30 Prozent des Weltsortiments als international spezialisierte Produktion betrieben werden. Damit hätte man eine Art synthetische Größe für den Konzentrations- und internationalen Spezialisierungsgrad.

c) Weitere *Kennziffern*/Angaben, *die außenwirtschaftliche Verflechtungsprozesse erfassen* und damit den Grad der Außenwirtschaftsintensität zum Ausdruck bringen.

Hierfür wäre u. a. geeignet: der Anteil der Fonds für gemeinsame Investitionen am gesamten Investitionsfonds des Landes oder der Anteil von Zahl und Aufwand an F/E-Themen in internationaler Forschungskooperation an der Gesamtzahl der Themen und dem Gesamtaufwand für Forschung und Entwicklung in der Volkswirtschaft bzw. in einem Bereich. Ebenso sinnvoll ist die Gegenüberstellung des Wertes (Preise) ausgetauschter wissenschaftlich-technischer Leistungen am Gesamtaufwand für Wissenschaft und Technik bzw. der getrennte Vergleich von Lizenzimporten und -exporten an den Ausgaben für Forschung und Entwicklung.

Die Verflechtungsbeziehungen zwischen den sozialistischen Volkswirtschaften und die Internationalisierungsprozesse überhaupt erfassen zunehmend alle Reproduktionsphasen. Daher kann mit Kennziffern der Außenhandelsintensität allein der Grad der Teilnahme eines Landes an der internationalen Arbeitsteilung und seine Außenwirtschaftsintensität nicht mehr gemessen werden. Deshalb ist es auch einseitig, den Grad der sozialistischen bzw. der weltweiten internationalen Arbeitsteilung und die Intensität ihrer Entwicklung lediglich mit dem Verhältnis zwischen Entwicklung des Welthandels und der Weltproduktion ausweisen zu wollen, wie es mitunter geschieht. Außerdem bedürfen obige Angaben der Wichtung, z. B. durch die Bedeutung der in internationaler Forschungskooperation erzielten Ergebnisse für den technischen und ökonomischen Fortschritt oder des Gewichts international spezialisierter Produktionen für die Dynamik der wirtschaftlichen Entwicklung.

4. Kennziffern, die das Konzentrationsniveau (a) und den internationalen Spezialisierungsgrad (b) der einzelnen Produktionen ausweisen:

a) $$\frac{\text{Produktionsvolumen für Erzeugnis X}}{\text{optimalen Produktionsumfang für Erzeugnis X}}$$

b) $$\frac{\text{Erzeugnis X}}{\text{Anzahl der Erzeugnis X produzierenden Länder}}$$

Ähnlich ist das für die F/E-Themen möglich.

Bei der Kennziffer des internationalen Spezialisierungsgrades einzelner Produktionen besteht natürlich ein Unterschied, ob es sich um eine planmäßig organisierte internationale Spezialisierung handelt oder nicht. Ferner läßt erst der Vergleich mit dem Konzentrationsniveau der betreffenden Produktion ein qualitatives Urteil über diese Kennziffer zu. So können zwei RGW-Länder ein Erzeugnis produzieren und es kann Ausdruck einer „ökonomischeren" Spezialisierung sein, sofern die Produktion in beiden Ländern in optimalem Umfang erfolgt, als wenn ein Erzeugnis nur in einem Land hergestellt wird, der Produktionsumfang jedoch unter der rationellen Minimalgrenze liegt.

Alle diese Kennziffern und Angaben widerspiegeln jeweils einzelne Seiten der Konzentration und internationalen Spezialisierung. Die Hauptfragestellung für einen Zweig und die Volkswirtschaft lautet: welche und wieviel Erzeugnisse, Erzeugnisgruppen und Zweige sind unter Berücksichtigung sämtlicher inneren und äußeren Einflußfaktoren notwendig und zweckmäßig. Das erfordert die sich gegenseitig ergänzende Analyse auf allen Ebenen mit Hilfe sowohl aggregierter als auch auf die einzelne Produktion bezogener Kennziffern. Synthetische Größen, die Ausdrücke für das Konzentrationsniveau und den internationalen Spezialisierungsgrad der Makrostruktur sind (wie Anteil am Weltsortiment und Kennziffern der Außenhandelsintensität), stellen keine von vornherein gegebenen Größen dar. Sie sind das Ergebnis der Vielzahl wissenschaftlich-technischer Bedingungen der einzelnen Produktionen und Zweige, des objektiv bedingten Kräfte- und Mitteleinsatzes für effektive Produktionsgrößen und der verfügbaren Potentiale, der notwendigen und möglichen vertieften Eingliederung in die internationale Arbeitsteilung, der Export- und Importbedürfnisse und -möglichkeiten und anderer Faktoren.

2.3. Internationale Spezialisierung der Produktions- und Außenhandelsstrukturen in den RGW-Ländern

2.3.1. Möglichkeiten und Erfordernisse einer rationellen internationalen Spezialisierung der Strukturen

Zusammen mit der Konzentration übt die zweckmäßigste internationale Spezialisierung der Volkswirtschaften einen bedeutenden Einfluß auf die

Herausbildung effektiver Volkswirtschaftsstrukturen aus. Daher ist mit der Konzentration untrennbar die Frage verbunden, worauf und wie tief sich die Volkswirtschaften spezialisieren sollten. Allgemein lautet darauf die Antwort, daß die Länder im Rahmen der erforderlichen proportionalen Entwicklung die für sie und die gesamte sozialistische Gemeinschaft günstigen Zweige und Produktionen auf- und ausbauen sollten. Die volkswirtschaftliche Strukturentwicklung im Sozialismus vollzieht sich nach allgemeingültigen Gesetzmäßigkeiten. Solche sind bekanntlich: die harmonisch aufeinander abgestimmte Entwicklung von Industrie, Landwirtschaft und Infrastruktur, der Aufbau einer Mehrzweigstruktur, die Verbindung dieser komplexen Strukturgestaltung mit der Vertiefung der internationalen Spezialisierung der Volkswirtschaft, die Entwicklung hoher Verarbeitungsstufen, technisch moderner Zweige und komplizierter Produktionen in jedem Land, das weiterhin, aber mehr oder weniger modifiziert wirkende Gesetz des vorrangigen Wachstums der Produktion von Produktionsmitteln, die Schaffung einer progressiven Außenhandelsstruktur.

Die Durchsetzung der allgemeinen Erfordernisse und Tendenzen wird sich jedoch nur dann auf Wachstum und Effektivität der Volkswirtschaften günstig auswirken, wenn die spezifischen Landesbedingungen gebührend beachtet und genutzt werden. Dafür entstehen mit der sozialistischen ökonomischen Integration zunehmend günstigere Bedingungen. Diese Aufgabe ist immanenter Bestandteil der strukturellen Entwicklungsgesetzmäßigkeiten. *Die allgemeingültigen Strukturmerkmale bilden sich stets in modifizierter Form heraus.* Indem die Volkswirtschaftsstrukturen auf die Bedürfnisse der entwickelten sozialistischen Gesellschaft ausgerichtet und unter Ausnutzung des wissenschaftlich-technischen Fortschritts auf ein ständig höheres Niveau gebracht werden, gehen bestimmte weitere strukturelle Angleichungen vor sich. Es werden aber auch strukturelle Besonderheiten erhalten bzw. in bestimmter Hinsicht sogar stärker ausgeprägt.

Jeglicher Strukturschematismus ist daher von Nachteil für das betreffende Land und die sozialistische Staatengemeinschaft, denn er läßt die großen Möglichkeiten außer acht, die die Nutzung der unterschiedlichen günstigen Produktionsvoraussetzungen der Länder für ihre ökonomische Entwicklung bieten. Er birgt ferner die Gefahr in sich, daß die Potentialbegrenzungen der einzelnen Volkswirtschaften mißachtet werden. Dadurch blieben die enormen Quellen des Wachstums und der Effektivitätssteigerung ungenügend genutzt, die in der sozialistischen ökonomischen Integration und der umfassenden internationalen Arbeitsteilung liegen.

Sehr richtig heißt es deshalb bei Mikulski, daß die enge Zusammenarbeit es den Bruderländern ermöglicht, die Reihenfolge der Entwicklung von Zweigen zugunsten jener zu verändern, für welche die günstigsten Bedingungen gegeben sind und „auf den Aufbau eines für das betreffende Land überdimensionalen Produktionskomplexes zu verzichten, das Entwicklungstempo einzelner Produktionszweige auf die eigenen ökonomischen Potenzen genauer einzustellen und auf diese Weise eine Überbeanspruchung der Wirtschaft zu vermeiden, die sich auf den Nutzeffekt des Aufwandes an gesellschaftlicher Arbeit und auf den Lebensstandard der Bevölkerung negativ auswirken könnte.“[14]

Angleichung des ökonomischen Entwicklungsniveaus ist nicht mit detaillierter Angleichung der Volkswirtschaftsstrukturen zu erreichen und gleichzusetzen. Insofern gibt es kein einheitliches Strukturmodell.

Nehmen wir als Ausdruck der Veränderung der Produktions- und Außenhandelsstrukturen der RGW-Länder die Anteilkennziffern (Anteil der Zweige), dann können die grundlegenden Wandlungen nachgewiesen werden (vergleiche Tabellen 1 und 2). Aber mit diesen Kennziffern allein wird bekanntlich nichts Konkretes über die erreichte Effektivitätssteigerung ausgesagt. So sind die Anteile der Industrieproduktion an der Gesamtproduktion und innerhalb der Industrie die Anteile des Maschinenbaus u. a. Bereiche zwischen den RGW-Ländern bereits in hohem Maße angeglichen, während hinsichtlich der Industrieproduktion und des Nationaleinkommens pro Kopf der Bevölkerung teilweise noch immer erhebliche Unterschiede bestehen. Das wird aus Tabelle 9 ersichtlich. Sie zeigt die

Tabelle 9

Nationaleinkommen, industrielle und landwirtschaftliche Produktion pro Kopf

	Jahre	VRB	ČSSR	DDR	VRP	SRR	UdSSR	UVR
National-	1950	0,6	1,6	1,3	1,1	0,5	1,0	1,2
einkommen	1970	0,8	1,2	1,3	0,8	0,8	1,0	0,9
industrielle	1950	0,4	1,5	1,5	0,7	0,3	1,0	0,8
Produktion	1970	0,8	1,3	1,5	0,8	0,6	1,0	0,8
landwirtschaftl.	1950	0,8	1,2	0,8	1,7	0,8	1,0	1,6
Produktion	1970	1,1	1,0	1,1	1,2	0,8	1,0	1,3

Quelle: N. Iwanow, Die Zusammenarbeit der RGW-Länder und die Annäherung ihres ökonomischen Entwicklungsniveaus, in: Außenhandel UdSSR, 4/1972, S. 7, Moskau.

für diesen geschichtlich kurzen Zeitraum beachtlichen Ergebnisse im Prozeß der Angleichung des ökonomischen Entwicklungsniveaus. Dieser Prozeß nimmt jedoch einen längeren Zeitraum in Anspruch.

Nach anderen Berechnungen, die im wesentlichen mit den Daten dieser Tabelle übereinstimmen, betrug 1950 innerhalb der europäischen RGW-Länder das niedrigste Niveau im Nationaleinkommen pro Kopf der Be-

[14] K. I. Mikulski, Die Leninsche Lehre über die Weltwirtschaft und die Gegenwart, Moskau 1974, S. 278.

völkerung 30 Prozent gegenüber 100 Prozent im Land mit dem höchsten Niveau. 1972/73 aber hatte sich der Abstand schon auf 55 : 100 verringert.[15]

Es besteht kaum ein Zweifel, daß in bestimmtem Umfang die Effektivitätsentwicklung durch rationellere Strukturprozesse und tiefere internationale Arbeitsteilung in diesem oder jenem Land hätte beschleunigt werden können.[16] Während der ersten Entwicklungsetappen ist es im allgemeinen aber offensichtlich folgerichtig, daß diese zunächst mit der Angleichung der Zweiganteile an Produktion und Außenhandel nicht ganz Schritt halten kann. Das ist in dem stärker extensiven Wachstum während der Industrialisierung, in der weitgehend erst aufzubauenden eigenen materiell-technischen Basis, in den Einlaufkurven der neuen Produktion, in der Sammlung von Produktionserfahrungen usw. begründet. Wichtig wird jedoch nunmehr, bei den Strukturentscheidungen beide Seiten mehr in ihrer Einheit und wechselseitigen Bedingtheit zu sehen. Das gilt generell, besonders aber für die in den RGW-Ländern begonnene Phase der verstärkten Intensivierung.

Die sozialistische ökonomische Integration und die tiefere Eingliederung in die internationale Arbeitsteilung bietet den Volkswirtschaften eine *reichere Variantenvielfalt* ihrer *strukturellen Entwicklung.* Neben bestimmten, für die einzelnen Länder unterschiedlichen Produktionsnotwendigkeiten gibt es für viele Entwicklungsvorhaben Alternativen, dabei natürlich für kürzere Zeiträume weniger mögliche und realisierbare als für längere. „Zur Befriedigung der gesellschaftlichen Bedürfnisse gibt es eine Vielzahl von Alternativen und es wird erforderlich, an die Lösung von Strukturfragen der gesellschaftlichen Produktion mit Varianten heranzugehen. Daraus ergibt sich das Problem der Optimierung der Volkswirtschaft.“[17]

Eine der wichtigsten Fragen besteht hierbei darin, ob und inwieweit sich die Variantenvielfalt der strukturellen Entwicklung nur auf einzelne Produktionsarten oder auch auf ganze Zweige (vor allem der Industrie) erstreckt und wie sich demzufolge die internationale Spezialisierung weiter entfalten wird; nur in Form der verschiedenen Richtungen der innerzweiglichen oder auch in Form der zwischenzweiglichen internationalen Spezialisierung? Die Antwort der meisten Autoren läuft darauf hinaus,

[15] Wachsendes Gewicht der RGW-Länder in der Weltwirtschaft, in: Die Wirtschaft, 40/1974, S. 21.

[16] Vgl. u. a. K. I. Mikulski, Intensivierung der Produktion und ökonomische Integration der RGW-Länder, in: Sowjetwissenschaft, Gesellschaftswissenschaftliche Beiträge, 7/1971, S. 698 f.

[17] Theoretische Probleme der Schaffung hocheffektiver Volkswirtschaftsstrukturen und der Angleichung des ökonomischen Entwicklungsniveaus der ML/RGW unter den Bedingungen der sozialistischen ökonomischen Integration, in: Wirtschaftswissenschaft, 4/1974, S. 526.

daß sie sich in beiden Grundrichtungen entwickelt, wobei aber die innerzweigliche internationale Spezialisierung der Hauptweg zur Vertiefung der sozialistischen internationalen Arbeitsteilung ist. Wir teilen diese Auffassung, wenn damit die Bedeutung der zwischenzweiglichen internationalen Spezialisierung nicht herabgemindert wird. Das ist jedoch mitunter der Fall.

Entwicklungsvarianten bieten sich in besonders großem Umfang für viele einzelne Erzeugnisse an. Und bei diesen muß auch zunehmend international spezialisiert und konzentriert werden, wenn rationelle Produktionsmaßstäbe erreicht bzw. gehalten werden sollen. Deshalb wird sich die internationale Spezialisierung zwischen den RGW-Ländern in starkem Maße innerhalb der Zweige vertiefen, da nunmehr gleiche Zweige oft in mehreren Ländern entstanden sind und sich der durch den wissenschaftlich-technischen Fortschritt stimulierte Differenzierungsprozeß am raschesten auf innerzweiglicher Ebene vollzieht. Auf diesem Wege geht daher zwangsläufig zu einem großen Teil die weitere gegenseitige Strukturanpassung vor sich. Diese gesetzmäßige Tendenz muß unseres Erachtens hier nicht weiter begründet werden. Ihre Hervorhebung sollte aber nicht zu Einseitigkeiten führen. Strukturelle Alternativen bestehen auch für die Entwicklung der Zweige und damit für die zwischenzweigliche internationale Spezialisierung; heute natürlich in teilweise anderer Art als nach 1945/1950, wo sich die meisten sozialistischen Länder erst zu industrialisieren begannen. In bestimmter Hinsicht hat sich auch ihr Gewicht verändert. So haben sich die Export-Import-Relationen des Austauschs von Maschinen und Ausrüstungen zwischen den RGW-Ländern grundlegend gewandelt (vgl. Tabelle 10). Fertigerzeugnisse werden bei weitem nicht mehr in den Proportionen gegen Roh- und Brennstoffe getauscht wie vor 15 oder 20 Jahren. Aber erstens werden auch bei diesen großen Warengruppen weiterhin Unterschiede in den Austauschrelationen bestehen bleiben. Die unterschiedlichen natürlichen Bedingungen wirken gegen absolute Angleichungen des Austauschs von Rohstoffen oder von Maschinen im Verhältnis 1 : 1. Wir stimmen hier vollkommen mit der Auffassung Kormnows überein.[18]

So ist der Anteil des Exports von Rohstoffen und Brennstoffen bei der UdSSR weitaus höher als in allen anderen RGW-Ländern und in den letzten Jahren sogar noch etwas angestiegen (vgl. Tabelle 2).

Zweitens ist darauf zu verweisen, daß der Begriff „Zweig" nicht einheitlich angewandt wird. In einigen Ländern werden darunter beispielsweise die gesamte Rohstoffproduktion oder der Maschinenbau verstanden, während wir diese als Industriebereiche bezeichnen. Zweige sind z. B. innerhalb des Maschinenbaus der Textilmaschinenbau, der Werkzeugmaschinenbau, also eine Zusammenfassung von Erzeugnissen sowie Er-

[18] I. F. Kormnow, Spezialisierung und Kooperation ..., a. a. O., S. 51 f.

zeugnisgruppen mit ähnlichen konstruktiven und technologischen Merkmalen bzw. / und ähnlichem Verwendungszweck. Von dieser Begriffsdefinition „Zweig“ wird ausgegangen, wenn die Perspektiven der internationalen Zweigspezialisierung gesehen werden.

Der Maschinenbau oder die gesamte metallverarbeitende Industrie hat in den meisten RGW-Ländern einen enormen Aufschwung genommen, was u. a. auch vom Entstehen mehrerer gleicher Zweige begleitet war. Diese Tendenz wird sich mit der weiteren Industrialisierung einiger sozialistischer Länder noch in einem bestimmten Umfang fortsetzen. Sie erweist sich für die betreffenden Volkswirtschaften und die ganze sozialistische Gemeinschaft dann als vorteilhaft, wenn sie ökonomisch begründet und koordiniert erfolgt. Auf dieser Grundlage reifen neue Möglichkeiten der internationalen Arbeitsteilung und Kooperation heran. Jedoch hat diese Parallelentwicklung auch ihre Grenzen. Alle Zweige der metallverarbeitenden Industrie aufzubauen bzw. beizubehalten übersteigt die Kraft der meisten Länder. Versuche in dieser Richtung gehen unvermeidlich auf Kosten des wissenschaftlich-technischen und ökonomischen Niveaus, der Effektivität und des langfristigen Wachstums. Daher bleibt eine absolute Zweigspezialisierung bestehen bzw. kann sich sogar neu herausbilden, wenn in einigen Ländern im Verlaufe eines meist längeren Zeitraums Zweige eingestellt oder wenn neu entstehende Zweige nicht in allen Ländern entwickelt werden. (Vgl. Einstellung oder starke Reduzierung des Exports polygraphischer Ausrüstungen, Bergbauausrüstungen, Schiffen u. a. Warengruppen/Zweige in der UVR.)

Darin erschöpfen sich aber nicht die Möglichkeiten einer internationalen Spezialisierung auf Zweigebene. Es steht nicht nur die Frage, ob ein Zweig überhaupt aufgebaut oder bestehen bleiben soll und ob Erzeugnisse dieses Zweiges exportiert werden oder nicht (absolute Zweigspezialisierung), sondern es geht auch um den Umfang der Entwicklung, um das Gewicht des Zweiges in Produktion und Export. Ein Zweig kann im Verhältnis zu anderen Zweigen der Volkswirtschaft sowie des betreffenden Zweiges in den anderen Ländern des RGW überdurchschnittlich bzw. unterdurchschnittlich wachsen, oder sich sogar rückläufig entwickeln. Hinsichtlich des Exportanteils kommt dieser Prozeß im Koeffizienten der relativen internationalen Spezialisierung zum Ausdruck. Tabelle 6 zeigt, wie groß der Spielraum der Veränderung schon in einem Zeitraum von 12 Jahren sein kann. Wir bezeichnen diese Prozesse als relative internationale Zweigspezialisierung.

Diese Unterscheidung zwischen absoluter und relativer internationaler Zweigspezialisierung ist von praktischem Wert. Die notwendige stärkere Konzentration und tiefere Eingliederung in die internationale Arbeitsteilung bezieht sich eben nicht nur auf einzelne Erzeugnisse, sondern auch auf die Entwicklung ganzer Zweige, und zwar in den meisten Fällen im Sinne eines stärker differenzierten Wachstums bestimmter Zweige, was mehr oder weniger große Veränderungen auch der relativen Exportanteile dieser Zweige zur Folge hat. Das dürfte der Realität von Strukturveränderungen beispielsweise in der mvI der DDR im Zeitraum der folgenden 10 und mehr Jahre entsprechen. Während die völlige Einstellung der Produktion eines Zweiges nicht oder nur in Ausnahmefällen real erscheint, ist ein ausgeprägtes differenziertes Wachstum zwischen den Zweigen erforderlich, um auf den ausgewählten Schwerpunktgebieten die nötige Konzentration von Kräften und Mitteln vornehmen zu können.

Es zeigt sich der enge Zusammenhang von internationaler zwischenzweiglicher und innerzweiglicher Spezialisierung. (Zusammenhang von Art/Zahl der Produktionen und Entwicklungsvorhaben in den Zweigen und dem für die Zweige insgesamt zur Verfügung stehenden Wissenschafts- und Produktionspotential.) Die Erkenntnis dieses Zusammenhanges läßt uns tiefer in die Gesetzmäßigkeit der Verbindung von komplexer Entwicklung und internationaler Spezialisierung der Volkswirtschaften eindringen. Die komplexe Entwicklung erfolgt – wie bereits in den Grundprinzipien der sozialistischen internationalen Arbeitsteilung definiert – als *vielseitige* und *nicht* als *allseitige* Strukturentwicklung. Und das eben nicht nur in dem Sinne, daß in den einzelnen Ländern selbstverständlich nicht alle Erzeugnisse produziert, sondern auch in dem Sinne, daß nicht alle Zweige, besonders der Industrie, auf- und ausgebaut werden können. Der Zusammenhang von Zweigspezialisierung und innerzweiglicher Spezialisierung ist die logische Konsequenz der im Abschnitt 2.2. dargestellten Wechselbeziehungen zwischen den Konzentrationsprozessen auf makrostruktureller und mikrostruktureller Ebene. Zusammenfassend läßt sich schlußfolgern, daß strukturelle Spezifika der Länder zum Ausdruck kommen können in Unterschieden

a) der Volkswirtschaftsbereiche
(unterschiedliche Anteile von Industrie insgesamt, Grundstoffindustrie, Landwirtschaft, Transport usw., einschließlich des unterschiedlichen Gewichts des Tourismus)
b) der Zweigstruktur der Industrie
c) der Erzeugnisstruktur, einschließlich der internationalen Spezialisierung/Kooperation auf Erzeugnisbestandteile.

Diese Besonderheiten beziehen sich auf unterschiedliche Anteile an Produktion und Außenhandel, auf eine unterschiedliche Intensität und Richtung der Teilnahme der Länder an der internationalen Arbeitsteilung. Vor allem in bezug auf die Erzeugnisstruktur werden solche Besonderheiten nicht nur erhalten, sondern teilweise weiter vertieft.

Strukturelle Annäherungen und Differenzierungen können auf der Grundlage rationeller internationaler Arbeitsteilung in einem ökonomisch günstigen Verhältnis stehen.

Die Gestaltung hocheffektiver Volkswirtschaftsstrukturen, die Tendenzen eines strukturellen Schematismus ausschließt, erfordert das Beachten und tiefere Untersuchen der *Wirkung struktureller Einflußfaktoren.* Vor allem betrifft dies das Verhältnis von natürlichen, geographischen, im Entwicklungsstand der Länder und in Traditionen begründeten Faktoren einerseits und der Bedürfnisse des wissenschaftlich-technischen Fortschritts, der sozialistischen ökonomischen Integration und der internationalen Arbeitsteilung andererseits. Eine Haupterkenntnis dürfte sein, daß es gilt, stets die Einheit und Wechselwirkung aller Faktoren zu beachten.

Für die Ausprägung der spezifischen Züge der Volkswirtschaftsstrukturen spielen die unterschiedlichen natürlichen und geographischen Bedingungen der Länder eine beachtliche Rolle. Aber auch historische Besonderheiten und besonders das unterschiedliche ökonomische Potential (Wissenschafts- und Produktionspotential sowie Akkumulationskraft im Zusammenhang mit der Größe und dem Entwicklungsstand der Länder). Erstere finden in der oben zitierten Veröffentlichung eine breite Würdigung.[19] Diese scheint jedoch über das Ziel hinauszugehen, wenn es heißt, daß die natürlichen und geographischen Bedingungen die natürliche Basis darstellen, „die die potentiale Bedingung für eine Herausbildung führender Richtungen in der Entwicklung der Industrie- und Landwirtschaftszweige ist". Für *einige* Zweige und Richtungen trifft das zu – selbstverständlich bei Ausnutzung des wissenschaftlich-technischen Fortschritts –, für andere ist es jedoch zu absolut, zu einseitig formuliert.

In ihrer Gesamtheit behalten natürliche und geographische Faktoren stets ein erhebliches Gewicht; ihr konkreter Einfluß auf die Strukturentwicklung wird aber mit dem technischen Fortschritt, der Vertiefung der sozialistischen ökonomischen Integration und internationalen Arbeitsteilung und der Herausbildung neuer und breiterer Bedürfnisse modifiziert. Ebenso unterliegt die Wirkung des Traditionsfaktors Veränderungen. Alte Traditionen können ihren Einfluß abschwächen oder einbüßen. Nicht selten wirken sie in neuen Produktionen weiter. Zugleich bildeten und bilden sich in allen sozialistischen Ländern mit dem raschen ökonomischen Aufbau neue Produktionstraditionen und Arbeitserfahrungen heraus, die die weitere internationale Standortverteilung der Produktivkräfte beeinflussen. Diese Wirkung ist mit um so weniger Reibungsverlusten verbunden und sie ist um so nachhaltiger, je eindeutiger und ökonomisch begründeter die betreffenden Produktionen von vornherein international spezialisiert werden.

Den dynamischsten Einfluß auf die Volkswirtschaftsstrukturen üben der wissenschaftlich-technische Fortschritt und die sozialistische ökonomische Integration aus. Wenn die gegebenen Produktionsfaktoren und natürlichen

[19] Theoretische Probleme ..., a. a. O., S. 530.

Bedingungen der Länder unter Verwertung der neuesten wissenschaftlich-technischen Errungenschaften und bei allseitiger Entwicklung der internationalen Spezialisierung und Kooperation sowie aller Formen der Zusammenarbeit weiterentwickelt und rationell genutzt werden, wird der ökonomische Fortschritt jedes sozialistischen Landes auch in Zukunft kontinuierlich und mit noch größerer Effektivität verlaufen.

Die Vertiefung der internationalen Spezialisierung stellt die Aufgabe einer *fortschreitenden Strukturanpassung* der Volkswirtschaften. In dieser Hinsicht ist eine Reihe positiver Ergebnisse erzielt worden. Aber insgesamt kann der gegenwärtige Stand nicht befriedigen.[20] Ökonomisch unzweckmäßige Parallelentwicklungen erschweren den Prozeß der Strukturanpassung und setzen ihm neue Hindernisse. Die Lösung dieser Aufgabe ist mit der weiteren Vervollkommnung der konzeptionellen Arbeit, der langfristigen Volkswirtschaftsplanung, der internationalen Plankoordinierung und gemeinsamen Planung verbunden. In bezug auf die inhaltliche Problematik können die vielfältigen Probleme in zwei Richtungen zusammengefaßt werden:

a) hinsichtlich bereits existierender Strukturen;
b) hinsichtlich neu aufzubauender Strukturen.[21]

Erstere können nur allmählich einander angepaßt werden (starkes Wirken des Beharrungsvermögens vorhandener Produktionen u. a. Faktoren). Wie bereits dargelegt, wird sich dieser Prozeß vorrangig, aber eben nicht ausschließlich, über die innerzweigliche Spezialisierung und Kooperation vollziehen. Neue Strukturen könnten und müßten in größerem Maße von vornherein abgestimmt und sich gegenseitig ergänzend aufgebaut werden, und zwar in Form der zwischenzweiglichen und innerzweiglichen internationalen Spezialisierung und Kooperation. Es werden hierbei also auch weiterhin gleiche Zweige und Erzeugnisgruppen in mehreren Ländern entwickelt, jedoch möglichst nur, wenn es ökonomisch begründet ist.

Eine wichtige Bedingung besserer Strukturanpassung besteht darin, die internationale Spezialisierung und Kooperation nicht auf einzelne Erzeugnisse zu beschränken. Die auf größere (untereinander abgestimmte) Komplexe gerichteten Maßnahmen und Vorhaben sollten aus der Sicht aller für die internationale Arbeitsteilung relevanten Zweige und Erzeugnisgruppen und vom stetig wachsenden Erzeugnissortiment abgeleitet werden. Damit kann einseitigen Strukturentwicklungen und Interessenbindungen an Produktionen in gewissem Maße vorgebeugt werden. Das ist unmittelbar mit der richtigen Verknüpfung von zwischenzweiglicher und innerzweiglicher Spezialisierung verbunden. Erst diese Verknüpfung gestattet

20 Vgl. dazu auch K. I. Mikulski, Die Leninsche Lehre ..., a. a. O.
21 Vgl. hierzu P. Alampiev, I. F. Kormnov, V. Maksakovskij, a. a. O., S. 403.

die zweckmäßigste Ausnutzung der Ressourcen der Länder; sie ist von großem Einfluß auf die rationell zu bewältigende Breite des Erzeugnissortiments in den Zweigen, auf die Konzentrationskraft der Volkswirtschaft für die spezialisierten Produktionen. Durch das erreichbare hohe technisch-ökonomische Niveau der Produktion und die Beweglichkeit in der Anpassung an neue technische Entwicklungen und Bedarfsänderungen wird die Stabilität der internationalen Spezialisierung in bezug auf die einzelne Produktion und den betreffenden Zweig gefestigt. Ein umfassendes rationelles System der sozialistischen internationalen Arbeitsteilung verbindet die zwischenzweigliche und innerzweigliche internationale Spezialisierung harmonisch miteinander und nutzt die spezifischen Bedingungen der Länder bei der Profilierung der Produktions- und Außenhandelsstrukturen. Auf dieser materiellen-strukturellen Grundlage ist es möglich, zusammen mit der Vervollkommnung des Mechanismus der sozialistischen ökonomischen Integration, den für eine erweiterte internationale Arbeitsteilung schädlichen Tendenzen eines schematischen Austauschverhältnisses von 1 : 1 innerhalb von Zweigen, Erzeugnisgruppen und bei einzelnen Erzeugnissen/Baugruppen zu begegnen.

Im Zusammenhang mit der gegenseitigen Anpassung der volkswirtschaftlichen Strukturentwicklung der RGW-Länder stellt sich auch das interessante Problem der *Wechselbeziehungen* zwischen der *Entwicklung der Arbeitsteilung und der Industrialisierung* der Länder. In der diesbezüglichen Diskussion lautet die Fragestellung mitunter alternativ: die internationale Spezialisierung muß sofort mit der Industrialisierung beginnen oder es sei dazu erst eine bestimmte vorangegangene Industrieentwicklung nötig. Beides birgt offensichtlich vereinfachende Momente in sich. Die Praxis hat bestätigt, daß sozialistische internationale Arbeitsteilung mit Beginn des wirtschaftlichen Aufschwungs organisiert werden kann, daß bestimmte Produktionen von Anfang an als international spezialisierte entwickelt werden können (z. B. die Produktion von Flurfördergeräten und anderen Erzeugnissen in der VRB). Es ist ökonomisch zweckmäßig, künftig gleichzeitig mit der sozialistischen Industrialisierung in breiterem Umfang die internationale Spezialisierung/Kooperation planmäßig zu organisieren. Das schließt eine breite Skala von Maßnahmen der Zusammenarbeit und Unterstützung ein, einschließlich von Stufenplänen bei der Übernahme einer Produktion durch ein anderes Land. Gleiches gilt für den Neuaufbau von Zweigen und Produktionen in Ländern mit fortgeschrittenem ökonomischem Entwicklungsstadium. Es ist also eine ständige und für alle sozialistischen Länder zutreffende Aufgabe, frühzeitig die internationale Arbeitsteilung zu nutzen.

Andererseits reifen aber erst ab einem bestimmten Stand Notwendigkeiten und Möglichkeiten für eine internationale Spezialisierung/Kooperation. Zumindest entstehen dafür vielfältigere Voraussetzungen. *Tief-*

gehende, feingliedrige und umfassende internationale Arbeitsteilung ist nur zwischen ökonomisch entwickelten Ländern realisierbar. Dieser Prozeß ist mit gewissen Umstrukturierungen und Neuprofilierungen der Produktions- und Außenhandelsstrukturen gekoppelt. Daher stellt sich auch von dieser Seite die Vertiefung der internationalen Spezialisierung/Kooperation als ein unaufhörlicher und wechselseitig verbundener Prozeß in Verbindung mit der ökonomischen und speziell der industriellen Höherentwicklung der sozialistischen Staaten. In manchen Entwicklungsperioden kann dieser Prozeß ein größeres Ausmaß annehmen als in anderen. Der zunehmende Zwang zur umfassenden Intensivierung in den RGW-Ländern leitet zweifellos eine Periode intensiver allseitiger Entwicklungen der internationalen Spezialisierung/Kooperation ein.

Das Ausnutzen der neuen Möglichkeiten für die Herausbildung effektiver Produktions- und Außenhandelsstrukturen ist eine äußerst komplizierte Aufgabe, nicht zuletzt infolge der mannigfachen und oft zu verändernden Verflechtungsbeziehungen. Zahlreiche innere und äußere Voraussetzungen objektiver und subjektiver Art sind dafür erforderlich. Hervorgehoben sei hier das tiefere gedankliche Erfassen dieses Sachverhaltes und der grundlegenden Funktion der sozialistischen internationalen Arbeitsteilung wie der wachsenden Möglichkeiten der weltweiten Arbeitsteilung für volkswirtschaftlichen Fortschritt und Leistungsanstieg. Von gleichem Rang und untrennbar damit verbunden sind die ökonomischen Bedingungen. Rationelle Strukturen lassen sich auf der Grundlage der gemeinsamen Planungstätigkeit nur mit Hilfe wirksamer Formen der Zusammenarbeit und entsprechender ökonomischer Stimuli gestalten. Eine große Rolle spielen Außenhandelspreise, die ausgehend von der Entwicklung der Weltmarktpreise den durchschnittlich notwendigen Aufwand im RGW decken (unter Berücksichtigung der Dringlichkeit des Bedarfs, der Reproduktionsbedingungen im RGW-System, der Export- und Importmöglichkeiten mit anderen Ländern) und den technischen Fortschritt stimulieren. Immer bedeutsamer werden Investitionsbeteiligung und andere Formen des internationalen Einsatzes von Akkumulationsmitteln, um große Aufwendungen decken und unterschiedliche Belastungen der Länder ausgleichen zu können. In dieser Hinsicht ist die Zusammenarbeit bereits wesentlich ausgebaut und vervollkommnet worden. Vor allem wird damit die erweiterte Produktion von Roh- und Brennstoffen stimuliert.

Auf die Formen und ökonomischen Bedingungen selbst kann und muß hier nicht näher eingegangen werden. Es geht lediglich darum, bestehende Zusammenhänge zwischen den inhaltlichen Problemen einer effektiven Strukturgestaltung und dem ökonomischen Mechanismus der sozialistischen ökonomischen Integration anzudeuten. So können sich aus den unterschiedlichen Aufwandsintensitäten der Zweige und Produktionsarten (an Grundfonds, Material und Energie, aber auch an F/E-Aufwand) Wirkungen gegen die planmäßige proportionale und effektive Entwicklung der einzelnen Volkswirtschaften und der gesamten sozialistischen Gemeinschaft ergeben. Erhebliche Unterschiede dieser Art bestehen bekanntlich allgemein zwischen der extraktiven und der verarbeitenden Industrie (erstere ist wesentlich grundfondsintensiver). Sie bestehen aber auch innerhalb der verarbeitenden Industrie, speziell in der Chemie und im Maschinenbau.[22]

Die Länder lassen sich bei ihren Struktur- und Spezialisierungsentscheidungen neben anderen Gesichtspunkten von den Aufwandsintensitäten, der Außenhandelsrentabilität und anderen ökonomischen Kriterien leiten. Das ist ökonomisch verständlich und begründet. Problematisch wird das jedoch, wenn diese Entwicklungen zu Widersprüchen mit einer rationellen internationalen Standortverteilung der Produktivkräfte im Rahmen aller RGW-Länder führen (d. h. wenn günstige Produktionsvoraussetzungen nicht genutzt werden) und wenn die proportionale Entwicklung gestört wird. Einer solchen Tendenz können Entscheidungen begegnen, die sämtliche inneren und äußeren Erfordernisse wie Einflußfaktoren berücksichtigen und durch fundierte Nutzeffektsberechnungen belegt sind. Dazu gehört auch, daß die Binnenpreise (Industrieabgabepreise, Großhandelspreise) den tatsächlichen volkswirtschaftlichen Aufwand widerspiegeln. Vor allem muß solchen Tendenzen aber mit einem entsprechend ausgestalteten ökonomischen Mechanismus der sozialistischen ökonomischen Integration entgegengewirkt werden.

Dieser ökonomische Mechanismus ist in steter Entwicklung begriffen – ebenso wie die objektiven materiellen Voraussetzungen für die Herausbildung immer effektiverer Wirtschaftsstrukturen. Produktivkräfte, sozialistische Produktionsverhältnisse und Überbaufunktionen wirken hier eng verbunden in einem ständigen Entwicklungsprozeß aufeinander ein, wobei die Erfordernisse der Produktivkräfte letztlich bestimmend sind. Mit der Höherentwicklung der Produktivkräfte, der sich erweiternden internationalen Mobilität der Produktionselemente und des Zusammenschlusses von Wirtschaftspotentialen erhöht sich die Effektivität der Volkswirtschaftsstrukturen, bilden sich optimale, eng verflochtene Wirtschaftskomplexe auf volkswirtschaftlicher und internationaler Ebene heraus.

2.3.2. Einige spezifische Entwicklungsprobleme der Produktions- und Außenhandelsstruktur der DDR

Auf der Grundlage der dargelegten objektiven Wechselbeziehungen zwischen sozialistischer ökonomischer Integration, speziell internationaler Spe-

[22] Vgl. R. Köhler, K. Morgenstern, Nationale Zweigstruktur – zweigspezifischer Aufwand – sozialistische internationale Arbeitsteilung, in: Wirtschaftswissenschaft, 1/1969, S. 62–76.

zialisierung und Kooperation, und Entwicklung der Volkswirtschaftsstrukturen sollen nunmehr einige Aufgaben und Probleme der weiteren Gestaltung der Produktions- und Außenhandelsstruktur der DDR (vor allem der Exportstruktur) behandelt werden. Ausgehend von den auf der 13. Tagung des ZK der SED gestellten höheren Aufgaben der Intensivierung sind insbesondere auch an die Volkswirtschaftsstruktur der DDR hohe gebrauchswertmäßige und wertmäßige Anforderungen gestellt. Wie verhält sich diese Struktur zu dem breiten Bedarfsspektrum an Produktions- und Konsumtionsmitteln, das für den Eigenbedarf sowie für die Export- und Importbedürfnisse besteht? Das ist eines der Grundprobleme.

Als *Ausgangsthese* gilt: Die eigene Produktion und Produktionsstruktur kann das sich ständig verbreiternde Bedarfssortiment immer weniger ausfüllen. Einen wachsenden Teil des Eigenbedarfs decken Importe. Gleichzeitig wird die Produktionsstruktur verstärkt auch auf die Bedarfsbefriedigung im sozialistischen Weltwirtschaftsgebiet und auf Exporte nach anderen internationalen Märkten ausgerichtet. Diese zwangsläufigen Entwicklungen führen dazu, daß Produktions- und Verbrauchsstruktur in der Volkswirtschaft immer weniger deckungsgleich sind. Im Maß der Erhöhung des internationalen Spezialisierungsgrades der Volkswirtschaft vergrößert sich der Unterschied zwischen beiden Strukturen. Daher muß den Erfordernissen des Gesetzes der planmäßigen proportionalen Entwicklung zunehmend durch planmäßige Gestaltung der Außenwirtschaftsbeziehungen und gemeinsame Planungstätigkeit zwischen den RGW-Ländern entsprochen werden.

Mit dieser Entwicklung nimmt die Frage nach der Exportstruktur der DDR (waren- und ländermäßig) an Schärfe zu. Welche Exportstruktur ist notwendig und effektiv, um sowohl konkreten Bedürfnissen der Partner und des Imports zu entsprechen als auch wertmäßig ausreichend Mittel für den wachsenden Import zu erwirtschaften?

Die Frage enthält folglich für die Volkswirtschaft der DDR wie für andere RGW-Länder zwei Aspekte: einmal den nach einer bestimmten geforderten Gebrauchswertstruktur des Exports, zum anderen den nach dem notwendigen Wertvolumen des Exports.

Die Lösung dieser Aufgabe hat für das einzelne Land neben allgemeinen Bedingungen spezifische Seiten. Für die DDR sind es im wesentlichen folgende.

Es besteht die Notwendigkeit, größere und stabile Exportüberschüsse zu erzielen, um den wachsenden Import an Roh- und Brennstoffen, an Grundmaterialien, Maschinen, Ausrüstungen und Konsumgütern sowie verschiedenen Leistungen bezahlen zu können. Dazu muß der Maschinenbau den Hauptbeitrag leisten.[23] Dieser Zwang wird mit der Änderung der

[23] W. Jarowinsky, Steigende Ansprüche an die Effektivität im Außenhandel, in: 13. Tagung des ZK der SED, Berlin 1974, S. 85.

Preisrelationen zwischen Rohstoffen/Grundmaterialien und Maschinen/Ausrüstungen auf den internationalen Märkten noch größer.

In diesem Zusammenhang ist es erforderlich, auf die grundlegenden Änderungen der Export-Import-Relationen beim Austausch von Maschinen und Ausrüstungen in den meisten RGW-Ländern einzugehen. Aus Tabelle 10 ist zu ersehen, daß die ehemals ökonomisch wenig entwickelten Länder nicht nur absolut, sondern auch relativ (im Verhältnis zum Import) den Export von Maschinen und Ausrüstungen erheblich steigern konnten. Das

Tabelle 10

Verhältnis der Ausfuhr von Maschinen und Ausrüstungen zu ihrer Einfuhr (Maschineneinfuhr = 1)

Land	1955	1960	1965	1970	1973
VRB	0,05	0,27	0,57	0,78	0,89
ČSSR	3,65	2,24	1,65	1,55	1,32
DDR	–	3,88	3,02	1,43	1,50
VRP	0,42	1,04	1,01	1,05	0,93[1]
UdSSR	0,65	0,66	0,60	0,66	0,65
UVR	–	1,25	1,55	0,99	1,21

[1] 1972

Quelle: Berechnet nach: Statističeskij eżegodnik stran-členov soveta ėkonomičeskoj vzaimopomošči, Moskva 1971 und 1974.

ist eine progressive Tendenz und gesetzmäßige Folge der sozialistischen Industrialisierung dieser Länder und der neuen, sozialistischen internationalen Arbeitsteilung. Korrespondierend dazu ist es ebenso gesetzmäßig, daß sich in der ČSSR und der DDR die ursprünglich sehr hohen Export-Import-Relationen in Richtung einer Anteilerhöhung des Imports veränderten. Diese strukturellen Veränderungen in Produktion und Außenhandel sind prinzipiell von gegenseitigem Vorteil, denn sie ermöglichen eine wesentliche Vertiefung der internationalen Spezialisierung und Kooperation innerhalb des Maschinenbaus mit allen daraus entspringenden Nutzeffekten.

Damit wird aber nicht einer – wie schon weiter vorn vermerkt – vollkommenen Nivellierungstendenz in Richtung 1 : 1 beim Austausch von Maschinen und Ausrüstungen das Wort geredet. Diese würde im Widerspruch zur Ausnutzung günstiger spezifischer Bedingungen der einzelnen Länder stehen. Und erst eine solche vollkommene Nivellierung würde ernsthafte Probleme für die hier erörterte Aufgabe der DDR mit sich bringen. Nicht die Relationsänderung dieses Austausches schlechthin steht dem Erfordernis entgegen, den notwendigen Exportüberschuß bei Maschinen und Ausrüstungen zu erzielen, sondern das damit verbundene Volumen von Export und Import. Anders ausgedrückt: Die DDR muß auch bei weiterhin wachsendem Import von Maschinen und Ausrüstungen mehr solcher Erzeugnisse exportieren, und zwar in dem erforderlichen dargelegten Umfang. Also interessieren primär die den Austauschrelationen zugrunde liegenden *absoluten* Größen des Exports und Imports.

Das ökonomische Entwicklungsniveau eines Landes wird von einer modernen Volkswirtschaftsstruktur, vom technisch-ökonomischen Niveau und der Produktivität der Zweige und Produktionen insgesamt bestimmt. Das erfordert heute mehr denn je internationale Arbeitsteilung und Kooperation, zweckmäßigstes Nutzen günstiger Landesbedingungen und zugleich Beachten der Begrenztheit der Ressourcen. Deshalb ist das richtige Verbinden von komplexer Entwicklung der sozialistischen Volkswirtschaften und ihrer wachsenden internationalen Spezialisierung eine gerade auch für den Angleichungsprozeß wichtige Gesetzmäßigkeit der sozialistischen Weltwirtschaft.

Mit dieser Problematik ist die Aufgabe verbunden, die Erfordernisse des Exports sowohl nach dem RGW-Bereich als auch nach dem nichtsozialistischen Wirtschaftsgebiet zu erfüllen. Das wirft die Frage der Warenstruktur des Exports nach beiden Wirtschaftsgebieten auf. Probleme sind hierbei u. a.: das zunehmende Gewicht der materiellen Deckung der Investitionsbeteiligung, insbesondere zur langfristig gesicherten Rohstoff-, Brennstoff- und Materialversorgung; die Größe des sowjetischen Marktes, der neben den enormen Vorteilen für große Serien auch seine spezifischen Aspekte besitzt, die mit dem Erreichen angemessener Anteile an der Bedarfsdeckung zusammenhängen; die Sicherung des Gleichgewichtes der Zahlungsbilanzentwicklung mit einzelnen RGW-Ländern; die Erhöhung des Exports insgesamt und besonders von Maschinen und Ausrüstungen nach kapitalistischen Ländern; der Ausbau der Wirtschaftsbeziehungen mit jungen Nationalstaaten und die Gestaltung einer langfristigen, gegenseitig vorteilhaften Arbeitsteilung zwischen den RGW-Ländern und diesen Staaten.

Das verlangt hohe Steigerungsraten der Arbeitsproduktivität und des Exports und stellt wachsende Ansprüche an Struktur und Rentabilität des Ex- und Importes, wobei der verschärfte Konkurrenzkampf auf dem kapitalistischen Weltmarkt zusätzliche Anstrengungen erfordert.[24] Diese Situation zwingt die DDR-Wirtschaft zu einem anhaltenden großen Leistungsanstieg durch umfassende Intensivierung. Ein Hauptweg ist die Vervollkommnung der Produktions-, Export- und Importstruktur und aller damit verbundenen Strukturelemente und Proportionen (der F/E, der In-

[24] Vgl. die entsprechende Forderung der 13. Tagung des ZK der SED bezüglich der beträchtlichen Steigerung der Exportproduktion, vor allem von rentablen Erzeugnissen. (E. Honecker, Bericht des Politbüros an die 13. Tagung ..., a. a. O., S. 28.)

vestitionen, der Arbeitskräfte – ihrer Ausbildung und Qualifizierung, der Grundfonds- und Materialstruktur).

Die Herausbildung einer noch effektiveren Volkswirtschaftsstruktur beinhaltet als ein wesentliches Moment eine bedeutende Steigerung der Exportkraft (nach Volumen und Effektivität), gestützt auf effektive Produktion, auf Stabilität und Kontinuität der binnen- und außenwirtschaftlichen Reproduktionsprozesse. Das kann erreicht werden, wenn zur wirksamen Nutzung aller Intensivierungsfaktoren die internationale Spezialisierung und Kooperation zwischen den RGW-Ländern entschieden vertieft, die internationale Arbeitsteilung weitgehend genutzt und in diesem Prozeß die spezifischen Bedingungen der DDR gebührend beachtet und rationell eingesetzt werden. Das bedeutet u. a., die Breite der F/E-Aufgaben und des Erzeugnissortiments den Potentialbegrenzungen in Wissenschaft, Technik und Produktion anzupassen, der ungünstigen Rohstoffsituation durch gemeinsame Maßnahmen im RGW, durch hohe Materialökonomie und eine gewisse (relative) material- und transportsparende Umstrukturierung der Produktions- und Außenhandelsstruktur sowie eine höhere Verarbeitung und Veredlung des Einsatzmaterials Rechnung zu tragen. Ferner gilt es, den positiven Faktor großer wissenschaftlich-technischer und Produktionserfahrungen sowie qualifizierter Arbeitskräfte teilweise weit stärker als bisher zu nutzen und ihn zugleich ständig weiterzuentwickeln.[25] Dieser Faktor ermöglicht bei richtigem und konzentriertem Einsatz der Kräfte und Mittel in der Volkswirtschaft und im Rahmen der internationalen Kooperation die Produktion und den Export sehr hochwertiger materialveredelter Erzeugnisse mit hohen kg-Preisen.[26] Dabei ist die internationale Spezialisierung/Kooperation mit verschiedenen RGW-Ländern aktiver zu betreiben, d. h. im Interesse ausreichender Exportüberschüsse im richtigen Verhältnis export- importorientiert.

Es ist daher erforderlich, ausgehend von den inneren und äußeren Bedürfnissen und Möglichkeiten eine perspektivische auf bestimmte Zweige und Produktionen schwerpunktmäßig betriebene Strukturpolitik bei planmäßiger proportionaler Entwicklung der eigenen Volkswirtschaft und der ganzen sozialistischen Gemeinschaft zu verwirklichen. Langfristige Volkswirtschaftsplanung, Koordinierung der Wirtschaftspolitik und der Volkswirtschaftspläne, Zielprogramme und Strukturabstimmung zwischen den RGW-Ländern sind dazu geeignete Instrumente. Im Mittelpunkt der internationalen Spezialisierung/Kooperation der DDR sollten auf der Grundlage dieser Prämissen die für die Entwicklung notwendigen und unseren

[25] E. Honecker, Zur Einberufung des IX. Parteitages der SED, in: 14. Tagung des ZK der SED, Berlin 1975, S. 14 f.

[26] Auf die kg-Preise haben daneben aber auch die Qualität der Erzeugnisse und des Kundendienstes sowie die Reaktionsfähigkeit auf neue Bedarfstendenzen großen Einfluß.

Bedingungen gemäßen günstigsten Zweige, Erzeugnisgruppen und Einzelerzeugnisse stehen. Die Erzielung eines hohen Ergebnisses pro Einheit lebendiger und vergegenständlichter Arbeit in Produktion und Export ist ein Kriterium, das im Prozeß sozialistischer ökonomischer Integration und des Ausbaus der Weltwirtschaftsbeziehungen bei den Entscheidungen über Konzentration und Spezialisierung ein größeres Gewicht erlangen kann.

Neben anderen Voraussetzungen läßt sich diese große und komplizierte Aufgabe nur verwirklichen bei bedarfsgerechter Produktion und hoher Beweglichkeit in der Produktion, rechtzeitigem Anbieten neuer technologischer Lösungen und Erzeugnisse, hohem technisch-ökonomischen Niveau der Erzeugnisse und ausgezeichneter Qualität sowie weltmarktfähigem Kundendienst einschließlich Ersatzteilversorgung.[27] Auf dieser Grundlage erreichen die wichtigsten Exportwaren die erforderliche Durchschlagskraft auf den internationalen Märkten, können hohe Valutapreise erzielt, errungene Marktpositionen gefestigt, neue erobert und der Absatz gewährleistet werden.

An *Auswahlkriterien* für die Konzentration und internationale Spezialisierung auf Zweige bzw. Einzelproduktionen und eine entsprechende Exportgestaltung wären im wesentlichen hervorzuheben:

- Dringlichkeit, Realität und Rationalität der Deckung des Eigenbedarfs, des Bedarfs der Integrationspartner und auf anderen Märkten im Zusammenhang mit dem Importbedarf der DDR;
- langfristig garantierter Absatz (bei ständiger Erfüllung entsprechender Voraussetzungen);
- hohe Gebrauchswerteigenschaften und Qualität der Erzeugnisse (bestehende oder in kurzer Frist erreichbare aufgrund günstiger Bedingungen in F/E und Produktion);
- hohe Effektivität in F/E und Produktion, gute Exportrentabilität;
- großes Exportvolumen und möglichst erhebliche Marktanteile im sozialistischen Wirtschaftsgebiet und auf ausgewählten anderen internationalen Märkten (differenziert für die Erzeugnisse, wobei das vor allem für jene gilt, die über die Exportkraft der Volkswirtschaft entscheiden);
- Neuigkeitswert der Erzeugnisse (im Zusammenhang mit der Befähigung zu ständiger Modernisierung des Erzeugnissortiments, zur Entwicklung rationeller Anwendertechnologien und Systemunterlagen);
- Funktion der Erzeugnisse für den wissenschaftlich-technischen Fortschritt (d. h. Konzentration auf dafür entscheidende Erzeugnisse);
- möglichst günstige und gesicherte Bedingungen der Rohstoff- und Materialversorgung für die betreffende Produktion;

27 Auf diese Erfordernisse wurde erneut auf der 15. Tagung des ZK der SED hingewiesen. Vgl. E. Honecker, Zur Durchführung der Parteiwahlen 1975/76, Neues Deutschland vom 4./5. 10. 1975, S. 4.

- hohe Materialveredlung, großer Kompliziertheitsgrad der Erzeugnisse, d. h. Verkörperung hoher wissenschaftlich-technischer Leistungen in den Erzeugnissen (erreichbar durch effektive Verwertung der Potenzen in Wissenschaft, Technik und Produktion, der Erfahrungen hochqualifizierter Facharbeiter).

Durch Verwirklichung einer Reihe dieser Kriterien kann bei den meisten Erzeugnissen eine große Exportwertigkeit mit günstigen Valutapreisen erreicht werden.

Die Kriterien wirken in ihrer Gesamtheit und mit teilweise widersprüchlichen Tendenzen. Nicht in jedem Fall kann allen Kriterien Rechnung getragen werden. Das nach bestimmten Ländern und Wirtschafts- Währungsgebieten steigende Exportvolumen ist zwar mit einem hohen Anteil rentabler Erzeugnisse, aber nicht ausschließlich mit sehr exportrentablen Waren und Leistungen zu erwirtschaften. Andererseits verkörpern Waren mit hoher Exportrentabilität nicht immer ein großes Exportvolumen. Dringender Bedarf und gute Produktionsvoraussetzungen sprechen ferner für die weitere Produktion von Erzeugnissen mit erheblichem Materialeinsatz (Tagebauausrüstungen, Krane, Walzwerke u. a.).

Der Schwermaschinenbau wird zweifellos auch künftig ein erhebliches Gewicht in der Industrie der DDR einnehmen. Worum es geht, ist u. E. ein ökonomisch begründetes Verhältnis zu den anderen Bereichen des Maschinenbaus zu wahren und seine innere Struktur mit Hilfe der internationalen Arbeitsteilung unter Berücksichtigung der Bedingungen der DDR weiter zu rationalisieren.

Diese und weitere Faktoren führen zu der wichtigen Konsequenz, *bei Strukturentscheidungen* stets *alle Bedingungen* zu *analysieren* und *jegliche Einseitigkeit zu vermeiden.* Dazu gehört speziell auch die Analyse sämtlicher Aufwendungen und erzielbaren Ergebnisse. So kann der Materialaufwand nicht losgelöst von anderen Aufwandsarten und weiteren Strukturfaktoren gewertet werden. Beispielsweise ist das Verhältnis von Grundmaterial zu hinzugefügter Arbeit, also der Wertzuwachs, zu berücksichtigen. Durch hohen Verarbeitungsgrad, Einbau komplizierter Steuerungstechnik, leistungsfähiger Elektronik usw. wird der Exportwert der Erzeugnisse beachtlich erhöht.

Mit der sozialistischen ökonomischen Integration wird aber auch eine zweckmäßige internationale Standortverteilung der Produktion unter dem Gesichtspunkt des Material- und Transportfaktors verfolgt, werden bestimmte Produktionsstandorte mehr an die großen Rohstoffquellen und/oder Hauptverbrauchergebiete angenähert. Das gilt für die Grundstoffindustrie (Beispiele dafür sind das Zellulosekombinat in Ust-Jlim und andere große gemeinsame Investitionsobjekte) ebenso wie für den Maschinenbau, und zwar neben bestimmten materialaufwendigen Finalerzeugnissen auch für entsprechende Teile von Erzeugnissen und Anlagen (Aggregate, Baueinheiten). Damit kann bei solchen Erzeugnissen durch internationale Spezialisierung und Kooperation von Erzeugnisbestandteilen sowohl vorhandenen Produktionskapazitäten und Erfahrungen als auch der metallurgischen Basis der RGW-Länder Rechnung getragen werden. Die internationale Standortverteilung erfolgt mehr und mehr nach dem Gesichtspunkt, sowohl der Effektivität des einzelnen Landes als auch mehrerer sozialistischer Länder bzw. der ganzen Gemeinschaft zu entsprechen. Gleichzeitig wird die Materialökonomie durch die verstärkte gemeinsame Entwicklung und Anwendung materialsparender Technologien und rationeller Werkstoffe wesentlich gefördert.

Andererseits brauchen allein vom Materialeinsatz aus betrachtete günstige Erzeugnisse infolge solcher Faktoren wie großer Investitions- und Grundfondsintensität, geringen Kompliziertheitsgrades und Kreditverpflichtungen nach bestimmten Ländern durchaus nicht effektiv zu sein. In der Anwendung der Kriterien zur Auswahl der zu spezialisierenden Zweige und Erzeugnisse gibt es folglich kein Schema. Sie können nur unter Beachtung der inneren und äußeren Gegebenheiten und aller strukturellen Einflußfaktoren durchgesetzt werden.

Strukturentscheidungen sind stets politisch-ökonomisch determiniert. Aber im Rahmen der gesamtgesellschaftlichen Anforderungen, die der Sozialismus an die Produktion stellt und bei Sicherung der planmäßigen proportionalen Entwicklung muß die *Volkswirtschaftsstruktur* der DDR und aller sozialistischen Länder *verstärkt nach Effektivitätsgesichtspunkten* in Produktion und Außenhandel profiliert werden. Dafür bietet der Integrationsprozeß zunehmend günstige Möglichkeiten. Zugleich wird davon sein erfolgreiches Voranschreiten entscheidend bestimmt.

Langfristig stabile Exportlinien

Zur Durchsetzung einer solchen Strukturpolitik sind langfristig stabile Exportlinien ein Hauptmittel. Darauf wurde erneut auf der 13. Tagung des ZK der SED hingewiesen. „Dabei ist es besonders dringlich, die von der Partei festgelegte Richtung zur Entwicklung von langfristig stabilen Exportlinien und Exportförderbetrieben konsequent durchzusetzen. Ihnen ist eine größere Unterstützung durch die Ministerien und auch durch die Räte der Bezirke zu geben.“[28]

Der Kern der Exportlinien hat sich bereits weitgehend herausgebildet. Gleichzeitig unterliegen diese Linien mit dem wissenschaftlich-technischen Fortschritt, der Entwicklung der Volkswirtschaftsstrukturen in der DDR u. a. Ländern sowie dem Voranschreiten in der sozialistischen ökonomischen Integration und der internationalen Arbeitsteilung Veränderungen

[28] E. Honecker, Bericht des Politbüros an die 13. Tagung ..., a. a. O., S. 28.

und Präzisierungen. Aus den hier behandelten Zusammenhängen ergeben sich für diese Arbeit einige Schlußfolgerungen bzw. Fragestellungen.

1. Das Ziel der Exportlinien – die erforderliche und stabile Steigerung des Exportvolumens und der -rentabilität – zu erreichen, ist neben der bedarfsgerechten Produktion vor allem vom Niveau der Erzeugnisse und des Kundendienstes abhängig. Die materielle Grundlage stabiler und effektiver Exportlinien sind daher ein hohes wissenschaftlich-technisches und Produktionsniveau, eine perspektivisch ausgerichtete und gesicherte Produktionsprofilierung bei planmäßiger proportionaler Entwicklung der gesamten Kooperationskette innerhalb der Volkswirtschaft und der internationalen arbeitsteiligen Beziehungen.

2. Deshalb sollten auch vor allem die stabilen Exportlinien durch langfristige Verträge über Spezialisierung und Kooperation mit sozialistischen und teilweise nichtsozialistischen Ländern untersetzt werden. Damit wird ihre Einordnung in das Strukturgefüge sicherer und ihre Stabilität wie Effektivität erhöht, unökonomische Parallelproduktionen können eher ausgeschaltet und ein gemeinsames Auftreten auf dritten Märkten gewährleistet werden.

3. Beim Festlegen bzw. Präzisieren von Exportlinien sollte von den dargelegten (und weiter durchzuarbeitenden) Auswahlkriterien unter Berücksichtigung aller strukturellen Einflußfaktoren ausgegangen werden. Die entsprechende konzeptionelle Arbeit auf den verschiedenen Ebenen der Volkswirtschaft ist Bestandteil der gesamtvolkswirtschaftlichen und in den Schwerpunkten international abzustimmenden Strukturkonzeption.

4. Bisherige Exportschwerpunkte sind rechtzeitig auf ihre weitere Tragfähigkeit zu prüfen. Das verlangt nicht nur die mit dem wissenschaftlich-technischen Fortschritt einhergehenden Veränderungen zu erfassen, sondern vor allem auch ständig den gesetzmäßig sich vollziehenden weiteren Strukturwandel in Produktion und Außenhandel der anderen RGW-Länder und darüber hinaus in Entwicklungsländern und kapitalistischen Industriestaaten zu anlysieren und einzukalkulieren. Es ist also eine tiefergehende Analysentätigkeit erforderlich als sie gewöhnlich mit bloßer Marktforschung betrieben werden kann.

5. Es erhebt sich die Frage, ob mit den Exportlinien nicht gleichzeitig auch die Arbeit zur weiteren Herausbildung langfristig stabiler Importlinien verstärkt werden müßte. Faktisch haben sich diese ja bereits in einem bestimmten Umfang herausgebildet (beide auf Schwerpunkte und nicht auf das gesamte Warensortiment des Außenhandels bezogen). Die Wechselbeziehungen zwischen langfristig stabilen Export- und Importlinien werden mit der planmäßigen Vertiefung der internationalen Spezialisierung und Kooperation enger. Die mit den Exportlinien verfolgten Ziele des Wachstums und der Effektivitätssteigerung in Produktion und Außen-

handel werden daher noch mehr von der Importpolitik, von der planmäßigen Gestaltung der sozialistischen internationalen Arbeitsteilung abhängig. Das ist eine gesetzmäßige Konsequenz aus der Notwendigkeit, die internationale Spezialisierung und Kooperation export- und importorientiert zu entwickeln.

6. Die Export- und Importlinien werden nicht nur warenstrukturell, sondern gleichzeitig auch weitgehend ländermäßig begründet. Die Einschränkung wird für erforderlich gehalten, weil zwar bei vielen, aber nicht bei allen Positionen eine vorhergehende ländermäßige Berücksichtigung, Klärung und Festlegung möglich und notwendig ist.

Wichtig für den Erfolg der Strukturpolitik in Produktion und Export ist die mit permanenten Nutzeffektsberechnungen verbundene analytische und konzeptionelle Arbeit, die entschiedene Konzentration der Kräfte und Mittel auf die ausgewählten Schwerpunkte, die wirksame Förderung der hauptsächlichen Exportbetriebe, wie es von Partei und Regierung beschlossen wurde. Die Exportprofilierung einschließlich Investitionsbeteiligung wird um so eher den geplanten Effekt bringen, je besser die Grundrichtungen der Entwicklung der Produktions- und Exportstruktur (bei gleichzeitiger Beachtung der Importstruktur) übereinstimmen, je enger die Einheit zwischen Forschungs-, Investitions- und Exportpolitik ist.

Es gilt, durch Konzentration ausreichender Investitionen u. a. Mittel und Kräfte auf die Exportschwerpunkte sowie durch eine intensive Wirtschaftstätigkeit in den Produktions- und Außenhandelsbetrieben einschließlich eines hohen Niveaus der Marktarbeit die Überleitung neuer F/E-Ergebnisse zu verkürzen, die Investitionen so schnell und dauerhaft wie möglich exportwirksam zu machen und den Exportertrag der Investitionen zu erhöhen.

Zum Bestandteil dieser Strukturpolitik gehört ein ausgewogenes Verhältnis zwischen Erweiterung/Rationalisierung vorhandener, bewährter und zukunftsträchtiger Produktionen, wobei die Erzeugnisse ständig zu verbessern und sukzessive zu erneuern sind und Entwicklung völlig neuer Produktionen. Die Erfahrung lehrt, daß die Exportkraft der Volkswirtschaft und wichtige Prozesse des gesamten stabilen wirtschaftlichen Wachstums wesentlich von einer ausreichenden Kräftekonzentration auf die hauptsächlichen exporttragenden und rentablen Zweige und Erzeugnisse abhängen. Folglich dürfen nicht auf ihre Kosten neue Produktionen aufgebaut werden. Das gilt im besonderen für eine so breit gefächerte Zweigstruktur wie die mvI der DDR, aber auch für die chemische Industrie.

Der Aufbau neuer Produktionen hat auch nur dann Erfolgsaussichten, wenn dafür so viel Mittel in F/E, Produktion und Marktarbeit eingesetzt werden können, daß mit größter Wahrscheinlichkeit ein hohes technisch-ökonomisches Niveau der Produktion erreicht wird und die Erzeugnisse sich auf internationalen Märkten durchsetzen. Das erfordert, ihre Notwendigkeit und Zweckmäßigkeit gründlich zu prüfen und rechtzeitig zu analysieren, ob neben der Fortführung vorhandener wichtiger und effektiver Produktionen dafür die Mittel ausreichen.

Es muß betont werden, daß sich die strukturelle Umsetzung neuer wissenschaftlich-technischer Erkenntnisse bei weitem nicht nur auf die Entwicklung neuer Produktionen beschränkt, die teilweise zur Herausbildung weiterer Erzeugnisgruppen und Zweige führt. Der wissenschaftlich-technische Fortschritt vollzieht sich in hohem Maße auch durch ständige Vervollkommnung der Erzeugnisse und durch Erneuerung des Erzeugnissortiments in bestehenden Zweigen. Beides ist untrennbar miteinander verbunden und es geht darum, ausgehend von den Bedingungen des Landes und der Gemeinschaft, die Kräfte so zu verteilen, daß das planmäßige proportionale und kontinuierliche Wachstum gesichert ist und die Volkswirtschaft mit hoher Effektivität am wissenschaftlich-technischen Fortschritt teilnimmt und ihn forciert. Dabei ist die reiche Palette von Formen und Maßnahmen der internationalen Spezialisierung/Kooperation einzusetzen, um die Produktions- und Exportvorhaben so rationell wie möglich zu bewältigen.

Die weitere Entwicklung unserer Volkswirtschaft wird wesentlich davon beeinflußt, wie Strukturanpassung und Strukturstabilität als einheitlicher Prozeß gestaltet werden. Wissenschaftlich-technischer Fortschritt, Bedarfsänderungen, ständige Vervollkommnung der Volkswirtschaftsstrukturen in den sozialistischen Ländern, Aufbau selbständiger Wirtschaften in den Entwicklungsländern und alle anderen Erscheinungen der Umgestaltung der internationalen ökonomischen Beziehungen sowie der Strukturwandel in kapitalistischen Staaten zwingen zu einer ununterbrochenen Anpassung der eigenen Struktur an diese Prozesse. Sonst treten unvermeidlich ökonomische Verluste auf. Aber dieser Vorgang ist natürlich – je nach Zeitdauer, erreichtem Entwicklungsniveau und anderen Einflüssen – immer nur partiell. Der Leistungsanstieg der Wirtschaft wird zugleich maßgeblich von der relativen Strukturstabilität bestimmt. Das sind Produktions- und Exportgebiete, wo ein hoher technisch-ökonomischer Stand erreicht ist und weiterhin behauptet werden kann, und für deren Erzeugnisse auf längere Zeit Absatzsicherheit bei guter Exportrentabilität besteht.

Die logische Konsequenz aus den Darlegungen zur weiteren Konzentration und internationalen Spezialisierung der DDR-Wirtschaft als den im Grunde einzig möglichen strukturellen Weg für den weiteren technischen und ökonomischen Fortschritt kann nur darin bestehen, eine im grundsätzlichen *einheitliche Exportstruktur* nach dem SW und dem NSW herauszubilden. Diese in der DDR-Literatur von mehreren Ökonomen vertretene Auffassung wollen wir aber nur auf Hauptrichtungen des Exports verstanden wissen. Es gibt nicht wenige spezielle Exportbedürfnisse und -möglichkeiten, denen z. T. mit gesonderten Erzeugnissen, vor allem aber stärker mit Sonderausführungen von produzierten Grundtypen und mit Ergänzungsprogrammen für die technologische Anwendung entsprochen werden kann.

Dennoch sind allein damit die vielen komplizierten praktischen Fragen der Produktions- und Exportstruktur nicht beantwortet. Denken wir u. a. an die aus der zunehmenden Investitionsbeteiligung und gemeinsamen Investitionstätigkeit erwachsenden finanziellen und materiellen Anforderungen. Welche Lösungen bieten sich hier an, die näher zu untersuchen wären?

Erstens die steigende Produktion objektgebundener, bewährter Ausrüstungen und in begrenztem Umfang auch die Neuaufnahme bestimmter Maschinen und Ausrüstungen in das Fertigungsprogramm. Die materiellen Voraussetzungen für die Investitionsbeteiligung sind im Gefüge unserer Volkswirtschaft zu schaffen.[29]

Zweitens die viel stärkere Ausnutzung der Arbeitsteilung und Kooperation zwischen den RGW-Ländern zur Bedarfsdeckung dieser Produktionsinstrumente. Das betrifft eine rationelle Standortverteilung der Produktion bei der Erweiterung des Maschinenbaus u. a. Industriebereiche in den Ländern und die intensive Spezialisierung und Kooperation von Anlagenteilen, Einzelmaschinen und Baugruppen einschließlich gemeinsamer Entwicklung und Lieferung. Damit kann die innere Struktur der betreffenden Zweige und Erzeugnisprogramme wesentlich rationalisiert werden.

Drittens anstelle einer objektgebundenen Lieferung von Ausrüstungen in bestimmtem Umfang der Export anderer sehr gefragter und hochwertiger Erzeugnisse, die für die Bedarfsdeckung im betreffenden Land nicht weniger wichtig sind und die im Falle nicht möglicher Importe aus sozialistischen Ländern aus dem kapitalistischen Ausland eingeführt werden müßten. Diese in den vergangenen Jahren bereits geübte Praxis kann u. E. unter Einhaltung der genannten Bedingungen auch weiterhin eine echte Alternative zur ausschließlichen objektgebundenen materiellen Abdeckung der Investitionsbeteiligung sein. Dabei ist in Rechnung zu stellen, daß sich die Wirtschaftsbeziehungen mit den kapitalistischen Staaten noch mehr erweitern und daß vom Investitionsland die eingesparten Importfonds zur Einfuhr der benötigten Investitionsgüter aus diesen Ländern verwendet werden können. Die Praxis liefert dafür bekanntlich bereits viele Beispiele.

Viertens der Import entsprechender Ausrüstungen und Materialien aus dem kapitalistischen Wirtschaftsgebiet durch das am Investitionsvorhaben beteiligte Land, der mit steigendem Export spezialisierter Erzeugnisse nach diesen Ländern möglich wird.

29 Vgl. ebenda, S. 26.

Diese und vielleicht noch weitere Maßnahmen sind zur Überwindung des sonst unvermeidlichen und ernsten Widerspruchs zwischen der breiten Bedarfsstruktur an Produktionsmitteln und der notwendigen Entwicklung rationeller Produktions- und Exportstrukturen in der DDR und in anderen sozialistischen Staaten geeignet. Auf diese Weise können sowohl die konkreten materiellen Bedürfnisse befriedigt als auch uneffektive Ausmaße und Inhalte der Strukturen in den Ländern vermieden bzw. überwunden werden. Diese Wege sind in größerem Maße als bisher nur gangbar, wenn entschieden konzentriert und aufs zweckmäßigste international spezialisiert und kooperiert wird. Den verschiedensten Anforderungen kann nicht mit einem zersplitterten Produktions- und Exportprogramm Rechnung getragen werden, sondern nur mit einem auf der Integration basierenden konzentrierten Programm, dessen spezialisierte Erzeugnisse sowohl nach sozialistischen als auch nach kapitalistischen Ländern gut absetzbar sind und damit die erforderlichen komplementären Einfuhren getätigt werden können.

3. Konzentration, internationale Spezialisierungsrichtungen und Standortverteilung

Während im 2. Abschnitt primär gesamtvolkswirtschaftliche Aspekte und Zusammenhänge des Konzentrationsprozesses und der internationalen Spezialisierung behandelt wurden, sollen hier einige Aufgaben und Probleme der Gestaltung der ISK für die einzelnen Produktionen diskutiert werden. Dabei sind Konzentration, internationale Spezialisierungsrichtungen und Standortverteilung untrennbar miteinander verbunden.

3.1. Optimale und wirtschaftliche Produktionsgrößen international spezialisierter Produktionen

Durch Konzentration in Forschung, Entwicklung und Produktion können entscheidende Nutzeffekte der internationalen Spezialisierung und Kooperation erschlossen werden.

Mit der Vergrößerung der Produktionsmaßstäbe gleicher oder technologisch gleichartiger Erzeugnisse, Teile und Produktionsprozesse wird eine höhere Effektivität der vergegenständlichten und lebendigen Arbeit, der einmaligen und laufenden Aufwendungen erreicht. Das ist bekanntlich eine Folge verbesserter Nutzung von Arbeitskräften, Produktionsgrundfonds und Umlaufmitteln, der rationellen Anwendung leistungsfähiger Technik und Technologie, effektiverer Formen der Produktionsorganisation und der Leitung und der Erhöhung des Mechanisierungs- und Automatisierungsgrades der Produktion. Der Aufwand für F/E verteilt sich auf ein größeres Produktionsvolumen, es werden die Funktionalbeziehungen zwischen Investitionsaufwand und Größe/Leistung der Produktionsanlagen bzw. Aggregate (Größendegression des Investitionsaufwandes) sowie zwischen Produktionskosten und Produktionsvolumen (degressive Entwicklung der Einheitsselbstkosten) genutzt.[1]

Nach Berechnungen sowjetischer Ökonomen verringern sich beispielsweise in der chemischen Industrie mit der Vergrößerung der Produktions-

[1] Vgl. u. a. D. Graichen, L. Rouscik, Zur sozialistischen Wirtschaftsorganisation, Berlin 1971, S. 166 ff.

kapazitäten die Selbstkosten und Investitionen je Kapazitätseinheit, wie aus der Tabelle 11 hervorgeht.

Tabelle 11

Abhängigkeit der Selbstkosten und Investition je Kapazitätseinheit von der Größe der Produktionsanlagen

Erzeugnis	Kennziffern	Maßeinheit	Kapazität kt/a		
Hochdruckpolyäthylen			25	65–76	300
	Selbstkosten	Rbl/t	236	216	153–144
anteilige Investitionen		Rbl/t			
			277	254	234–203
Schwefelsäure			120	180	360
	Selbstkosten	Rbl/t	14,5	13	21
anteilige Investitionen		Rbl/t			
			34	29	25
Ammoniak			50	500	
	Selbstkosten	Rbl/t	72–74	35–42	
anteilige Investitionen		Rbl/t			
			260–180	110–120	

Quelle: Faddejew, N. W., Der Rat für gegenseitige Wirtschaftshilfe, Berlin 1975, S. 202.

Im VEB Carl Zeiss Jena wurden bei ausgewählten Verfahren folgende Kosten in Abhängigkeit vom Produktionsmaßstab erreicht (vgl. Tabelle 12):

Tabelle 12

Stück	Alu-Druck-gußteil	Stahl Feingußteil
500	200 Mark	170 Mark
1 000	100 „	100 „
5 000	30 „	50 „

Quelle: Rouscik, L., Oberländer, K., Hohe Produktionsmaßstäbe, aber wie?, in: Die Wirtschaft, 16/1975, S. 14.

Mit der Konzentration werden oft zugleich günstige Voraussetzungen für eine bessere Bedarfsdeckung, eine höhere Erzeugnisqualität und Materialökonomie (durch verbesserte Verfahren, die Spezialisierung und Qualifizierung der Arbeitskräfte, die Anwendung wissenschaftlich begründeter Normen u. a.), einen kontinuierlichen Materialfluß und Transport sowie für einen guten Kundendienst und eine schnelle Ersatzteilversorgung geschaffen.

Das hier interessierende Grundproblem besteht darin, daß die mögliche Produktivitäts- und Effektivitätssteigerung durch Produktionskonzentration (und ebenfalls durch Konzentration in F/E) auf immer mehr Gebieten nur auf Basis internationaler Arbeitsteilung erzielt werden kann. Die internationale Spezialisierung bewirkt neben dem Standorteffekt vor allem diesen Konzentrationseffekt, den es in den RGW-Ländern konsequenter zu erschließen gilt. In der DDR konnte z. B. infolge der internationalen Spezialisierung die Produktion einer Verpackungsmaschine verdoppelt werden. Die Arbeitsproduktivität erhöhte sich um 25 Prozent und die Selbstkosten pro Stück sanken um etwa 15 Prozent. Die internationale Spezialisierung entscheidet also zunehmend über die Ausnutzung des funktionalen Zusammenhanges zwischen wachsenden Produktionsmaßstäben und sinkenden Einheitsselbstkosten. Dabei ist der Produktionsumfang auf die Bedarfsdeckung mehrerer Länder ausgerichtet.

Wir können an dieser Stelle die graphische Darstellung (Abbildung 1) von Seite 12 um den Zusammenhang zwischen Produktionsumfang und Einheitsselbstkosten ergänzen (vgl. Abbildung 2).

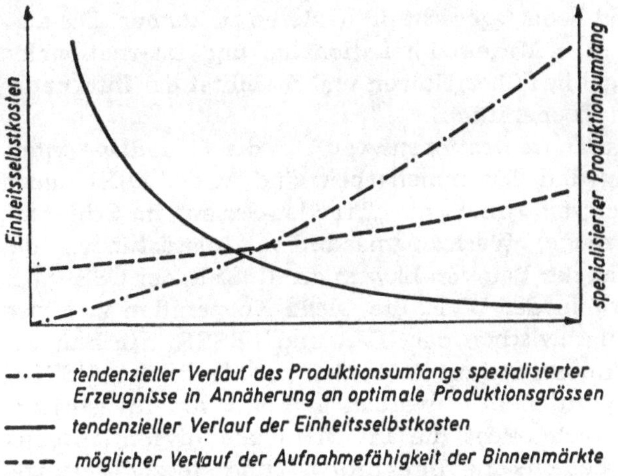

Abb. 2
Allgemeiner Zusammenhang zwischen Produktionsumfang, internationaler Spezialisierung (Markterweiterung) und Einheitsselbstkosten

Die weitere Abhandlung erstreckt sich daher vornehmlich auf einige Beziehungen zwischen Produktionskonzentration und sozialistischer internationaler Arbeitsteilung und nur insoweit auf methodische Aspekte, als das für dieses Thema erforderlich erscheint.

Die Konzentration beinhaltet zwei Aspekte:

a) Konzentration der Produktion (Finalerzeugnisse, Stufenprodukte, technologische Prozesse usw.),

b) Konzentration der Mittel (der personellen, materiellen und finanziellen).

Die sozialistische internationale Arbeitsteilung steht mit beiden Aspekten in Beziehung, und mit ihrer weiteren Vertiefung werden diese Beziehungen immer enger. Infolge internationaler Spezialisierung erhöhen sich der Bedarf und der Produktionsumfang (Stückzahl, Produktionsvolumen) gleicher oder ähnlicher Produktionen bzw. Erzeugnisse und ihrer Bestandteile. Wichtig ist, daß durch planmäßig organisierte und vertraglich gebundene internationale Spezialisierung und Kooperation auch der Markt gesichert wird. Ferner kann mittels internationaler Kooperation und anderer Maßnahmen der Zusammenarbeit ein gemeinsamer Einsatz materieller und finanzieller Ressourcen erfolgen, wenn das für Investitionen und andere Aufwendungen notwendig und ökonomisch ist. Außer der Konzentration der für die Produktion benötigten Mittel in der Volkswirtschaft wird mit der international spezialisierten Produktion teilweise auch ein international konzentrierter Einsatz von Mitteln erforderlich, um auf hohem technisch-ökonomischem Niveau und bedarfsgerecht produzieren zu können. Die ausreichende Konzentration von Mitteln im nationalen und internationalen Rahmen entscheidet maßgeblich über Nutzen und Stabilität der internationalen Spezialisierung und Kooperation.

Beispiele für ein hohes Konzentrationsniveau auf der Grundlage internationaler Spezialisierung und Zusammenarbeit sind in der DDR neben den erwähnten Verpackungsmaschinen die „Trawler-Serien“ im Schiffbau, bestimmte Schienenfahrzeuge, Werkzeugmaschinen, Ausrüstungen des Schwermaschinenbaus u. a., der Bau von Lkw in der UdSSR, der ČSSR u. a. Ländern, das Ikarus-Werk in der UVR, die Olefin-Kooperation zwischen der DDR und ČSSR sowie zwischen der UVR und UdSSR, der Bau der großen Betriebe für Zellulose, Asbest u. a. Grundstoffe in der UdSSR. Einige dieser Vorhaben wurden bzw. werden in Form von Investitionsbeteiligungen realisiert. Auch reicht die Internationale Investitionsbank zunehmend Kredite für bedeutsame Integrations- und Spezialisierungsobjekte aus.

Untrennbar mit diesen Maßnahmen ist die Möglichkeit gegeben, über die Ausnutzung günstiger ökonomischer und natürlicher Bedingungen in den Ländern das Aufwands-Ertrags-Verhältnis einer international konzentrierten Produktion positiv zu beeinflussen.

Die RGW-Länder sollten bestrebt sein, auf den für die ökonomische Entwicklung ausschlaggebenden Gebieten solche spezialisierten Produktionsgrößen zu erreichen, daß mit Hilfe modernster Technik und Produktionsorganisation der technisch-ökonomische Höchststand errungen und behauptet wird. Natürlich ist der international höchste technisch-ökonomische Stand auch auf ausgewählten Gebieten nicht kurzfristig bzw. nur in Annäherung zu erreichen. Bezeichnen wir diese Produktionsgrößen als optimal, dann wäre ihr Maßstab hohe bzw. höchste Arbeitsproduktivität im Weltmaßstab. Wenn es dazu in der Literatur auch keine vollkommen einheitliche Auffassung gibt, so herrscht doch bei mehreren Autoren eine Annäherung der Standpunkte vor.[2]

Zwischen „hoher" und „höchster" Effektivität besteht in der Praxis ein Toleranzfeld. Dieses entspricht dem ökonomischen Sachverhalt sowie den Schwierigkeiten exakter internationaler Vergleiche.

Der ökonomische Sachverhalt ist durch die objektiv vorhandene Dynamik der Bewegung der Produktionsgrößen und das Streben zu ihrer Erreichung gekennzeichnet. Unter diesem Gesichtspunkt könnte die von einigen Ökonomen vorgenommene Unterscheidung zwischen optimalen und Mindestgrößen der Produktion zur Anwendung moderner Technik und Organisation begründet sein.[3]

Fiszel vermerkt zu Recht, daß im Sozialismus im Unterschied zu kapitalistischen Unternehmen über die Größe zu errichtender Produktionsbetriebe nicht betriebliche, sondern volkswirtschaftliche Gesichtspunkte entscheiden und daß die gesellschaftlichen Produktionskosten Ausgangspunkt der Beurteilung sind.[4] Hinzuzufügen wäre, daß im Verlauf des Integrationsprozesses diese Parameter zunehmend auch aus internationaler Sicht zu beurteilen sind und sich ihr Wirkungsfeld ausdehnt.

Optimale Produktionsgrößen sind daher durch eine vorwiegend auf der Grundlage internationaler Spezialisierung und Kooperation mögliche Minimierung des einmaligen und laufenden Gesamtaufwandes je Mengeneinheit bei Sicherung hohen technisch-ökonomischen Niveaus der Erzeugnisse charakterisiert. Der Gesamtaufwand bezieht sich auf Produktion (einschließlich anteiliger Kosten für Forschung, Entwicklung und Investitionen), Kooperation, Transport- und Lagerhaltung. Aufgrund der sich in Bewegung befindlichen Einflußkomponenten sind sie dynamische Größen.

Optimale Produktionsgrößen bzw. Produktionsmaßstäbe sind – je nach den Produktionsarten – der verallgemeinerte Begriff für optimale Stückzahlen oder optimale Produktionsvolumina auf der Grundlage entspre-

[2] Vgl. u. a. E. Karlik, Konzentration der Produktion unter den Bedingungen der internationalen sozialistischen Arbeitsteilung, in: Voprosy ėkonomiki, 5/1967, S. 70; D. Graichen, L. Rouscik, Zur sozialistischen Wirtschaftsorganisation, a. a. O., S. 171; I. F. Kormnow, Spezialisierung und Kooperation..., a. a. O., S. 156 ff.

[3] Ebenda.

[4] H. Fiszel, Nutzeffekt der Investitionen und Optimum der Produktion, Berlin 1969, S. 99.

chender Produktionskapazitäten. In der Haupttendenz entwickeln sich optimale Produktionsmaßstäbe in ansteigender Linie (Zunahme der spezialisierten Großproduktion). Im konkreten Fall kann allerdings auch ein relativ kleiner Produktionsumfang optimal sein: z. B. Kleinserien bei objektiv geringem Bedarf, wie für Spezialgeräte oder Sondermaschinen. Aber auch hier sollten die Möglichkeiten zur spezialisierten Fertigung standardisierbarer Baueinheiten und Teile genutzt werden. Gegenwärtig werden neben Eisen- und Stahlwerken mit immer größerer Produktionskapazität vor allem in Entwicklungsländern auch kleine Hüttenbetriebe und Stahlwerke mit einer Jahresleistung von 150 000–300 000 t gebaut. Ihre ökonomische Zweckmäßigkeit ist zwar noch umstritten, die speziellen Standortbedingungen (Rohstoffquellen, Absatzmärkte u. a.) bewirken jedoch diesen Trend.

In der erörterten Problematik ist also – das soll nochmals unterstrichen werden – Konzentration stets mit Spezialisierung (und dabei zunehmend auch der internationalen) verbunden. Mit anderen Worten: Es geht nicht schlechthin um die Vergrößerung der Betriebe, gemessen nach der Anzahl der Arbeitskräfte, dem Grundmittelwert und dem allgemeinen Produktionsumfang, sondern um die stärkere Konzentration der *spezialisierten* Produktion: und zwar sowohl von Fertigerzeugnissen als auch von Teilprodukten. Dabei stehen jene Teilprodukte und technologischen Prozesse im Mittelpunkt, die für eine effektive Fertigung des Gesamterzeugnisses ausschlaggebend sind.

Prinzipiell sind Großbetriebe, Kombinate, große Forschungs- und Entwicklungszentren mit erheblichem wissenschaftlich-technischen und ökonomischen Potential die integrationsfähigen Hauptpartner. Aber es bleiben verschiedene Betriebsgrößen bestehen, und es bilden sich mit internationaler Spezialisierung und Kooperation mehr spezialisierte Betriebstypen heraus. In Abhängigkeit von den Bedingungen der Zweige, der Art der Produktion und den angewandten Spezialisierungsrichtungen können auch mittlere und kleine Betriebe in der internationalen Arbeitsteilung eine wichtige Rolle spielen, wenn sie spezialisiert, modern ausgerüstet und sehr leistungsfähig sind. Durch ein gutes Zusammenwirken verschiedener Betriebsgrößen und -typen im Rahmen der Kooperation und bei Wiederverwendung international standardisierter Baueinheiten bzw. Teile müßte es auch in den Fällen möglich sein, die erforderliche Beweglichkeit in der Erneuerung von Erzeugnissen und die Marktelastizität zu sichern, wo diese infolge der Errichtung sehr großer spezialisierter Betriebe eingeschränkt werden könnte.

Deshalb besteht zwischen optimaler Betriebs- und optimaler Produktionsgröße nur dann volle Identität in inhaltlicher Hinsicht und in bezug auf die Methodik ihrer Bestimmung, wenn im Betrieb lediglich eine Produktion (die spezialisierte) erzeugt wird. In diesem Fall ist die folgende

Definition für den behandelten Sachverhalt weitgehend zutreffend. „Als optimale Betriebsgrößen sind solche anzusehen, welche eine Minimierung gesellschaftlicher Aufwendungen für die Herstellung der Produktion und die Bereitstellung derselben am Ort des Bedarfs im Maßstab des Zweiges oder eines gesamten Komplexes von Zweigen, eines territorialen Produktionskomplexes gewährleisten.“[5]

Optimale Produktionsgrößen sind für den weiteren ökonomischen und technischen Fortschritt der sozialistischen Länder außerordentlich wichtig. Zugleich ist aber auch verständlich, daß sie nicht kurzfristig in der ganzen Breite der Industrie erreicht werden können. Das hängt mit dem umfassenden Einsatz der modernsten Technik (der in der Regel mit großem Aufwand verbunden ist), mit der erforderlichen internationalen Markterweiterung, der schnellen Vertiefung und stabilen Gestaltung der internationalen Spezialisierung und Kooperation, der volkswirtschaftlichen Strukturanpassung, dem ökonomischen Entwicklungsstand der Länder u. a. Faktoren zusammen. Dies zeigt erneut, wie eng verbunden mit technisch-ökonomischen Faktoren der Reifegrad der sozialistischen Produktionsverhältnisse und die gesamtgesellschaftlichen Beziehungen zwischen den sozialistischen Ländern den Prozeß der internationalen Spezialisierung und Kooperation beeinflussen, wobei dieser seinerseits auf deren Entwicklung zurückwirkt.

Hier wird auch ein Zusammenhang deutlich zwischen dem oben diskutierten optimalen Konzentrations- und internationalen Spezialisierungsgrad der Volkswirtschaften und der optimalen Konzentration einzelner Produktionen. Erstere (die optimale Konzentration der Makrostruktur) schafft für letztere eine wesentliche Voraussetzung, vor allem in der Hinsicht, daß für die Konzentration der Produktion ausreichend Mittel bereitstehen. Andererseits wirkt diese Konzentration der einzelnen Produktionen und das damit erreichte Ergebnis auf die optimale Konzentration der gesamten Volkswirtschaft zurück. Es ist hervorzuheben, daß es sich dabei um verschiedene Optimalitätsbegriffe handelt, die verschiedene Ebenen betreffen und sich in unterschiedlichen Dimensionen bewegen. Die optimale Konzentration der gesamten Volkswirtschaft bzw. der Industriebetriebe ist nicht die einfache Addition optimaler Produktionsgrößen. Auf sie wirken weitere Faktoren ein, insbesondere die Sicherung eines stabilen hohen Wachstums und der Flexibilität der Volkswirtschaftsstruktur durch eine bestimmte Breite der Zweigstruktur und des Erzeugnissortiments.

Hochmoderne und große Produktionsstätten mit umfangreicher neuester Technik sind also durch Konzentration von Kräften und Mitteln innerhalb der Länder sowie durch vereinte Anstrengungen der RGW-Länder schwerpunktmäßig auf den entscheidenden Gebieten der Bedarfsdeckung, des

[5] Vgl. Autorenkollektiv, Metodičeskie voprosy predelenija optimal'nogo razmera promyšlennych predprijatij, Moskva 1969.

wissenschaftlich-technischen Fortschritts und der Intensivierung sowie zur Erringung fester Positionen auf den internationalen Märkten zu errichten. Das ist ein Grunderfordernis der Konzentration. Da jedoch, wie begründet, nicht nur optimale Produktionskapazitäten errichtet bzw. optimale Produktionsgrößen erreicht werden können, ist ebenso wichtig, alle weiteren Möglichkeiten der internationalen Spezialisierung und Kooperation auszuschöpfen, um mit relativ geringem Aufwand die Produktion und ihre Effektivität zu steigern. Das geschieht durch bessere Ausnutzung der vorhandenen Grundfonds, ihre teilweise Erneuerung und Modernisierung, wobei nach Möglichkeit rationellere technologische Verfahren sowie höhere Fertigungsarten und -prinzipien anzuwenden sind. Indem die internationale Spezialisierung und Kooperation von Fertigerzeugnissen, Baugruppen und Teilen, Materialien und Halbfabrikaten breit ausgedehnt wird, werden dazu wichtige Grundlagen geschaffen. Dieses Ziel muß bei der Organisierung der internationalen Spezialisierung und Kooperation strikt verfolgt werden. Auf diese Weise können überall dort, wo optimale Produktionsgrößen z. Z. nicht erreichbar sind, wirtschaftliche Größen der spezialisierten Produktion geschaffen werden.[6] So läßt sich durch enge Verbindung von sozialistischer Rationalisierung der Betriebe und internationaler Spezialisierung und Kooperation in breiter Front mit realisierbarem Aufwand ein großer Nutzen erzielen. Das ist ein wichtiger Weg der Intensivierung durch internationale Spezialisierung und Kooperation.

Bei dem Versuch einer Definition des im Zusammenhang mit der internationalen Spezialisierung und Kooperation verwendeten Begriffs „wirtschaftliche Produktionsgröße“ geht es gegenüber der üblichen Begriffshandhabung nicht nur um eine bessere Auslastung der Grundfonds bei gleichbleibenden Produktionsbedingungen. Auf Grund des sich stärker spezialisierenden Produktionsprogramms ändern sich diese gewöhnlich. Das hat Konsequenzen für die Methodik der Ermittlung dieser Größen.

Wirtschaftliche Produktionsgrößen werden im Unterschied zur umfassenden Anwendung der neuesten Technik und Technologie bei optimaler Produktion durch einen Produktionsmaßstab bestimmt, der im wesentlichen auf den vorhandenen Produktionsgrundfonds basiert, diese aber so effektiv wie möglich nutzt und in der Regel eine Reihe verbesserter Produktionsbedingungen durch technologische Maßnahmen, Teilmodernisierungen des Ausrüstungsparks und rationelle Organisation und Leitung ermöglicht. Das Ziel besteht in einer kostengünstigeren Produktion und meistens auch in besserer Bedarfsdeckung.

Fassen wir bis zu diesem Punkt die Darlegungen zusammen: Die ver-

[6] Natürlich sind optimale Produktionsgrößen erst recht wirtschaftlich. Die Begriffe werden als Arbeitsdefinitionen verstanden, um den zwischen ihnen bestehenden wesentlichen ökonomischen Unterschied zu fassen.

schiedenen Möglichkeiten zur Erhöhung des Konzentrationsniveaus der Produktion tendieren entweder in Richtung optimaler oder wirtschaftlicher (kostengünstigerer) Produktionsgrößen. Um entscheiden zu können, welches Ziel angesteuert werden kann und sollte, bedarf es der Analyse vieler *Einflußkomponenten* und Zusammenhänge. Das ist für die inhaltliche und weiter auszuarbeitende methodische Seite zur Lösung dieses Problems gleichermaßen wichtig.

Eine für Theorie und Praxis wichtige und interessante Frage besteht darin, ob es international annähernd einheitliche optimale Produktionsmaßstäbe gibt oder ob sich das Konzentrationsoptimum der einzelnen Produktionen infolge der Wirkung spezifischer Faktoren in den Ländern stets mehr oder weniger stark voneinander unterscheidet. Dieses Problem, das in allen seinen Aspekten tiefer untersucht werden müßte, ist für das Herangehen an die internationale Spezialisierung und Kooperation der RGW-Länder bedeutungsvoll. Damit ist die Existenz oder Nichtexistenz von Vergleichsmaßstäben verbunden.

Zur Klärung dieser Frage kann erstens die Verständigung über den Begriff „optimaler Produktionsmaßstab“ bzw. „optimale Produktionsgröße“ und zweitens die Erkenntnis beitragen, daß die Konzentration der Produktion und ebenso der Forschung und Entwicklung objektiven Erfordernissen unterliegt. Die sozialistischen Länder können sich nicht mit irgendeiner Steigerung der Produktion und ihrer Effektivität zufriedengeben. Vielmehr muß, wie dargelegt, auf den wichtigsten Gebieten der technisch-ökonomische Höchststand erreicht und bestimmt werden. Das sind in der Regel vor allem auch die international spezialisierten Produktionen. Dieses Erfordernis ist im Wirken der ökonomischen Gesetze des Sozialismus und im ökonomischen Wettstreit mit dem kapitalistischen System begründet. Drittens schließlich ist eine nähere Analyse der Einflußfaktoren der Produktionskonzentration notwendig.

Ergänzend zur angeführten Definition der optimalen Produktionsgröße wäre noch hinzuzufügen, daß natürlich auch die bestmögliche Auslastung vorhandener Grundfonds im allgemeinen mathematischen Sprachgebrauch ein Optimierungsvorgang ist. Im Interesse einer klaren strategischen Orientierung auf die Hauptrichtungen und -voraussetzungen des wissenschaftlich-technischen Fortschritts dürfte es aber richtig sein, den Begriff „optimale Produktionsgröße“ im genannten Sinne zu verwenden.

Auf die internationale Produktionskonzentration wirken auf der Grundlage der vorn angeführten generellen Faktoren speziell ein:

- Bedarf/Marktgröße – Absatzmöglichkeiten;
- Leistungsfähigkeit der neuen Technik und Technologie;
- Aufwand an vergegenständlichter und lebendiger Arbeit und seine Realisierungsmöglichkeiten in materieller, finanzieller und zeitlicher Hinsicht;

- Transport (im Zusammenhang mit Transportart und -bedingungen der Aufwand zum Hersteller sowie zu den Hauptverbrauchergebieten bzw. -ländern);
- notwendige Sortimentsbreite in den Zweigen;
- Beziehungen der Produktion zur inneren und äußeren Kooperation und Änderungsmöglichkeiten der Verflechtungsbeziehungen;
- Sicherheit der planmäßigen proportionalen Entwicklung und eines flexiblen Reaktionsvermögens der Volkswirtschaft bei höherer Konzentration (Garantie des Exports und Imports nach Umfang und Struktur);
- leitungsmäßige und organisatorische Beherrschbarkeit der Produktion (damit im Zusammenhang die Entwicklung der Organisationstechnik);
- soziale und strategische Faktoren.

Bei der konkreten Analyse ergeben sich daraus die jeweils relevanten Fragestellungen, z. B. hinsichtlich der möglichen Vertiefung und stabilen Gestaltung der internationalen Arbeitsteilung, der Investitionskraft und der Produktionskapazitäten, der territorialen Verfügbarkeit von Arbeitskräften (nach Anzahl und Qualifikationsniveau), der Bedingungen für Produktionsumstellungen, ihrer Auswirkung auf inneren Bedarf, Export und Import.

Weitere Untersuchungen müßten zu einer tieferen Kenntnis der Wirkung der Einflußfaktoren, ihrer wechselseitigen Bedingtheit und perspektivischen Veränderung führen. Dabei wäre die Frage zu beantworten, inwieweit ihre allgemeine Wichtung möglich und sinnvoll ist. Das gilt insbesondere auch für die internationale Spezialisierung und Kooperation, die faktisch mit allen Faktoren wechselseitig verbunden ist und in starkem Maße auf diese einwirkt. Die Forschung sollte auch die Bedingungen für das Erreichen optimaler Produktionsgrößen und die methodischen Grundlagen ihrer Bestimmung und Planung detailliert analysieren und ausarbeiten.[7]

Zahlreiche Faktoren werden durch die unterschiedlichen ökonomischen und historischen Bedingungen der Länder bestimmt oder mitgeprägt. Dabei ist aber hinsichtlich ihres Einflusses auf die Produktionskonzentration überhaupt und auf die definierten optimalen Produktionsgrößen im besonderen zu unterscheiden. Der wissenschaftlich-technische und ökonomische Entwicklungsstand der einzelnen RGW-Länder, ihre Größe, ihr ökonomisches Potential und die geographische Lage, die Größe der Binnenmärkte und Außenmärkte, der Grad der Eingliederung in die sozialistische internationale und weltweite Arbeitsteilung, das Niveau der Leitung und Planung sowie andere Faktoren üben einen zwar unterschiedlichen, ins-

[7] Bei Kormnov findet sich ein Beispiel für eine orientierende Bewertung der Effektivität von Spezialisierungsvarianten unter dem Aspekt optimaler Produktionsmaßstäbe. (Vgl. I. F. Kormnow, Spezialisierung und Kooperation ..., a. a. O., S. 158 ff.)

gesamt jedoch wesentlichen Einfluß auf das bestehende und sich entwickelnde Konzentrationsniveau der Produktion aus.

Auf die ausgewählten zu erreichenden optimalen Produktionsgrößen wirken genannte Faktoren speziell nur insofern ein, als sie das Verhältnis zwischen Aufwand und jenem Produktionsumfang mitbestimmen, der im internationalen Rahmen hohe oder höchste Effektivität der gesellschaftlichen Arbeit ermöglicht.

Vor allem national unterschiedliche Kosten und Aufwendungen sowie Transportbedingungen können zu einem unterschiedlichen Produktionsumfang führen, der aber den genannten Forderungen genügt. Während diese Wirkungen Unterschiede in den optimalen Produktionsgrößen hervorrufen, bewirkt die erforderliche Anwendung der neuen Technik und die dadurch mögliche Effektivitätssteigerung die Tendenz zur Annäherung der Größen. Allerdings kann es im gegebenen Moment auch verschiedenartige rationelle Verfahren und technische Lösungen geben, die den Produktionsumfang beeinflussen.

Es sind also unseres Erachtens zwei Aspekte zu unterstreichen: Es gibt, zumindest auf den meisten Gebieten, keine genau bestimmbaren und im Detail international einheitlichen optimalen Produktionsgrößen; es wirkt aber im jeweiligen Zeitraum stets eine Tendenz zu einer Annäherung der Größen, wobei das Toleranzfeld durch extreme Größen und Mindestgrößen der Produktion zur Anwendung moderner Technik und Organisation bestimmt wird. Beispielsweise vergrößert sich die Kapazität neuzeitlicher Aufbereitungsanlagen für Erdöl. Je nach den Bedingungen der Länder kann sie sich aber um einige Mill. t/Jahr voneinander unterscheiden.

Den wissenschaftlich-technischen Fortschritt als entscheidenden Intensivierungsfaktor beschleunigt durchzusetzen verlangt insbesondere die ununterbrochene Entwicklung einer immer leistungsfähigeren Technik und Technologie und eine Organisation der Produktion auf der Basis der nationalen und internationalen Spezialisierung und Kooperation, die die rationelle Anwendung dieser Technik ermöglicht. Davon wird der in der Integration erfolgende Verflechtungsprozeß der sozialistischen Volkswirtschaften wesentlich mitbestimmt. Infolge dieser technischen wie ökonomischen Entwicklung und der Funktionalbeziehungen zwischen Produktionskosten und Produktionsvolumen sowie zwischen Investitionsaufwand und Größe bzw. Leistung von Produktionsanlagen und Aggregaten bestehen für den Konzentrationsprozeß der Produktion objektive Anhaltspunkte.

So ist es beispielsweise durch die Olefinkooperation zwischen der DDR und der ČSSR möglich geworden, die Äthylenproduktion auf 300 000 t/Jahr zu steigern. Diese annähernd international optimale Größe bringt gegenüber der sonst nur möglichen Produktion von 150 000 t/Jahr eine Einsparung an spezifischen Investitionen und niedrigere Selbstkosten. Von ebensolchen Anhaltspunkten lassen sich die RGW-Länder bei vielen anderen Objekten der Chemie, der Energie, z. T. der Rohstoffaufbereitung (wie Asbest, Zellulose), der Metallurgie und des Maschinenbaus leiten. Zugleich zeigt sich, daß derartige objektive Kriterien der Konzentration noch nachdrücklicher der internationalen Spezialisierung und Kooperation zugrunde gelegt werden sollten. Sie bringen neue Erfordernisse der internationalen Standortverteilung, der Strukturentwicklung in den Volkswirtschaften und für die Bildung rationeller nationaler und internationaler Wirtschaftskomplexe hervor.

Der technisch bestimmende Ausgangsfaktor für optimale Produktionsgrößen ist auf der Grundlage des Bedarfes das Leistungsvermögen der Maschinen, Produktionsaggregate, Fließbänder oder Taktstraßen. Welche Produktionsgröße sich jedoch als tatsächlich optimal erweist und welche überhaupt verwirklicht werden kann, hängt von der Summe sämtlicher gesellschaftlicher, ökonomischer und technischer Einflußkomponenten und Realisierungsbedingungen ab. Die Erfahrungen besagen, daß wichtige Kettenglieder hierfür die Lösung des Aufwandsproblems einschließlich Arbeitskräfte und die mögliche Vertiefung der sozialistischen internationalen Arbeitsteilung sind. Es ist daher angebracht, aus der Gesamtheit der Einflußfaktoren die Realisierungsbedingungen optimaler Produktionsgrößen abzuheben und sie als den entscheidenden Aufgabenkomplex zu bezeichnen.

Den zwei zusammengefaßten Richtungen zur Erhöhung des Konzentrationsniveaus der Produktion entsprechen teilweise unterschiedliche methodische Vorgehensweisen. Wichtige *Schritte zur Ermittlung* international spezialisierter *optimaler Produktionsgrößen* sind etwa:

- Auswahl der Gebiete/Erzeugnisse, für die optimale Produktionsgrößen vordringlich sind;
- Erarbeitung einer genauen Kenntnis der Bedarfsentwicklung im RGW-Bereich und in anderen Ländern, wobei vor Investitionsbeginn die langfristige Absatzsicherheit durch Spezialisierungs- und Außenhandelsverträge weitgehend zu gewährleisten ist;
- Berechnung der Produktionskapazität der für den Einsatz vorgesehenen leistungsfähigsten Technik und produktivsten Verfahren, die bei Sicherung optimaler technisch-ökonomischer Parameter der Erzeugnisse höchste Arbeitsproduktivität und niedrigste Selbstkosten ermöglichen. Dabei sind die Hauptanlagen, je nach Charakter der Produktion u. a. Bedingungen, zwei- oder dreischichtig auszulasten;
- Berechnung der einmaligen und laufenden Gesamtaufwendungen (einschließlich veränderter Transport- und Lagerkosten und Kooperationsaufwand). Als Zielsetzung gilt minimaler Gesamtaufwand je Mengeneinheit, wobei nach Möglichkeit internationale Vergleiche auszuwerten sind. Es könnte die bekannte Reduktionsformel, erweitert um Z (als Aus-

druck sämtlicher Zirkulationskosten), angewandt werden. Sie hätte dann die Gestalt:

$$S + I_N + Z \rightarrow \text{Minimum!}$$

Hierbei sind:

S – Selbstkosten
I – Investitionen
N – Normativkoeffizient der Investitionen
Z – Zirkulationskosten

– Ableitung der materiellen, arbeitskräftemäßigen und finanziellen Anforderungen zur Schaffung optimaler Produktionskapazitäten, der Konsequenzen für die Entwicklung der sozialistischen internationalen Arbeitsteilung und der Wirtschaftsbeziehungen zu nichtsozialistischen Ländern, der Veränderungen innerer und äußerer Verflechtungsbeziehungen und Prüfung der Realisierbarkeit dieser Bedingungen.

Erst im Ergebnis der Gesamtanalyse und aller erforderlichen Abstimmungen zwischen den RGW-Ländern können endgültige Entscheidungen über die in Angriff zu nehmenden Vorhaben getroffen werden. International spezialisierte optimale Produktionsgrößen sind also infolge des Einflusses zahlreicher sozialökonomischer Faktoren keine einfachen mathematisch bestimmbaren Größen. Das darf jedoch andererseits nicht zu einer Unterbewertung der möglichen Effektivitätssteigerung vor allem durch den Einsatz und die rationelle Auslastung der modernsten Technik führen. Dies ist eine Hauptvoraussetzung für den technischen Fortschritt und die Intensivierung.

Diese Gesichtspunkte zeigen, daß Untersuchungen über optimale Produktionsgrößen Gegenstand langfristiger Prognosen, Konzeptionen und Pläne sein müssen und daß in diesen die anzusteuernden Ziele, etwaige Etappen und die Maßnahmen festzulegen sind.

Für die *Ermittlung wirtschaftlicher Produktionsgrößen* können mathematisch-statistische Verfahren, wie die Korrelations- und Regressionsrechnung begrenzt angewandt werden. Mit dieser Methode wird der funktionale Zusammenhang zwischen Kostenentwicklung und Leistungsmenge (Produktionsvolumen) konkret bestimmt. (Sinkende Kosten pro Einheit der Produktion vor allem auf Grund des degressiven Kostenverlaufs der konstanten Kosten). Ihre begrenzte Anwendbarkeit ergibt sich daraus, daß sie nur Aussagen über die rationellste Auslastung der vorhandenen Produktionsmittel bei gleichbleibender Technologie und Produktionsorganisation vermittelt. Unseres Erachtens kann dieser methodische Weg dann verwertbare Erkenntnisse bringen, wenn im betreffenden Betrieb ein eng begrenztes Produktionsprogramm erzeugt wird, die Maschinen und Anlagen aber nicht wirtschaftlich genutzt werden und dieses Ziel durch Erhöhung der gleichen Produktion erreicht werden kann. In diesem Fall sind die Daten über die Kostenentwicklung, die ja aus dem bereits abgelaufenen Zeitraum gewonnen werden, auf die beizubehaltende Produktion bezogen. Nur unter dieser Bedingung können folglich aus der darauf aufbauenden konkreten Ermittlung der funktionalen Abhängigkeit der Einheitskosten von der Produktionsmenge und der so bestimmten Zone der wirtschaftlichen Produktionsgröße Schlußfolgerungen gezogen werden, die auch für die Ausweitung der internationalen Spezialisierung von Interesse sein können.[8]

Mit der internationalen Spezialisierung und Kooperation ändert sich jedoch meistens das Produktionsprogramm, es wird stärker spezialisiert, und es können bestimmte Verbesserungen der Produktionsbedingungen herbeigeführt werden (Technologie, Produktionsorganisation, eventuell auch Teilmodernisierung des Maschinenparks). Damit enstehen zwei neue Komponenten mit neuen Möglichkeiten der Produktivitätssteigerung und Kostensenkung und einer veränderten Kostendynamik. Der konkrete Verlauf dieser Kostendynamik kann daher nicht aus abgelaufenen Produktionsperioden abgeleitet werden. Deshalb ist auch die so verstandene wirtschaftliche Größe einer spezialisierten Produktion direkt zu ermitteln. Wie das geschehen kann bedarf u. E., ebenso wie die Ermittlung optimaler Produktionsgrößen, noch weiterer Untersuchungen. Die Grundrichtung für die Ermittlung wirtschaftlicher Produktionsgrößen dürfte darin bestehen, ausgehend vom Bedarf und der möglichen Erhöhung des Produktionsumfangs festzustellen, wie die vorhandenen Produktionsgrundfonds im Zusammenhang mit verbesserten Produktionsbedingungen am effektivsten genutzt werden können, um kostengünstiger zu produzieren. Es wäre zu prüfen, inwieweit dazu mittels mathematisch-statistischer Verfahren gewonnene Näherungswerte Anhaltspunkte bieten können.

3.2. Einflußfaktoren, Kriterien und Anwendungsbedingungen internationaler Spezialisierungsrichtungen

Der Nutzen der internationalen Spezialisierung und Kooperation wird maßgeblich von den internationalen Spezialisierungsrichtungen beeinflußt, in denen sich die Konzentration entfaltet. Das ist untrennbar mit der richtigen internationalen Standortwahl und den angewandten Kooperationsformen verbunden. Es wurde begründet, daß sich die internationale Spezialisierung auch weiterhin nach Zweigen, insbesondere aber inner-

[8] Vgl. hierzu H.J. Görlich, Die Erhöhung der Konzentration in der Produktion durch sozialistische internationale Spezialisierung und Kooperation, dargestellt an untersuchten Beispielen des Textil- und des Verpackungsmaschinenbaus der DDR, Dissertationsschrift, TU Dresden 1975.

halb der Zweige vollziehen wird. Bei der innerzweiglichen internationalen Spezialisierung kommt es vor allem darauf an, die Gleichartigkeit bzw. konstruktiv-technologische Ähnlichkeit von Erzeugnissen und Erzeugnisbestandteilen sowie den Umfang gleicher technologischer Prozesse durch Zusammenfassung der betreffenden Erzeugnisse, Teile und Produktionsprozesse zu erhöhen. Auf dieser Grundlage können die moderne Technik, produktivste Verfahren und höhere Formen der Produktionsorganisation rationell angewandt werden. Damit ist weitgehend, wenn auch nicht immer parallel verlaufend, eine Konzentration in Forschung und Entwicklung verbunden.

Gestützt auf die engen Wechselbeziehungen zwischen der Entwicklung von Technik, Arbeitsteilung und Markt werden in der Literatur vor allem die internationale Spezialisierung von Baugruppen und Teilen sowie die technologische Spezialisierung als progressive Richtungen hervorgehoben. Insbesondere in der metallverarbeitenden Industrie, aber auch in der Metallurgie und teilweise in der Leichtindustrie und Chemie werden bestimmte Produktionsprozesse zur Herstellung von Fertigprodukten immer stärker international aufgegliedert. Eine relativ breite Entwicklung hat zwischen den RGW-Ländern die internationale Spezialisierung auf Aggregate und Baueinheiten bereits im Fahrzeugbau und Landmaschinenbau erfahren. Ungarn produziert keine eigenen PKW, stellt aber elektrische Zulieferereerzeugnisse für die PKW-Typen „Shiguli“ und „Wartburg“ her. Es fertigt Hinterachsen sowohl für die eigene Produktion von Autobussen als auch für den Export (vornehmlich nach der UdSSR) und will eine Größenordnung von 100 000 Stück/Jahr erreichen. Die DDR produziert den neuen Mähdrescher in Kooperation mit der ČSSR. Mit Ungarn besteht eine Kooperation u. a. bei selbstfahrenden Futtererntemaschinen. Sie liefert dafür Schneidwerke u. a. Adapter. Auch in anderen Zweigen gibt es Fortschritte. So besteht beispielsweise zwischen der DDR und der UVR eine Produktionskooperation zur Herstellung von Haushaltstrickmaschinen. Ungarn übernahm die Produktion der Baugruppe „Schlitten“, die nach Dokumentationen des Endherstellers in der DDR gefertigt wird. Infolge dieser Spezialisierung und der besseren Kapazitätsauslastung konnte die Produktion des Erzeugnisses um das fünffache erhöht werden. Die VRP baut nach sowjetischen Dokumentationen eine Massenproduktion elektromagnetischer Kupplungen für Werkzeugmaschinen auf (etwa 500 000 Stück pro Jahr). Das ist die größte Stückzahl in der Welt. Damit kann der Bedarf mehrerer RGW-Länder gedeckt werden. Uneffektive Kleinserienproduktion wird eingestellt.

Bedenkt man die mit einer Spezialisierung auf standardisierte Teile und auf technologische Prozesse erzielbaren Vorteile sowie die Wechselbeziehungen zwischen technischem Fortschritt und Arbeitsteilung, das rasch wachsende Erzeugnissortiment einerseits und die Gleichheit oder Ähnlichkeit vieler Baueinheiten und Teile andererseits, schließlich die Bedarfsentwicklung, dann erklärt sich die Dringlichkeit, die internationale Spezialisierung besonders auch in diesen Richtungen zu forcieren. In den entwickelten kapitalistischen Ländern hat die spezialisierte Produktion und der Export von Baugruppen und Teilen bereits einen relativ großen Umfang angenommen.

Baugruppen-Teilespezialisierung in kapitalistischen Ländern

Anteile von Baugruppen und Teilen am Export von Maschinen und Ausrüstungen in Prozent

USA	32
Gorßbritannien	25
BRD	21

Quelle: N. W. Faddejew, Der Rat für Gegenseitige Wirtschaftshilfe, Berlin 1975, S. 209.

Wenn man diese internationale Spezialisierungsrichtung hervorhebt, sollten damit jedoch nicht die anderen unterschätzt werden. Die Situation in den Zweigen – auch im Bereich des Maschinenbaus mit relativ großer Ähnlichkeit der Produktionscharakteristika – ist recht verschieden. So ist u. a. im Textil-, Werkzeug-, Elektromaschinenbau und bei der Produktion von Ausrüstungen für die Nahrungs- und Genußmittelherstellung die internationale Spezialisierung von Baueinheiten und Teilen z. Z. kaum oder zumindest weniger ausgeprägt als in anderen Zweigen. Das hat vielerlei Ursachen, vornehmlich objektive, teilweise auch subjektive, soweit die sozialistische internationale Arbeitsteilung unterschätzt wird und erforderliche Voraussetzungen nicht im möglichen Tempo geschaffen werden. Neben der beschleunigt voranzutreibenden internationalen Spezialisierung von Erzeugnisbestandteilen bleibt die Spezialisierung von Fertigerzeugnissen in ihren verschiedenen möglichen Richtungen (nach einzelnen Arten, Typen oder konstruktiv-technologisch ähnlichen Erzeugnissen) weiterhin auf der Tagesordnung und besitzt mitunter sogar gegenwärtig noch den Vorrang, weil hierfür oft noch wesentliche Reserven bestehen (unökonomische Parallelproduktionen) und weil stets neue Erzeugnisarten entstehen.

Im Maschinenbau und in der gesamten metallverarbeitenden Industrie hat darüber hinaus die internationale Spezialisierung von technologischen Linien, Fertigungsstraßen, Anlagen, Maschinengruppen und teilweise ganzen Erzeugnisgruppen ein großes Gewicht. Sie bietet die Möglichkeit und den Vorteil einer einheitlichen geschlossenen Entwicklung und Konstruktion. Zugleich kann den Anforderungen kontinuierlicher Produktionsprozesse sowie speziellen Kundenwünschen entsprochen werden. Damit werden der Export und seine Rentabilität gefördert. Solche Richtungen finden sich u. a. in Teilen des Schwermaschinenbaus, bei Ausrüstungen für die elektrotechnische Industrie, im Textilmaschinenbau, bei Verpackungs- und Getränkeabfüllinien und im Werkzeugmaschinenbau.

Wie überall, kommt es aber auch in der internationalen Spezialisierung und Kooperation auf eine hohe Gesamtökonomie, auf Nutzeffekte in allen Reproduktionsphasen an. Deshalb setzen sich die internationalen Spezialisierungsrichtungen selten in reiner, sondern immer mehr in kombinierter Form durch. So kann es beispielsweise im Interesse der Produktionskonzentration und auch für eine konzentrierte Durchführung bestimmter Forschungs- und Entwicklungsaufgaben günstig sein, wenn die in mehreren Anlagen oder technologischen Linien eingesetzten gleichen bzw. konstruktiv-technologisch ähnlichen Maschinen, Ausrüstungen oder Aggregate international zusammengefaßt und spezialisiert gefertigt werden. Das ist eine Möglichkeit der gleichzeitigen Anwendung verschiedener Spezialisierungseinrichtungen.

Die internationale Spezialisierung und Kooperation spielt auch eine ausschlaggebende Rolle bei der Entwicklung von Maschinen- und Gerätesystemen. Das stellt an die Organisation der internationalen Spezialisierung und Kooperation qualitativ höhere Anforderungen. Ihnen wird mit neuen Formen der gemeinsamen Arbeit, der Kooperation, entsprochen. Charakteristisches Beispiel hierfür ist das einheitliche System der elektronischen Rechentechnik (ESER). Hier wurde durch eine straffe Leitung des Rates der Chefkonstrukteure u. a. Gremien in dreieinhalb Jahren eine äußerst aufwendige und komplizierte Arbeit geleistet, um die Geräte einander anzupassen, ihre Typenvielfalt zu reduzieren und eine einheitliche Programmsprache zu schaffen. Wurden bis 1969 in den beteiligten RGW-Ländern 27 Typen von Datenverarbeitungsanlagen hergestellt, so sind es jetzt 6; statt vorher 600 peripherer Geräte gibt es nunmehr rund 80 zur Komplettierung der Zentraleinheiten.

Heute arbeiten in den RGW-Ländern über 20 000 Wissenschaftler, Ingenieure und Techniker sowie rund 300 000 Arbeiter nach gemeinsamen Plänen auf dem Gebiet der Rechentechnik.[9]

International abgestimmt, gemeinsam entwickelt und produziert werden auch Maschinen- und Ausrüstungssysteme für die Landwirtschaft, den Straßenbau usw.

Bei der Organisation der internationalen Spezialisierung und Kooperation sollte in Verbindung mit der abgestimmten Strukturentwicklung vornehmlich von solchen größeren Erzeugniseinheiten (technologischen Linien, Anlagen, Erzeugnisgruppen, Maschinen- und Gerätesystemen) und den zu entwickelnden progressiven vereinheitlichten Verfahren und Technologien ausgegangen werden. Aus der Sicht konstruktiv-technologisch

[9] Vgl. N. W. Faddejew, Der Rat für gegenseitige Wirtschaftshilfe, a. a. O., S. 212 f.

zusammenhängender Komplexe und deren internationaler Kooperation kann zugleich begründet entschieden werden, wie Forschung und Entwicklung sowie Produktion der einzelnen Erzeugnisse und ihrer Bestandteile (bei fortschreitender Vereinheitlichung und internationaler Standardisierung) am effektivsten auf arbeitsteiliger Grundlage organisiert werden können. Das ermöglicht, sowohl gleiche bzw. verwandte wissenschaftlich-technische Arbeiten als auch Produktionen zusammenzufassen und zu optimalen Größenordnungen in Forschung, Entwicklung und Produktion zu gelangen. Damit werden Konzentrationseffekte erschlossen, und es wird gleichzeitig Anwenderbedürfnissen sowie Anforderungen des Absatzes, der Montage und des Services Rechnung getragen.

Einflußgrößen internationaler Spezialisierungsrichtungen

Welche Richtungen im einzelnen Fall und in ihrer Kombination am zweckmäßigsten sind, bedarf der konkreten Analyse und der Sachkenntnis von Technikern und Ökonomen. Allgemeine Entscheidungsgrundlagen sind die Kenntnis der Ursachen und Vorteile der verschiedenen internationalen Spezialisierungsrichtungen, der Einflußgrößen und Bedingungen ihrer Anwendung. Neben einigen bereits genannten Faktoren (Bedarf, Charakter der Erzeugnisse, Niveau der sozialistischen internationalen Arbeitsteilung u. a.) wirken auf die internationalen Spezialisierungsrichtungen spezifische Einflußgrößen. Diese sind insbesondere:

- Technologie zur Herstellung der Erzeugnisse;
- technische und organisatorische Möglichkeit und Zweckmäßigkeit der Aufgliederung von Produktionsprozessen zur Herstellung von Finalerzeugnissen generell und über Ländergrenzen hinweg, daraus entstehende Bedingungen der Kooperation und Zirkulation von Teilprodukten einschließlich Transportbedingungen;
- Verkettungsgrad von Erzeugnissen, Niveau der internationalen Standardisierung und Typisierung sowie konstruktiv-technologische Ähnlichkeit der Erzeugnisse und ihrer Teile;
- Anforderungen und technologisch-ökonomische Entwicklungstendenzen der Anwender (hierbei vor allem der verstärkte Übergang zu kontinuierlichen Verfahren, technologischen Linien, Maschinen- und Gerätesystemen);
- Funktion von Teilprodukten im Erzeugnis sowie der einzelnen Maschinen oder Geräte in der Anlage, Linie, Fertigungsstraße oder im Maschinensystem (damit Grad des technischen Zusammenhanges und der Paßfähigkeit der Bestandteile);
- Rolle der Erzeugnisse für den technisch-ökonomischen Fortschritt, die Bedarfsdeckung, Strukturentwicklung und den Export der Volkswirtschaft;

- gegenwärtiger Stand der Länder in Entwicklung und Produktion auf den betreffenden Gebieten, vorhandene Kapazitäten, Erweiterungs- und Umstellungsmöglichkeiten, Außenhandelsbedingungen;
- Art der Kooperationsformen;
- auf die Spezialisierungsrichtungen bezogene konkrete Wirkung der Systeme der Leitung, Planung und ökonomischen Stimulierung in den Ländern und der in der zwischenstaatlichen Zusammenarbeit angewandten Formen und Methoden (die Spezialisierung/Kooperation von Baugruppen stellt beispielsweise bestimmte spezifische Anforderungen gegenüber der Spezialisierung von Finalprodukten).

Man kann diese Faktoren in

- Art und Funktion der Erzeugnisse
- technisch-ökonomische Bedingungen ihrer Entwicklung und Produktion
- technisch-ökonomische Anwendungsbedingungen
- Produktionsbedingungen und Interessen der Länder
- Niveau der sozialistischen ökonomischen Integration

zusammenfassen.

Etwa diese Faktoren bestimmen in ihrer Gesamtheit – im Zusammenhang mit dem erzielbaren Nutzen – die Wahl der internationalen Spezialisierungsrichtungen.

Die Erfahrung lehrt, wie wichtig es für die Vertiefung der internationalen Spezialisierung und Kooperation ist, stets die Wechselbeziehungen von Produktivkräften und Produktionsverhältnissen sowie die Einheit von technisch-ökonomischen Erfordernissen des Spezialisierungsgegenstandes und den Bedingungen/Interessen der Länder (Voraussetzungen der Länder und Einwirkung des Spezialisierungsvorhabens auf ihre Entwicklung) zu beachten. In den Ländern vorhandene Strukturen, Produktionskapazitäten usw. beeinflussen Konzentration und Spezialisierungsmöglichkeiten. Andererseits dürfen diese aber nicht passiv hingenommen, sondern müssen den technisch-ökonomischen Anforderungen des Spezialisierungsstandes, der wachsenden Konzentration und den effektiven Spezialisierungsrichtungen angepaßt werden. Diese Faktoren üben langfristig den entscheidenden Einfluß auf die Steigerung der gesellschaftlichen Arbeitsproduktivität aus.

Über die Anwendung der Spezialisierungsrichtungen entscheiden sowohl Notwendigkeit und potentiell möglicher Nutzeffekt (*und* ihr Erkennen!) als auch Realisierungsbedingungen, was am Beispiel der internationalen Spezialisierung von Baugruppen und Teilen dargestellt werden soll.

Spezialisierung von Baugruppen und Teilen

Die gesonderte Produktion von Baugruppen und Teilen ist ein objektives Erfordernis der Entwicklung der Massenproduktion und der Technik. Die erhöhten Stückzahlen gleicher oder ähnlicher Teile erlauben und stimulieren die Anwendung leistungsfähiger Technologien und Techniken. Von diesem Prozeß wird auch die internationale Spezialisierung erfaßt. Werden hierfür geeignete Erzeugnisteile ausgewählt, können bedeutende Konzentrationseffekte in Entwicklung oder Produktion bzw. in beiden Phasen erzielt werden. Erhöhung der Produktion und ihrer Effektivität, bessere Kapazitätsauslastung und Bedarfsdeckung, mitunter auch die beschleunigte Überleitung weiterentwickelter oder neuer Erzeugnisse in die Produktion und auf den Markt sind *Vorteile* dieser Spezialisierungsrichtung. Vielfach kann nur auf diesem Wege der Aufwand bewältigt werden, wie es z. B. die Automobilindustrie und andere Zweige beweisen. Vor allem industriell noch weniger entwickelte sozialistische Länder können so schneller moderne, komplizierte Erzeugnisse meistern bzw. an deren Herstellung teilnehmen, wodurch eine progressive Produktions- und Exportstrukturgestaltung und damit der Absatz auf äußeren Märkten gefördert wird. Für alle beteiligten sozialistischen Länder besteht schließlich ein Nutzen darin, daß auf Teilgebieten ihre Produktions- und Außenhandelsstrukturen einander besser angepaßt, unökonomische Parallelproduktionen überwunden und somit die internationale Arbeitsteilung vertieft werden kann, ohne vorhandene Strukturen grundlegend umgestalten zu müssen.[10] Aber das gilt, wie gesagt, nur begrenzt.

Zu den *Bedingungen* für die nutzbringende und funktionierende internationale Spezialisierung und Kooperation von Baueinheiten und -teilen gehört ein Komplex wissenschaftlicher, technischer, produktionsseitiger, kommerzieller und finanzieller Faktoren. Grundbedingung ist die Sicherung der technischen Funktionsfähigkeit, hoher Gebrauchswerteigenschaften, einer schnellen Lieferfähigkeit des Enderzeugnisses und der Ersatzteile sowie niedriger Kosten. Damit ist vorausgesetzt der hohe technisch-ökonomische Stand der spezialisiert gefertigten Teilprodukte, ihre volle Paßfähigkeit, die gesicherte reibungslose Zulieferung bei ökonomisch begründeter Lagerhaltung und ein im Verhältnis zum Gesamtaufwand und Gesamtpreis des Erzeugnisses stehender Preis, der den gegenseitigen Vorteil der Kooperationspartner gewährleistet. Das alles stellt hohe Anforderungen an die Leitung, Planung und ökonomische Stimulierung dieser Prozesse.

Diese Bedingungen und die allgemeinen Einflußfaktoren internationaler Spezialisierungsrichtungen lassen erkennen, warum die internationale Spezialisierung und Kooperation von Erzeugnisteilen in vielen Zweigen noch wenig entwickelt ist (noch ungenügende Vereinheitlichung der Stan-

[10] Vgl. hierzu u. a. J. Keil, G. Kraft, J. Streber, Über einige Entwicklungsrichtungen der sozialistischen internationalen Spezialisierung und Kooperation auf dem Gebiet der metallverarbeitenden Industrie, in: Wirtschaftswissenschaft 7/1972, S. 1006–1026.

dardisierung, differenzierte ökonomische Notwendigkeit dieser Spezialisierung in den Ländern u. a.). Von Einfluß können auch Variantenvorschläge sein, die nicht den tatsächlichen (oder vermeintlichen) Interessen der Partner entsprechen.

Die meisten Ursachen führen auf den Entwicklungsstand der Produktivkräfte und sozialistischen Produktionsverhältnisse, das sich noch herausbildende spezialisierungsfördernde System der Leitung und ökonomischen Stimulierung und auf ungenügende Erfahrungen zur planmäßigen Gestaltung dieser Prozesse zurück. Es scheint uns einer näheren Untersuchung wert zu sein, ob gefordert und erwartet werden kann, daß alle Realisierungsbedingungen relativ kurzfristig erfüllbar sind oder ob hierzu auch objektiv bedingt teilweise unterschiedliche Zeitfristen angesetzt werden müssen. Letzteres dürfte zutreffend sein.

So ist vor allem die Vereinheitlichung und internationale Standardisierung eine Aufgabe, die zwar durchaus beschleunigt werden kann – und der Beschluß über die Einführung von RGW-Standards ist dazu ein wichtiger Schritt – dennoch aber eindeutig Prozeßcharakter trägt. Nach Meinung von Fachleuten sind hierbei auch teilweise Stufen zu durchlaufen: erst Typisierung und Standardisierung der Erzeugnisarten, dann ihrer Bestandteile.

Das ist neben anderen ein Grund für die noch wenig entwickelte internationale Spezialisierung von Teilen und Baugruppen im Verarbeitungsmaschinenbau und auf weiteren Gebieten. Nichtzutreffend ist das jedoch z. B. für erzeugnistypische Baueinheiten, noch dazu, wenn sie auf Grundlage gelieferter Dokumentation gefertigt werden (Baugruppenkooperation zwischen der DDR und der VRP zur Herstellung von Butterverpackungsmaschinen oder mit der UVR zur Produktion von Haushaltstrickmaschinen).

Mitunter kommen nationale Besonderheiten der Produktherstellung, Verzehrgewohnheiten und Hygienebestimmungen hinzu, wie bei Ausrüstungen für Nahrungs- und Genußmittel. Aber auch diese sind in ihrer spezialisierungshemmenden Wirkung mit der Zeit überwindbar.

Hingegen dürften andere Voraussetzungen, wie Qualität, technisch-ökonomisches Niveau der Teile und volle Einhaltung von Lieferfristen schneller zu erfüllen sein. Hierzu sind eigene Anstrengungen, teilweise noch zielgerichtetere gegenseitige Hilfe und Kooperation zur vollen technologischen und organisatorischen Beherrschung der Entwicklung und Produktion (und damit zweckentsprechende Kooperationsformen) und eine ökonomisch begründete internationale Standortverteilung sowie Stimulierung nötig.

Vorhaben zur internationalen Spezialisierung und Kooperation von Baugruppen und Teilen erhalten zunächst einmal ihre Fundiertheit durch die *Auswahl geeigneter Teile,* die technisch überhaupt spezialisierbar und ökonomisch potentiell spezialisierungswürdig sind.

Kriterien dafür können, ausgehend von den auf Seite 108 angeführten Einflußgrößen, vor allem sein:

- die Möglichkeit und Zweckmäßigkeit der Aufgliederung der Produktion von Fertigerzeugnissen;
- die technische Funktion von Baueinheiten/Aggregaten im Enderzeugnis;
- die technische Kompliziertheit der Teilprodukte bzw. einzelner technologischer Prozesse;
- die Größe der Produktionskostensenkung;
- die Transportwürdigkeit.

In der Regel sind arbeitsintensive Teilprodukte für die internationale Spezialisierung geeignet, bei denen infolge des Bedarfs und der internationalen Konzentration und Standardisierung Stückzahlerhöhungen eintraten, die durch Anwendung neuer Technologien eine wesentliche Kostensenkung ermöglichen. Zusätzliche Transportaufwendungen und Lagerkosten dürfen die Kosteneinsparungen in der Produktion nicht aufwiegen. Komplizierte Baugruppen mit hohem Veredlungsgrad, für deren Fertigung große Erfahrungen, eine hohe Qualifikation und spezielle Ausrüstungen erforderlich sind, unterliegen rasch der Tendenz einer internationalen Konzentration und Spezialisierung (z. B. Getriebe, Motoren, elektronische Bauelemente). Entscheidend ist hierbei, daß durch die Qualität der speziellen Funktionseinheiten ein hoher Gebrauchswert des Gesamterzeugnisses gesichert ist. Auf die internationale Teilespezialisierung kann auch ein großer Gesamtaufwand zur Herstellung des Enderzeugnisses im bedarfsgerechten Umfang im Verhältnis zum ökonomischen Potential der Länder einwirken. Das ist – zusammen mit anderen Kriterien – beispielsweise eine Ursache für die immer umfassendere arbeitsteilige Produktion von Kraftfahrzeugen. Hinzu kommen die aus den Produktionsbedingungen der Länder resultierenden Faktoren (Kapazitätsengpässe einerseits und quantitative wie qualitative Produktionsmöglichkeiten andererseits), die im konkreten ausschlaggebend sein können, aber auf jeden Fall die Entscheidung und das tatsächliche Ergebnis mitbestimmen.

Nicht in allen Zweigen – auch nicht im Maschinenbau – sind allein vom Charakter der Erzeugnisse her günstige technisch-ökonomische Bedingungen der Spezialisierung auf verschiedene Bestandteile (d. h. eben der Aufgliederung der Produktion) gegeben. Vor allem dann nicht, wenn keine wesentlichen Stückzahlerhöhungen eintreten, die eine rationellere Produktion ermöglichen. Es können auch erhebliche Transport- und Kooperationsaufwendungen hinzukommen. Mitunter werden spezielle Anforderungen des Finalproduzenten an die Konstruktion und Qualität von Aggregaten und Baueinheiten nicht im erforderlichen Maße erfüllt. Solche objektiven Gegebenheiten (nur von diesen ist hier die Rede, nicht von vorrangig vorhandener Abneigung bei Betrieben gegen eine Spezialisierung und Kooperation überhaupt, die diesen Prozeß oft bereits innerhalb der Volkswirtschaften hemmt) setzen der nationalen und internationalen Spezialisierung natürlich oft nur relative Grenzen. Veränderte technische, organisatorische und ökonomische Bedingungen bringen neue Möglichkeiten zur weiteren Entfaltung der Arbeitsteilung mit sich.

Schon bei den technisch-ökonomischen Kriterien zeigt sich, wie eng der Zusammenhang zur internationalen Standortverteilung ist. Diese Beziehung betrifft aber nicht nur die Realisierbarkeit potentieller Nutzeffekte, sondern überhaupt die Verwirklichung entsprechender Vorhaben oder an sich gegebener Möglichkeiten. Die bei der internationalen Spezialisierung und Kooperation generell zu beachtende Einheit technisch-ökonomischer Erfordernisse und Interessen/Bedingungen der Länder weist bei der Spezialisierung von Baugruppen einige Besonderheiten auf. Vor allem hängt das damit zusammen, daß es der sozialistischen Entwicklung widerspräche, wenn einige Länder vorwiegend „Zulieferanten" von Baueinheiten würden.

Wie die gesamte sozialistische internationale Spezialisierung, so muß auch diese Richtung zur progressiven Strukturentwicklung und Angleichung des ökonomischen Entwicklungsniveaus der sozialistischen Länder beitragen. Das hängt von der Art der Baugruppen und Teile, dem gegebenen technisch-ökonomischen Stand der Volkswirtschaften und der Spezialisierung des Landes auf Fertigerzeugnisse, Anlagen, Erzeugnisgruppen und Zweige ab. Die internationale Spezialisierung und Kooperation von Baueinheiten ist also nicht losgelöst von den anderen Spezialisierungsrichtungen zu betreiben und nicht nur an Hand technisch-ökonomischer Aspekte zu entscheiden, sondern gerade auch unter dem Gesichtspunkt der internationalen Standortwahl richtig mit der Spezialisierung auf Finalerzeugnisse und einer ökonomisch vorteilhaften Zweigentwicklung zu verbinden. Davon wird ihre Vertiefung wesentlich beeinflußt.

Andererseits herrscht aber auch teilweise eine Unterbewertung der Spezialisierung auf Baueinheiten in der Annahme vor, daß damit die wissenschaftlich-technische und ökonomische Entwicklung der Volkswirtschaft nicht oder nur in geringem Maße gefördert würde. Hier wäre auf die vorn genannten Vorteile dieser internationalen Spezialisierung zu verweisen, die sich in der Praxis bereits bewiesen haben. Werden die angeführten Voraussetzungen berücksichtigt, können gerade auch dadurch Nutzenswirkungen erzielt werden, und zwar für alle Länder, unabhängig vom technisch-ökonomischen Niveau. Viele Aggregate, Baugruppen und Teile (wie Zahnräder, Getriebe, Motoren, Hydraulik, Bremsanlagen, elektronische Bauelemente) sind kompliziert und hochwertig und erfüllen im Enderzeugnis entscheidende Funktionen. Werden diese Baueinheiten von vornherein oder mit der Zeit im Standortland weiter- bzw. neuentwickelt, wird der wissenschaftlich-technische Fortschritt erheblich stimuliert. So können bei qualitäts- und bedarfsgerechter Produktion und Lieferung große Nutzeffekte und stabile Märkte errungen werden.[11] Es fragt sich, wer hier mehr von wem „abhängig" ist: der Lieferant solcher Baueinheiten oder der Produzent des Finalerzeugnisses. Die Praxis der internationalen Arbeitsteilung und des Welthandels kennt nicht wenige Beispiele einer dominierenden Stellung der Produzenten ähnlicher Teilprodukte.

Allerdings kann in manchen Fällen eine Baugruppenspezialisierung zu einer geringeren Exportelastizität führen als die Spezialisierung auf Finalprodukte. Deswegen wäre außer den angeführten Bedingungen bei der Auswahl geeigneter Baugruppen auch auf diesen Umstand zu achten, soweit er tatsächlich zutrifft. Dieses Argument scheint uns nämlich dann nicht gerechtfertigt, wenn für den Export dieser Baugruppen die entsprechenden Finalerzeugnisse *oder* andere benötigte Produkte mit Sicherheit und effektiv importiert werden können. Außerdem kann bei nicht wenigen Baugruppen/Aggregaten sogar eine höhere Exportelastizität erreicht werden, wenn sie neben guter Qualität einen hohen Standardisierungsgrad aufweisen, wenn Baukastensysteme bestehen, die ihre breite Wiederverwendung gestatten bzw. und wenn schnell auf spezielle Wünsche des Finalproduzenten reagiert wird. Neben dem Charakter der Baugruppen und Teile ist daher die Gesamtheit der konkreten Bedingungen von Einfluß darauf, ob sich eine solche Spezialisierung und Kooperation bewährt. Sie wird sich dann als günstig erweisen, wenn sie – unter der Voraussetzung, daß die festgelegten Parameter und Verpflichtungen von allen Partnern erfüllt werden – in jedem beteiligten Land zu stabilem effektivem Produktions- und Außenhandelswachstum beiträgt. Die sozialistischen Produktionsverhältnisse ermöglichen und erfordern, daß die mit der internationalen Arbeitsteilung zwangsläufig entstehenden Abhängigkeiten und Wechselbeziehungen zwischen den beteiligten Volkswirtschaften nicht zu Instabilität und Unsicherheit führen und nicht zum Nachteil eines Landes gereichen. Im Gegenteil, die Varianten der sozialistischen internationalen Arbeitsteilung, die Spezialisierungsrichtungen und Kooperationsformen müssen das wirtschaftliche Wachstum, die Exportentwicklung, die Effektivitätssteigerung und Bedürfnisbefriedigung bei allen Partnern fördern.

Konzentration ist zunehmend erforderlich: entweder bei Finalerzeugnissen und deren Bestandteilen oder nur bei bestimmten Baugruppen, Halbfabrikaten, Einzelteilen. Technisch-ökonomische Bedingungen, strukturelle Entwicklungserfordernisse und volkswirtschaftliche Interessen der Länder können im Einklang miteinander, aber auch in gewissem Widerspruch zueinander, dafür sprechen, die Produktion gleicher/ähnlicher Erzeugnisse in mehreren Ländern beizubehalten bzw. sogar auszudehnen. Das trifft kurzfristig oder langfristig auf verschiedene Produktionsinstrumente, che-

[11] Ein Beispiel hierfür ist die Spezialisierung der UVR auf bestimmte elektrotechnische Ausrüstungen für Kraftfahrzeuge.

mische Produkte und technische Konsumgüter zu. Hier können Konzentrationseffekte durch die international spezialisierte Fertigung geeigneter und zu standardisierender Baueinheiten, Aggregate, Teile und Zwischenprodukte erzielt werden. Neben den erwähnten Beispielen ist das im breiten Umfang u. a. für den Werkzeugmaschinenbau und den gesamten Verarbeitungsmaschinenbau, zum Teil für den Anlagenbau, für bestimmte elektrische Haushaltgeräte und chemische Produkte eine günstige Variante, um die Produktion zu steigern, zu intensivieren *und* die Interessen der Länder übereinzustimmen. Dabei wird es oft zweckmäßig sein, zugleich gemeinsam produktivere Technologien zu entwickeln bzw. die fortgeschrittensten zu übernehmen und teilweise auch Fertigungsmittel und Ausrüstungen für die Produktion der Erzeugnisse in internationaler Spezialisierung und Kooperation herzustellen.

Die richtige Kombination verschiedener internationaler Spezialisierungsrichtungen in Verbindung mit geeigneten Kooperationsformen gestattet, sowohl die Konzentration in Forschung, Entwicklung und Produktion voranzutreiben als auch anderen Entwicklungserfordernissen der sozialistischen Länder Rechnung zu tragen: Aufbau und Vervollkommnung einer vielseitigen Wirtschaftsstruktur, Stärkung des Exportpotentials, Sicherung einer ausreichenden Produktions- und Marktelastizität u. a.

Bedingungen für andere Spezialisierungsrichtungen

Auch bei der Durchsetzung der anderen Spezialisierungsrichtungen zeigt sich der wechselseitig bedingte Einfluß mehrerer Faktoren und die Tatsache, daß vor allem entsprechende Realisierungsbedingungen geschaffen werden müssen. Bei nicht wenigen Erzeugnisgruppen ließen sich durch eine entschiedene internationale Spezialisierung auf Fertigprodukte – verbunden mit der Kooperation von Teilen – weitere große Produktionseffekte erschließen. Aber hier hemmen teilweise traditionelle Produktionen, das Erhalten von Absatzmärkten u. a. Faktoren diesen Prozeß. Das sind oft Wirkungen von großer Intensität. Um sie einzuschränken, bedarf es neben der Kooperation in der Produktion auch der Zusammenarbeit und Kooperation in der Zirkulation. Koordiniertes Auftreten auf dritten Märkten, Vereinbarungen über Exporte, gemeinsame Benutzung von äußeren Absatz- und Bezugsorganisationen und schließlich gemeinsame Marktarbeit und gemeinsame Einrichtungen in der Zirkulationssphäre gehören zur sozialistischen ökonomischen Integration. Von der sukzessiven Lösung dieser Aufgaben wird die Spezialisierung und Kooperation in Forschung, Entwicklung und Produktion ab einem bestimmten Punkt maßgeblich stimuliert.

Das trifft vor allem auch auf die arbeitsteilige Entwicklung und Produktion von kompletten Anlagen und technologischen Linien zu. Trotz der vorn genannten möglichen Nutzeffekte bei spezialisierter Entwicklung und Produktion von Wiederholmaschinen, konstruktiv-technologisch ähnlichen Aggregaten und Ausrüstungsteilen ist eine solche internationale Spezialisierung und Kooperation in vielen Zweigen noch wenig oder gar nicht ausgebaut. Neben einer Reihe von Voraussetzungen, wie sie bereits bei der Teilespezialisierung dargelegt wurden, kommen hier spezifische Momente hinzu. Es entsteht zusätzlicher Aufwand zur Leistungsabstimmung zwischen den Anlagenteilen. Der Kunde stellt besonders an Anlagen und technologische Linien oft spezielle Wünsche, die durch arbeitsteilige Entwicklung und Produktion nicht nur nicht gefährdet werden dürfen, sondern vielmehr besser erfüllt werden müssen. Der Export von kompletten Anlagen hat steigende Tendenz und kann große Exporterlöse zeitigen. Wie aber sollte verrechnet werden, ist die Beteiligung des Kooperationspartners am Erlös konvertierbarer Währung begründet? Offensichtlich ist das insbesondere bei Zulieferungen gerechtfertigt, die einen erheblichen Wertanteil ausmachen und wo die Anlagen vornehmlich in entsprechende Währungsgebiete exportiert werden. Ferner sind Regelungen über Zahlungsbedingungen (Beteiligung des Kooperationspartners an der eventuell notwendigen Kreditausreichung), über die Gewährleistung des Kundendienstes, der Ersatzteilversorgung, auftretende Schadenersatzansprüche u. a. erforderlich. Und selbstverständlich sind die Paßfähigkeit/Verkettbarkeit aller Anlagenteile, das technisch-ökonomische Niveau, die pünktliche Lieferung sowie eine preislich gegenseitig vorteilhafte Vereinbarung entscheidend. Auch dürfen die Liefermöglichkeiten nicht durch Lizenzbedingungen eingeschränkt sein, so daß abgestimmte bzw. gemeinsame Lizenzpolitik Voraussetzung für gemeinsame Anlagenexporte sind.[12]

Als Schlußfolgerung ergibt sich, daß die internationalen Spezialisierungsrichtungen unter Berücksichtigung der konkreten Bedingungen festzulegen sind, daß die hierbei bestehenden Beziehungen zum wissenschaftlich-technischen Fortschritt, zu den Interessen der einzelnen sozialistischen Länder und ihrer Strukturentwicklung beachtet werden müssen und es darauf ankommt, nicht nur in einzelnen Stufen und Reproduktionsphasen Nutzeffekte zu erzielen, sondern eine hohe Gesamtökonomie zu erreichen.

Neben den technisch-ökonomischen Gegebenheiten entscheiden die Bedingungen der Länder und eine allseitig begründete internationale Standortverteilung maßgeblich über die Durchsetzung der zweckmäßigsten internationalen Spezialisierungsrichtungen.

Als *allgemeine Erfordernisse* bei der Festlegung der Spezialisierungsrichtungen können daher zusammenfassend hervorgehoben werden:

[12] In einer Untersuchung über den Teilmaschinenbau wurde festgestellt, daß viele dieser Voraussetzungen noch nicht gegeben sind. Deshalb ist die internationale Spezialisierung von Einzelmaschinen aus kompletten Anlagen nur wenig entwickelt. Vgl. H.-J. Görlich, Die Erhöhung der Konzentration ..., a. a. O., S. 110.

- Erzielung einer bedeutenden Effektivitätssteigerung im Fertigungsprozeß bei Sicherung einer hohen Qualität der Erzeugnisse;
- Erhöhung des Niveaus und Tempos der wissenschaftlich-technischen Arbeiten, Erzielung zweckmäßigster technisch-technologischer Lösungen der Verfahrens- und Erzeugnisentwicklung bei möglichst niedrigem Aufwand, Sicherung der Einheit von Forschung/Entwicklung und Produktion;
- Befriedigung der Anwenderbedürfnisse;
- Interessenübereinstimmung der beteiligten Länder, Förderung einer progressiven volkswirtschaftlichen Strukturentwicklung;
- Gewährleistung einer ökonomischen, reibungslosen Zirkulation und Kooperation der Erzeugnisse und ihrer Bestandteile sowie einer kurzfristigen Lieferfähigkeit.

Diese grundlegenden Erfordernisse (Kriterien) sind für die einzelnen Spezialisierungsrichtungen ergänzungs- und konkretisierungsbedürftig, so wie es für die Spezialisierung von Baugruppen und Teilen versucht wurde.

3.3. Standortverteilung – internationale Vergleiche

Mit der Zunahme der internationalen Spezialisierung und Kooperation wird auch die internationale Standortverteilung ein immer wichtigerer Bestandteil der Strukturentwicklung und damit einer zielstrebigen Strukturpolitik in den sozialistischen Volkswirtschaften. Heute stehen auf höherer Entwicklungsstufe als vor 15 oder 20 Jahren viele komplizierte Fragen der internationalen Standortverteilung. In ihrem Kern bewegen sie sich vor allem um das Problem, wie die Standortwahl besser den gewachsenen Anforderungen an eine bedarfsgerechte, kostengünstige und auf hohem technisch-ökonomischen Niveau stehende spezialisierte Produktion gerecht werden kann, d. h. wie sie stärker nach ökonomischen Kriterien im Interesse der Intensivierung und des Wachstums der sozialistischen Volkswirtschaften erfolgen kann.

Dafür bestehen infolge des gestiegenen technisch-ökonomischen Niveaus der sozialistischen Länder und der sozialistischen ökonomischen Integration mehr Voraussetzungen. Kohlmey spricht davon, daß allmählich Forschungs- und Produktionsstandorte nach *internationalen* Standort- und Effektivitätskriterien ausgewählt werden und verbindet das mit der zunehmenden internationalen Mobilität von Produktivkräften.[13] Dabei ist aber weiterhin

[13] G. Kohlmey, Wahl von Produktionsstandorten und internationale Mobilität von Produktivkräften in der Wirtschaftsintegration der RGW-Länder, in: Wirtschaftswissenschaft 9/1973, S. 1301 ff. Es wäre allerdings zu konkretisieren oder einzuschränken, daß rationelle internationale Standortverteilung wohl zunehmend, aber bei weitem nicht in allen Fällen an eine internationale Bewegung

gleichzeitig der Angleichungsprozeß des ökonomischen Niveaus und die ökonomische wie gesellschaftliche Entwicklung aller sozialistischen Länder intensiv zu fördern. Die Verbindung beider Erfordernisse ist für die *sozialistische* Standortverteilung im Unterschied zur *kapitalistischen* typisch. Das heißt jedoch nicht, daß sie einfach zu bewältigen wäre. Es sind hierbei auftretende nichtantagonistische Widersprüche zu lösen, die in den noch vorhandenen Unterschieden im ökonomischen Entwicklungsniveau und in der Interessenlage der Länder begründet sind. Probleme der internationalen Standortverteilung und Spezialisierung betreffen u. a. die Kompliziertheit von Produktionen, ihre wissenschaftlich-technische und produktionsmäßige Beherrschbarkeit in den Ländern, die Bedeutung von Zweigen/Erzeugnissen für den Fortschritt der Volkswirtschaften, die mit Einstellungen, Umstellungen und der Neuaufnahme von Produktionen verbundenen Fragen. Bei all dem sollten keine einseitigen, extremen Auffassungen und Tendenzen vorherrschen. Hier werden auch die sozial-ökonomischen Beziehungen (Auswirkungen und Voraussetzungen) der internationalen Standortwahl spezialisierter Produktionen sichtbar: in bezug auf die ökonomische Entwicklung der Länder, die Vorbereitung und Umsetzung von Arbeitskräften, die Besiedelung von Gebieten, den Wohnungswechsel usf.

Eine allgemeine Bedingung ihrer Lösung ist, daß sich die Länder bei der internationalen Spezialisierung und Standortverteilung nicht primär von kurzsichtigen Erwägungen leiten lassen, sondern von ihren langfristigen Interessen in Übereinstimmung mit den gemeinsamen Interessen und Bedingungen der sozialistischen Staatengemeinschaft. Kurz- und langfristige Effektivitätsentwicklung und -betrachtung und sozial-ökonomische Aspekte sind im richtigen Verhältnis zu halten. Es liegt im gemeinsamen Interesse – und das sind aktuelle Erfordernisse –, wenn die RGW-Länder das wesentlich gewachsene Leistungsvermögen der ehemals industriell weniger entwickelten sozialistischen Länder und zugleich die noch vorhandenen Unterschiede im wissenschaftlich-technischen und industriellen Entwicklungsniveau berücksichtigen; wenn alle Länder an die Struktur- und Standortentscheidungen real herangehen und ihre Potenzen nüchtern bewerten. Ein mangelndes Vertrauen in die technischen und ökonomischen Fähigkeiten der Partner und die Überhebung der eigenen ist ebenso schädlich wie die ungenügende Ausschöpfung der vorhandenen Ressourcen.

In industriell noch weniger entwickelten sozialistischen Ländern werden immer kompliziertere Produktionen angesiedelt. Länder mit größeren Erfahrungen sollten ihre Potenzen teilweise noch konsequenter nutzen, um komplizierteste Technologien und Erzeugnisse zu entwickeln und zu ferti-

von Arbeitskräften oder Fonds gebunden ist. Das trifft vor allem auf die von Kohlmey formulierte 2. Hauptform der wirtschaftlichen Zusammenarbeit (der Spezialisierung und Kooperation) zu, in welcher diese Bewegung vor sich geht (ebenda, S. 1306).

gen, den gegenseitigen Bedarf besser zu decken und den Export in Drittländer zu steigern. Und das alles zunehmend in internationaler Kooperation.

In der Strukturgestaltung und internationalen Standortverteilung besteht ein interessantes theoretisches und aktuelles praktisches Problem in der „Schlüsselfunktion“ von Zweigen und Produktionen für den technischen und ökonomischen Fortschritt der sozialistischen Volkswirtschaften, das näherer Untersuchung wert ist.

Zweifellos spielen bestimmte Produktionen, Erzeugnisgruppen und Zweige für die Entwicklung von Wirtschaftskomplexen und der gesamten Volkswirtschaft eine führende Rolle. Das ist in deren Funktion beim wissenschaftlich-technischen Fortschritt begründet. Aber nicht nur! Auch die konkreten und sich voneinander unterscheidenden ökonomischen und sonstigen Bedingungen der Länder (ökonomisches Niveau, natürliche Verhältnisse, Größe usf.) sind von Einfluß und nicht selten sogar von entscheidendem. Es kommt nicht nur auf die allgemeine technische „Schrittmacherfunktion“ bestimmter Produktionen, sondern insbesondere auch auf deren Wachstumsfunktion an – auf ihre Rolle für das planmäßige schnelle ökonomische Wachstum der Volkswirtschaft und die stete Verbesserung des materiellen und kulturellen Lebensniveaus des Volkes.

Ein weiterer damit zusammenhängender Gesichtspunkt ist, daß eine solche Bedeutung offensichtlich nicht nur wenige Zweige und Produktionen besitzen. Und je mehr das auf einzelne Erzeugnisse (Geräte, bestimmte Werkzeugmaschinen, Fahrzeuge, Textilmaschinen usw.) bezogen wird, desto fragwürdiger wird ein derartiger Standpunkt. Die Folge dieser mitunter vorherrschenden Praxis besteht darin, daß auch aus diesem Grunde unökonomische Parallelproduktionen aufgebaut werden, während andere für den technischen und ökonomischen Fortschritt genauso wichtige Erzeugnisse nicht entwickelt bzw. völlig unzureichend produziert werden. Somit liegt eine bestimmte Einseitigkeit bei der Standortwahl und Strukturgestaltung vor. Das erschwert die Interessenübereinstimmung, schadet letzten Endes dem betreffenden Land und der ganzen sozialistischen Gemeinschaft.

Bei einer objektiv begründeten Bestimmung von „Schlüsselfunktionen“ wäre daher jede Enge in der Auswahl von Zweigen und Produktionen zu vermeiden. Sowohl die technischen als auch die ökonomischen Beziehungen und Wirkungen sind zu untersuchen.

Es sollte von dem vielfältigen, sich ständig erweiternden Erzeugnissortiment ausgegangen und geprüft werden, durch welche eigene bzw. arbeitsteilige Entwicklung und Produktion der technische und ökonomische Fortschritt der Volkswirtschaft am besten gefördert und ihre Exportkraft gestärkt werden kann. Neben Finalerzeugnissen können – wie schon vermerkt – auch Teilprodukte und Teilausrüstungen kompletter Anlagen eine solche Wirkung ausüben. So wird wiederum der Zusammenhang zwischen internationalen Spezialisierungsrichtungen, Standortwahl und Kooperationsformen sichtbar.

Für eine effektive internationale Standortwahl und die technische wie produktionsmäßige Beherrschung spezialisierter Produktionen gewinnt neben eigenen Anstrengungen die Zusammenarbeit wachsendes Gewicht. Hierin ist zunehmende internationale Mobilität von Produktivkräften als ein Aspekt eingeschlossen. Bei noch zielgerichteterem Einsatz der gegenseitigen Hilfe und gemeinsamen Maßnahmen in der Kaderausbildung, der F/E, Produktion und Zirkulation werden die Effektivität der Produktion, das hohe technische Niveau der Erzeugnisse, die Sicherheit des Bezuges und die Erfüllung aller anderen Maßstäbe einer spezialisierten/kooperierten Produktion gefördert. Dabei ist eine begründete und verbindliche Strukturabstimmung vorausgesetzt. Das liegt im ökonomischen Interesse aller sozialistischen Länder, werden doch dadurch neue Möglichkeiten für vertiefte und effektive arbeitsteilige Beziehungen erschlossen und die gesamte Gemeinschaft gestärkt. Neben der Lizenznahme kann dabei auf verschiedenen Gebieten ein Stufenplan in der Übernahme einer Produktion durch ein anderes Land in Verbindung mit einem Programm der organisatorischen und technologischen Hilfeleistung nützlich sein. Das hängt vom Gegenstand und den Bedingungen im betreffenden Land ab. Auf jeden Fall müssen die nationalen Interessen aller Seiten berücksichtigt und eine abgestimmte Lizenzpolitik betrieben werden. Das wird auch mit davon beeinflußt, daß Spezialisierungsvorschläge die Leistungsfähigkeit der Partner nicht unterschätzen dürfen und daß die in solchen Stufenplänen zu planenden Etappen für die volle Produktionsaufnahme des Erzeugnisses deren wachsender Leistungskraft entsprechen müssen.

Gleichzeitig sollte beim Herangehen an die internationale Standortverteilung gebührend berücksichtigt werden, daß mit der sich vertiefenden internationalen Spezialisierung und Kooperation, mit gemeinsamer F/E und Produktion die gegenseitige Abhängigkeit der sozialistischen Staaten wächst und sich die sozialistischen Produktionsverhältnisse international entfalten. Damit gleichen sich bestimmte spezifische Interessen an; die gemeinsamen Interessen und die Triebkräfte zur Entwicklung der sozialistischen ökonomischen Integration werden gestärkt.

Es entspricht den richtig verstandenen gemeinsamen Interessen, wenn alle sozialistischen Länder die Erfordernisse einer effektiven, qualitativ guten und preislich günstigen spezialisierten Produktion erfüllen. Zusammengefaßte Grundlagen dafür sind:

- die internationale Spezialisierung und Standortverteilung zu einem tragenden Element der Strukturpolitik zu machen, die mehr und mehr miteinander abgestimmt wird;

- die weitere Strukturentwicklung der RGW-Länder und die internationale Standortverteilung der Produktivkräfte bei wachsender Anpassung der Volkswirtschaftsstrukturen ökonomisch fundiert vorzunehmen, günstige Bedingungen maximal zu nutzen und das vorhandene Potential (in Quantität und Qualität) strikt zu berücksichtigen;
- Konzentration der nationalen Kräfte auf die ausgewählten Zweige/ Produktionen, Zusammenschluß der Forschungs- und Produktionspotentiale der Länder, erweiterter internationaler Einsatz von Akkumulationsmitteln und Arbeitskräften u. a. Formen wirksamer Hilfeleistung zur Beherrschung der spezialisierten Produktion.

Hier zeigen sich erneut die Wechselbeziehungen zwischen der vorn behandelten effektiven volkswirtschaftlichen Strukturgestaltung, der Konzentration und internationaler Standortverteilung spezialisierter Produktionen, die innerhalb der Länder und gemeinsam immer vollkommener geplant werden müssen.

Was ist unter verstärkter internationaler Standortverteilung nach ökonomischen Kriterien zu verstehen und welche Kriterien sind dafür maßgebend? Es ist die Auswahl eines für alle Partner günstigen (oder des günstigsten) internationalen Produktionsstandortes, wobei die gesamtgesellschaftlichen und – je nach Zweigen – strategischen Erfordernisse zu berücksichtigen sind.

Wichtige *ökonomische Kriterien* der *internationalen Standortwahl* spezialisierter Produktionen sind:

- Aufwand/Kosten für Forschung und Entwicklung, Produktion, Transport und Zirkulation;
- technisch-ökonomisches Niveau und Qualität der Erzeugnisse;
- Bedarfsdeckung;
- Lieferbedingungen und Kundendienst;
- Außenhandelspreise.

Das sind natürlich allgemeine Kriterien der internationalen Spezialisierung und Kooperation. Hier geht es um die spezifischen Bedingungen dieser ausgewählten Kriterien zum internationalen Standort: und zwar einerseits um die sich daraus an den Standort ergebenden Anforderungen und andererseits um ihre Beeinflussungsmöglichkeiten durch begründete Standortwahl.

Anzustreben sind eine rationellere Standortverteilung insbesondere bei rohstoff-, material- und energieintensiven Produktionen, ein hohes Niveau der Erzeugnisse bei niedrigem Produktions- und Zirkulationsaufwand, eine volle Bedarfsdeckung in vereinbartem Umfang, kurze Lieferfristen neuer Erzeugnisse, weltmarktfähiger Kundendienst einschließlich schneller und reibungsloser Ersatzteilversorgung und ein aus all dem resultierender eindeutiger Nutzen für den Produzenten und Anwender, für den Exporteur und Importeur.

Dabei können – je nach Sachlage – einzelne Faktoren (wie Bedarfsdeckung oder Qualität der Erzeugnisse) den Ausschlag geben.

Hinsichtlich der unmitetlbaren Beziehungen einzelner Kriterien zu den gegenseitigen Interessen der Partner ist eine gewisse Differenzierung möglich. Diese schwächt sich jedoch immer mehr ab. Die Partner des spezialisierten Landes sind unmittelbar interessiert am Niveau der Erzeugnisse und allen anderen Parametern, aber nur mittelbar am Aufwand. Das ist vorrangig Angelegenheit des spezialisierten Landes, während die Abnehmer in erster Linie der Außenhandelspreis bewegt. Mit der sich vertiefenden ISK und der Entwicklung der sozialistischen ökonomischen Integration werden aber die Beziehungen zwischen Aufwand und Preis im Sinne ihres unmittelbaren Aufeinanderwirkens und der gegenseitigen Interessiertheit an diesem Verhältnis immer enger. Daraus ist an dieser Stelle zumindest *die* Schlußfolgerung abzuleiten, daß zunehmend an *alle* Parameter – auch an den Aufwand – im *gegenseitigen* Interesse hohe Maßstäbe anzulegen sind. Sonst entstehen Wirkungen, die die weitere Vertiefung des ISK ernsthaft hemmen.

Damit erhöht sich vor allem die Verantwortung des sich spezialisierenden Landes/Betriebes für die Erfüllung der Maßstäbe der spezialisierten/kooperierten Produktion. Zugleich nimmt auf Grund der wachsenden gegenseitigen ökonomischen Abhängigkeit und als Äußerung der Klassenpflicht aber auch die gemeinsame Verantwortung für die richtige Standortwahl zu und es sind noch wirksamere Formen gegenseitiger Hilfeleistung und Zusammenarbeit anzuwenden. Das erfordert, die Standortanforderungen und die an anderer Stelle genannten vielfältigen Einflußfaktoren der ISK gründlich zu prüfen und das Leistungsvermögen der Länder für die Durchführung einer F/E-Aufgabe und Produktion, für die Realisierung aller Aufwendungen, real einzuschätzen.

Eine ökonomisch begründete internationale Standortverteilung erfolgt durch Gegenüberstellung der geforderten Parameter der Produktion und der dazu bedingten sämtlichen materiellen, geistigen und finanziellen Voraussetzungen mit den Bedingungen der Länder. Es sind die aus den verschiedenen Analysenergebnissen gewonnenen Erkenntnisse über die quantitativen und qualitativen Anforderungen mit den Produktionsbedürfnissen und -voraussetzungen der Länder zu vergleichen. Dabei sollten die Auswirkungen auf die Entwicklung des sich spezialisierenden Landes ebenso geprüft werden wie für die anderen Länder. In diesem Prozeß werden bestimmte erzielte Grobwerte des zu erwartenden Nutzens aus der Konzentration und den möglichen Spezialisierungsrichtungen ergänzt und korrigiert und die Varianten der ISK mit einer genaueren Nutzeffektsberechnung belegt.

Hinsichtlich der Bedingungen der Länder geben neben dem Eigenbedarf, inneren Produktionsbedürfnissen und außenwirtschaftlichen Erfordernissen wie Möglichkeiten zunehmend bestehende bzw. möglichst kurzfristig zu erreichende günstige Produktionsvoraussetzungen für die einzelnen Erzeugnisse den Ausschlag: Niveau in F/E und Produktion, Anzahl und Qualifikation der Arbeitskräfte in F/E und Produktion, Erfahrungen/Traditionen, Markteinfluß, vorhandene Forschungs- und Produktionskapazitäten und das technische Niveau der Produktionsanlagen, Material (Eigenproduktion oder gesicherter und rationeller Import), innere wie äußere Verflechtungsbeziehungen bestehender Produktionen und deren eventuelle Umstellungsbedingungen, Akkumulationskraft für Neu- oder Erweiterungsinvestitionen, Transportaufwand zum Produzenten und Hauptverbraucher. In Abhängigkeit vom Charakter der Erzeugnisse können solche Faktoren wie Funktion einer Maschine im Maschinensystem oder einer Baugruppe im Finalerzeugnis u. a. hinzukommen.

Diese Produktionsbedingungen beeinflussen die Arbeitsproduktivität, die Kosten, den einmaligen und laufenden Aufwand, das Niveau der Erzeugnisse und ihre Lieferfähigkeit, die Rentabilität und Stabilität des Exportes und den Gewinn. Dabei geht es um eine reale Analyse der gegebenen und entwicklungsfähigen Voraussetzungen unter Berücksichtigung des positiven Einflusses der internationalen Arbeitsteilung und Kooperation. Folglich sind hierbei auch die erforderlichen Formen der Zusammenarbeit zu fixieren und deren Auswirkungen einzukalkulieren.

Ein hohes Niveau der spezialisierten Erzeugnisse und ihre bedarfsgerechte Produktion kann nur erreicht werden, wenn sowohl günstige spezifische Bedingungen für die konkreten F/E- und Produktionsaufgaben genutzt werden als auch das gesamte Wissenschafts- und Produktionspotential der Betriebe, Zweige und Volkswirtschaften beachtet wird. Die Analyse für eine ökonomisch begründete internationale Standortentscheidung beinhaltet deshalb zwei grundlegende Aufgaben:

1. die Prüfung der Bedingungen in den RGW-Ländern für die einzelne F/E und Produktion und
2. die Bestimmung der ökonomisch gerechtfertigten Sortimentsbreite spezialisierter Produktionen im Zweig. Es können nur so viel und solche Objekte als spezialisierte Produktion übernommen werden, wie bei Beachtung der Kriterien einer ökonomischen Standortwahl auch tatsächlich erfüllbar sind.

Als ein Hilfsmittel für die internationale Standortwahl könnte sich eine Klassifizierung von Zweigen/Produktionen nach besonderen Standortanforderungen erweisen:

- nach den Aufwandsintensitäten (Grundfonds, Material, Energie, Arbeit, Wasser) und Umweltwirkungen;

- nach den qualitativen Anforderungen in Forschung und Entwicklung, Produktion und Absatz auf Grund der Kompliziertheit der Produktion, der geforderten technisch-ökonomischen Parameter der Erzeugnisse, der Anwenderbedingungen;
- nach Transportaufwand und -bedingungen.

Auf jeden Fall sind bei der praktischen Arbeit derartige Analysen konkret durchzuführen.

Zum internationalen Vergleich von Parametern

Eine wichtige Frage der Standortverteilung besteht darin, ob unter den gegenwärtigen Bedingungen bereits alle Kriterien der Standortwahl Gegenstand des internationalen Vergleichs sind oder nicht. Wir gehen bewußt vom ökonomischen Inhalt aus, da rechtlich das einzelne sozialistische Land letztlich natürlich selbst entscheidet. Zugleich berührt aber jede Spezialisierungs- und Standortvariante zutiefst die gegenseitigen Interessen und erfordert ein möglichst hohes Maß der Interessenübereinstimmung.

Mit den obigen Bemerkungen über die Beziehungen der einzelnen Kriterien zu den Interessen der Länder wurde für die gestellte Frage eine allgemeine Antwort gegeben. Es ist völlig klar, daß – zunächst mit Ausnahme der Kosten – alle Kriterien auch Gegenstand des internationalen Vergleichs (d. h. genauer des Vergleichs zwischen den Partnern der Spezialisierung und Kooperation) sind. Neben der von jedem Land/Betrieb selbst durchzuführenden Analyse über die zweckmäßigste internationale Spezialisierung, die sich ebenfalls im möglichen Maße auf beschaffbare Informationen aus anderen Ländern stützen muß, geht es hier um gemeinsame Vergleiche und Analysen. Diese lassen sich schrittweise erweitern. Es ist nicht zu erwarten, daß hierfür schon heute alle Informationen gegenseitig bereitgestellt werden können. Aber erstens ist das für die einzelnen Parameter unterschiedlich. Und zweitens werden damit bereits jetzt auf bestimmten Gebieten mehr Angaben vermittelt, als es dem einzelnen Land möglich ist sich selbst zu verschaffen. Selbstverständlich verfügt der Betrieb und die Volkswirtschaft andererseits über Kenntnisse von Parametern der Produktion u. a., die noch nicht einem völlig freien Austausch unterliegen können. Auch aus diesem Grunde müssen sich die eigenen und gemeinsamen Analysen gegenseitig gut ergänzen.

Neben dem Vergleich der Bedarfsdeckung, der Lieferbedingungen und des Kundendienstes im umfassenden Sinne ist beim gemeinsamen Vergleich die in mehreren Zweigen bereits angewandte Methode des *Erzeugnisvergleichs* in Verbindung mit dem Weltstandsvergleich sehr wichtig. Zusammen mit der Erzeugnisprognose und der technischen Konzeption dient sie der Festlegung der erforderlichen Gebrauchswerte und des hieran vorzunehmenden Vergleichs bereits entwickelter oder produzierter Erzeugnisse.

Unter Berücksichtigung aller anderen Standortfaktoren kann das gewonnene Ergebnis einen oder sogar den bestimmenden Einfluß auf das Standortland des zu spezialisierenden Erzeugnisses ausüben.

Mit vielfältigen ökonomischen Problemen ist der *Preisvergleich* behaftet. Hier können nur einige Gesichtspunkte angedeutet werden.

Erstens ist es notwendig, diese Vergleiche auf ökonomisch begründeter Basis durchzuführen, da sonst Fehlentscheidungen und auch ideologisch negative Wirkungen entstehen. Das besagt, daß – je nach Position des Betriebes/Landes – nicht nur der Vergleich zwischen Eigenaufwand und Exportpreis interessiert und im Falle des Imports zwischen möglichem Eigenaufwand und Importpreis. Bei Aufgabe eines selbst exportierten Erzeugnisses sollte auch zwischen erzieltem Exportpreis und künftigem Importpreis verglichen werden. Der meist nur vorgenommene Vergleich zwischen IAP und dem vom Partner geforderten Preis ist wichtig und besonders vom Betrieb aus auch verständlich, aber einseitig. Im Falle einer höheren Preisforderung muß auch noch mit dem selbst erzielten Exportpreis verglichen werden. Lag dieser wesentlich über dem IAP, stellt sich diese Problematik in einem anderen Licht dar. Ökonomisch fundierte Aussagen sind des weiteren bekanntlich nur möglich, wenn die Inlandspreise dem gesellschaftlich notwendigen Aufwand weitgehend angenähert sind (oder als gewisse Ersatzlösung für eine Zweitrechnung Hilfsgrößen verwendet werden, die wesentliche Abweichungen eliminieren) und begründete Valutaumrechnungskoeffizienten angewandt werden.[14]

Zweitens wäre anzustreben, daß die Ursachen für wesentlich unterschiedliche Preisforderungen bekannt sind. Hierbei ist von Interesse, ob diese aus ungünstigen Produktionen (in verschiedener Hinsicht, einschließlich notwendiger teurer Importe von Material und Zulieferungen), aus unterschiedlichen Prinzipien der Inlandpreisbildung und Kostenkalkulation oder aus höherem Aufwand infolge der Neuaufnahme der Produktion, der Industrialisierung des Landes entstehen. Entsprechend können sich die Schlußfolgerungen über den Standort unterscheiden. Wenn bei objektiver Begründung dennoch eine entsprechende Standortwahl erfolgt, kann es notwendig sein, über verschiedene Maßnahmen den gegenseitigen Vorteil zu gewährleisten.

Drittens sollte – ausgehend von durchschnittlichen Weltmarktpreisen bzw. fortschrittlichen Aufwandsnormativen im RGW-Bereich – der RGW-Vertragspreis (ebenso wie die Binnenpreise) unter Zuhilfenahme dieses Vergleiches stärker als Instrument der Planung und für die Stimulierung des wissenschaftlich-technischen Fortschritts, der rationellen Gestaltung

[14] Mit den in der DDR begonnenen Veränderungen von Industriepreisen (Anpassung an gewachsene Import- und Inlandsaufwendungen) wird diesem Erfordernis mehr Rechnung getragen.

internationaler arbeitsteiliger Beziehungen, effektiver Produktions- und Außenhandelsstrukturen und damit einer ökonomischen internationalen Standortverteilung genutzt werden. Diese Wirkung ist primär davon abhängig, daß die RGW-Preise den international gesellschaftlich notwendigen Aufwand weitgehend widerspiegeln und daß das technisch-ökonomische Niveau der Produktion, die Verbesserung der Gebrauchswerteigenschaften der Erzeugnisse sowie die Bedarfsgerechtheit der Produktion ausreichend stimuliert werden. Nur unter dieser Bedingung ist auch überhaupt ein aussagefähiger und die sozialistische internationale Arbeitsteilung fördernder Preisvergleich möglich.

Dazu ist es notwendig, den Preis in die Entscheidungsprozesse einzubeziehen und ihn rechtzeitig in den Verträgen über Spezialisierung und Kooperation festzulegen. (Dabei können in Abhängigkeit vom Gegenstand verschiedene Formen angewandt werden, um ein richtiges Verhältnis von Preisstabilität und -beweglichkeit zu sichern.) Das liegt im wohlverstandenen gegenseitigen (gemeinsamen) ökonomischen und politischen Interesse der sozialistischen Länder und dient der vollkommeneren Anwendung des Äquivalenzprinzips. Es zwingt die Länder zur bestmöglichen Nutzung und Weiterentwicklung ihrer Produktionsbedingungen und zu noch wirksameren Formen der Zusammenarbeit. Hierin ist die Aufgabe eingeschlossen, zu überprüfen, ob und inwieweit die Verbindung von Inlands- und Außenhandelspreisen für die Rentabilität der Betriebe spürbarer gemacht werden kann. Neben der Veränderung von Industrieabgabepreisen steht hierbei u. a. die Frage nach der zweckmäßigsten Anwendung von Relations- oder Aufwandspreisen bei spezialisierten Importerzeugnissen. Vor allem bei Kooperationen kann in manchen Fällen die Anwendung von Aufwandspreisen begründet sein, wobei den Betrieben teilweise ein Ausgleich gewährt werden müßte. Das würde es ermöglichen, die Auswirkungen der internationalen Spezialisierung und Kooperation in den wichtigsten davon betroffenen Produktionsstufen, bei Kooperationspartnern und Finalproduzenten, zu erfassen. Notwendig ist das bei fehlenden Vergleichen zur eigenen Produktion und/bzw. wenn es im volkswirtschaftlichen Interesse liegt, den tatsächlichen Importaufwand in den Betrieben wirksam werden zu lassen. Mit der Vertiefung der internationalen Spezialisierung und Kooperation besteht bei einer zunehmenden Zahl von Erzeugnissen und Baugruppen keine oder keine ausreichend gültige Vergleichsbasis mehr zur eigenen Produktion, zum evtl. notwendigen eigenen Aufwand.

Viertens darf allein aus dem Preisvergleich nicht der Nutzeffekt der betreffenden Maßnahme abgeleitet werden. Eine so entscheidende Kategorie der Preis (Außenhandels- und Binnenpreis) auch ist, kommen doch in ihm bei weitem nicht alle Nutzeffekte der Spezialisierung und Kooperation und des Austausches zum Ausdruck.

Die erforderliche komplexe und vorrangig gesamtvolkswirtschaftliche

Nutzeffektsbetrachtung kann die Ergebnisse des Preisvergleiches richtig einordnen.

Einer besonderen Untersuchung bedarf die Problematik des *Kostenvergleiches* bzw. besser des *Kosten-Aufwandvergleiches.* Die Forderung nach umfassenden Vergleichen der Produktionskosten wäre u. E. unter den bestehenden Bedingungen unreal: nicht nur wegen der unterschiedlichen und in kurzer Frist nicht zu vereinheitlichenden Aufwands- und Bewertungsnormative und Methoden der Nutzeffektsbestimmung (wobei allerdings einzelne Seiten schrittweise angeglichen werden können), sondern auch wegen des zur Zeit noch nicht möglichen breiten Austausches entsprechender Informationen. Deshalb sollte jedoch nicht nach dem Prinzip „Alles oder Nichts" verfahren werden. Bei einzelnen Objekten und Kosten- bzw. Aufwandselementen steht diese Aufgabe bereits auf der Tagesordnung (bei gemeinsamen Investitionen, gemeinsamen Betrieben, bestimmten Vorhaben der Spezialisierung/Kooperation). Das können Materialverbrauch, technologisch bedingte Fertigungszeiten, Transportkosten u. a. sein. Ein Schritt wäre die gemeinsame Ermittlung technologisch bedingter Normative (wie Maschinenstunden, Materialverbrauch). Eine weitere Aufgabe bestünde darin, dort, wo Notwendigkeit und Bereitschaft zum Austausch über Aufwands- und Kostenunterlagen bestehen, diese vergleichbar zu machen.

Die gemeinsame Arbeit zur Entwicklung von Besttechnologien, zur Rationalisierung und die gegenseitige technische, organisatorische und ökonomische Hilfe, die Vereinigung von Ressourcen und die engere Verflechtung unserer Volkswirtschaften erweitern zwangsläufig den Informationsaustausch über immer mehr Gebiete der wirtschaftlichen Vorhaben und Abläufe. Bei entwickelten Formen der ISK, insbesondere in gemeinsamen Betrieben, gehen die Schritte in Richtung der gemeinsamen Festlegung von Aufwandsnormativen und schließlich einer gemeinsamen Kostenkalkulation bei ausgewählten Objekten und Produktionen.

4. Formen der Kooperation und der Organisation der sozialistischen internationalen Arbeitsteilung

Entsprechend dem Anliegen dieser Arbeit beschränken wir uns hier auf einige Beziehungen zwischen der Entwicklung der internationalen Spezialisierung und Kooperation und den Formen der Kooperation und der Organisation internationaler arbeitsteiliger Prozesse. Die vielfältigen politökonomischen Fragen, die besonders mit der Herausbildung internationaler Wirtschaftsorganisationen entstehen, sind daher nicht Gegenstand der Darlegungen. Sie werden nur teilweise gestreift.

4.1. Zur Vielfalt der Formen

Die Vertiefung der internationalen Spezialisierung und der ständige Ausbau der Kooperationsbeziehungen verlangen eine entsprechende Entwicklung von Formen der Kooperation und der Organisation für die koordinierte bzw. gemeinsame Leitung internationaler arbeitsteiliger Prozesse. Tempo und erzielbare Resultate der Entwicklung der internationalen Spezialisierung und Kooperation hängen auch wesentlich von den Formen ab, in denen sie organisiert und vollzogen wird. Gesetzmäßig bilden sich neue, höhere Formen heraus. Zugleich erhalten sich bewährte Formen der Kooperation und Organisation und werden mit der Zunahme der Kooperationsbeziehungen oft sogar in erweitertem Umfang angewandt. Dabei unterliegen sie meist einer Vervollkommnung.

Bis Ende der 60er Jahre wurde die internationale Spezialisierung und Kooperation vorwiegend über den Außenhandel, durch Außenhandelsabkommen und Liefer- und Leistungsverträge, organisiert. Vielen Maßnahmen lagen Spezialisierungsempfehlungen des Rates für Gegenseitige Wirtschaftshilfe zugrunde. Erste internationale ökonomische Organisationen entstanden (Intermetall, Wälzlagerkomitee u. a.). Seit Anfang der 70er Jahre werden verstärkt direkte Verträge zur internationalen Spezialisierung und Kooperation abgeschlossen. Neben vielen hunderten bilateralen Verträgen zwischen einzelnen RGW-Ländern existieren zur Zeit über 20 multilaterale Verträge. Diese Form hat sich bewährt und wird sich weiter entwickeln, denn sie ermöglicht, die notwendigen unmittelbaren Beziehungen in Forschung, Entwicklung und Produktion herzustellen sowie die entsprechenden Festlegungen rechtzeitig und konkret zu treffen und rechtskräftig zu gestalten. Seit dieser Zeit haben sich die Direktbeziehungen zwischen Ministerien, Zweigleitungen, Betrieben und wissenschaftlichen Einrichtungen erheblich erweitert und vertieft. Im Zusammenhang mit der tieferen Spezialisierung entfaltet sich die produktionstechnische Kooperation. Die Bedeutung des Außenhandels bleibt nicht nur bestehen, sondern erhöht sich sogar in Zusammenarbeit mit der Produktion. Das betrifft die Synchronisation der Abkommen und Verträge, die Aktivitäten zu ihrer Vorbereitung und Durchführung.

Wie viele Beispiele insbesondere im Maschinenbau und in der Elektrotechnik/Elektronik zeigen, spielen die verschiedenen Formen der produktionstechnischen Kooperation, auch auf der Grundlage der sich erweiternden wissenschaftlich-technischen Zusammenarbeit, eine große Rolle bei der Entwicklung der sozialistischen internationalen Arbeitsteilung. Im Textilmaschinenbau besteht u. a. eine Zusammenarbeit von Betrieben der VRP und der DDR zur Schaffung und Weiterentwicklung des Maschinensystems für die Herstellung nähgewirkter Vliesstoffe „BEFAMA – MALIMO“. Betriebe der DDR und der UdSSR kooperieren bei der gemeinsamen Entwicklung der Baumwollkämmaschine Modell 1532. Die UdSSR wird Baugruppen in die DDR liefern, die künftig den Bedarf der RGW-Länder an dieser Maschine deckt.

In den letzten Jahren bildeten sich in Forschung, Entwicklung und Produktion zahlreiche weitere Formen heraus: gemeinsame Arbeitskollektive für die Entwicklung von Verfahren und Erzeugnissen, gemeinsame wissenschaftliche Einrichtungen, gemeinsame Arbeiten zur Rekonstruktion und Rationalisierung von Betrieben, Koordinierungszentren bzw. andere Formen der Koordinierung im wissenschaftlich-technischen und Produktionsbereich, internationale Wirtschaftsvereinigungen (Intertextilmasch, Interatomenergo u. a.). Erweitert hat sich die gegenseitige Beteiligung am Aufbau und an der Modernisierung von Betrieben. Einige weitere gemeinsame Betriebe sind entstanden.

Es ist also eine zunehmende Vielfalt von Kooperations- und Organisationsformen zu verzeichnen. Der Übergang von „niederen“ zu „höheren“ Formen sollte fließend erfolgen. Unterschiede in den Bedingungen und Aufgaben in Forschung und Entwicklung, Produktion und Zirkulation, im Stand der Vergesellschaftung der Produktion, der Zusammenarbeit und im Grad der internationalen Arbeitsteilung, in den Produktionsbedingungen, Bedürfnissen und Interessen der Länder bewirken die Differenziertheit in den Formen. Auch werden sie von den Erfahrungen sowie den Leitungs- und Planungssystemen beeinflußt. Allgemeines Kriterium ihrer Auswahl ist, daß sie die konkreten Bedürfnisse und Ziele am besten erfüllen helfen, daß die Produktionskapazitäten und -ressourcen der Volkswirtschaften zweckmäßig genutzt werden, die Konzentration gefördert und ein größtmöglicher Nutzen erzielt wird. Sie sollen die Einheit der geteilten Arbeits- und Produktionsprozesse wahren und zu stabilen sowie flexiblen Kooperationsbeziehungen beitragen.

Die Vielfalt von Formen der Kooperation verlangt nach einer Klassifizierung. Dazu bedarf es weiterer Untersuchungen. Wir wollen uns hier nicht nur auf internationale ökonomische Organisationen beschränken, wozu bereits Ansätze vorliegen.[1]

Unterscheidungsmerkmale könnten getroffen werden nach den Aufgaben und zum Teil damit verbunden nach der Kompliziertheit der Formen, nach den Reproduktionsphasen ihres Wirkungsfeldes, nach dem Grad der Vereinigung der Wirtschaftspotentiale und den Funktionen/Kompetenzen international institutionalisierter Organe, nach den Eigentumsformen, nach der Breite bezüglich der Teilnehmerländer (besonders in bilaterale und multilaterale Formen). Diese wie wohl auch eine andere mögliche Gliederung ist keine sich gegenseitig ausschließende. Außerdem bestehen weitere Unterteilungsmöglichkeiten.

Nach den *Aufgaben* und bedingt nach der *Kompliziertheit* könnte beispielsweise untergliedert werden in Lohnveredelungen (ein Beispiel sind die umfangreichen Lohnveredelungen in der jugoslawischen Textilindustrie für die DDR bei Arbeitsbekleidung, Bettwäsche, Ober- und Untertrikotagen), produktionstechnische Kooperation zur gemeinsamen Fertigung von Erzeugnissen und zur gegenseitigen technologischen und organisatorischen Hilfeleistung, gemeinsame Rationalisierungs- und Rekonstruktionsmaßnahmen, Beteiligung am Aufbau/Erweiterung/Modernisierung von Betrieben und Einrichtungen, gemeinsamer Bau und zum Teil auch gemeinsame Leitung und Nutzung von Betrieben und Anlagen (Baumwollspinnerei DDR/VRP, Haldex, gemeinsame Betriebe der UdSSR und MVR, Erdgasleitung Orenburg, Betriebe der DDR und Jugoslawien für Titandioxid, Zink, Kupfer).

In der produktionstechnischen Kooperation, die sich insbesondere auf der Grundlage der internationalen Spezialisierung breit entwickelt, gibt es verschiedene Arten, die teilweise vom Charakter der Zweige bzw. Bereiche bestimmt werden. Im Maschinenbau (ähnlich aber auch in der Chemie in bezug auf Zwischenprodukte) ist u. a. zu unterscheiden in Kooperation von Baugruppen oder Teilen, die einseitigen Charakter trägt (Spezialisierung nur eines Partners auf Maschinenteile und Produktion des Finalerzeugnisses in einem anderen Land) bzw. wechselseitig angelegt ist. Hier spezialisieren sich beide oder mehrere Partner auf Baugruppen

[1] Vgl. die Einteilung im Komplexprogramm in zwischenstaatliche ökonomische Organisationen und internationale Wirtschaftsorganisationen bei M. Heinze, Zum Charakter internationaler ökonomischer Organisationen der RGW-Länder, in: Wirtschaftswissenschaft, 10/1975, S. 1464–1474.

und Teile und tauschen diese gegenseitig aus. Die Produktion der Finalerzeugnisse erfolgt in jedem Land selbständig. Dabei kann dieses Erzeugnis gleiche oder auch bestimmte unterschiedliche technisch-ökonomische Parameter aufweisen und eine spezifische Ausführung erfahren. (Ein Beispiel für die letztgenannte Möglichkeit ist der mit der UdSSR entwickelte Vollwaschautomat.)

Bei der ersten Art kann der Austausch gegen das Finalerzeugnis – wie beispielsweise oft im Fahrzeugbau, aber auch in anderen Zweigen – als auch gegen andere Erzeugnisse und Leistungen erfolgen. Ein voller Wertausgleich der gegenseitigen Lieferungen für das einzelne Vorhaben ist bei dieser wie auch jeder anderen Variante der internationalen Spezialisierung und Kooperation nur in begründeten Fällen gerechtfertigt. Letztlich hindert dieses Bestreben alle Partner, die potentiellen Vorzüge der sozialistischen internationalen Arbeitsteilung umfassend zu erschließen.

Beide Möglichkeiten der Baugruppenspezialisierung und -kooperation sind vorteilhaft und sollten stärker angewandt werden. Welche davon jeweils zweckmäßiger ist, hängt vom Charakter der Erzeugnisse, von den konkreten technischen, Produktions- und Außenhandelsbedingungen sowie den Interessen der Länder ab. Im Zusammenhang mit den Darlegungen in 3.2. kann die Spezialisierung jedes RGW-Landes (nicht etwa nur eines industriell noch weniger entwickelten) auf bestimmte Baugruppen, Teile, Halbfertigerzeugnisse und der Verzicht auf die Eigenproduktion des Enderzeugnisses die effektivste oder sogar einzig reale Variante sein.

In anderen Fällen wiederum ist es nützlicher, das Finalerzeugnis in zwei oder drei Ländern zu fertigen und den Konzentrationseffekt durch die internationale spezialisierte Produktion geeigneter und standardisierter Erzeugnisbestandteile zu nutzen. Vorausgesetzt, daß es keine unökonomische Parallelproduktion ist, können so durch unterschiedliche Parameter und Ausführungen der Erzeugnisse spezifische Anwenderbedürfnisse mitunter besser befriedigt werden. Dabei ist ein abgestimmtes bzw. gemeinsames Auftreten auf dritten Märkten anzustreben.

Hauptkriterium für die Entscheidung ist stets, die Produktion und ihre Effektivität zu steigern und den gegenseitigen Vorteil zu sichern. Jede Art der Baugruppenkooperation muß für alle Beteiligten dazu beitragen, den wissenschaftlich-technischen Fortschritt und ein stabiles Wirtschaftswachstum zu fördern, die Produktions- und Exportstruktur zu vervollkommnen und die Exportkraft der Volkswirtschaft zu stärken. Ist das gewährleistet, wird es eher möglich sein, die Länderinteressen derart zu berücksichtigen und in Übereinstimmung zu bringen, daß sie nicht gegen die internationale Spezialisierung und Kooperation, sondern in Richtung ihres weiteren effektiven Ausbaus wirken.

Nur durch die Anwendung aller Spezialisierungseinrichtungen und vielfältiger Kooperationsformen kann in jedem sozialistischen Land und in der ganzen Gemeinschaft eine effektive Sortimentsbreite produziert werden. Auf diesem Wege werden auch die Bindungen und Abhängigkeiten zwischen den Volkswirtschaften immer enger. Das ist infolge der Vertiefung der sozialistischen internationalen Arbeitsteilung gesetzmäßig. Werden obige Voraussetzungen erfüllt, sind Qualität, Zuverlässigkeit und Ökonomie der Kooperationsbeziehungen gewährleistet, dann wird dieser fortschrittliche Prozeß auch in der täglichen Wirtschaftspraxis zunehmend als objektiv notwendig und nutzbringend erkannt und erfährt dadurch immer neue Impulse.

Eine weitere Untergliederung der produktionstechnischen Kooperation kann nach der Bereitstellung von *Produktionsunterlagen* und *Material* (eigene Unterlagen und eigenes Material oder vom Kooperationspartner bereitgestellte Unterlagen und bezogenes Material[2]), nach der *Beständigkeit* sowie der *Art des Zustandekommens* der Kooperationsbeziehungen vorgenommen werden. Es gibt langandauernde, primär technologisch-ökonomisch begründete Kooperationen und mitunter relativ kurzfristige auf der Basis momentan freier Produktionskapazitäten. Obwohl beide Formen berechtigt sind, ist doch erstere als die bestimmende zu bezeichnen, da sie die größeren Vorteile erschließen hilft. Nicht selten kann sich aus der bloßen kapazitätsbedingten Kooperation eine langfristige auch technologisch-ökonomisch eindeutig begründete entwickeln.

Die kapazitätsbedingte Kooperation hilft, Kapazitätsengpässe auszugleichen und die Herstellung der betreffenden Endprodukte zu steigern. Dieser ökonomische Nutzen kann jedoch infolge unrationeller Aspekte der Kooperation stark geschmälert oder sogar aufgehoben werden. Das ist möglich durch zu geringe Materialveredlung, zu große und unrationelle Transporte, ungünstige Bedingungen der Bereitstellung von Material und Ausrüstungen oder auch einen unvertretbar hohen Aufwand (Unterstützung) zur Sicherung der qualitäts- und termingerechten Zulieferung. Solche Kooperationsbeziehungen sollten entweder vermieden oder zielgerichtet in ökonomischere Formen übergeleitet werden, die zugleich den gegenseitigen Vorteil mehr gewährleisten.

Vermieden werden können sie – soweit im konkreten Fall möglich – durch Auswahl anderer Partner oder die Suche nach von vornherein zweckmäßigeren Varianten der internationalen Spezialisierung und Ko-

[2] Als Beispiele für Produktionsunterlagen und Material können angeführt werden: die Fertigung von Baugruppen für Drehstrommaschinen in der VRP an Hand von Materiallieferungen der DDR oder einer Baugruppe für Butterverpackungsmaschinen nach technologischen Dokumentationen der DDR, die Herstellung von Zentraleinheiten elektronischer Datenverarbeitungsanlagen in der VR Bulgarien und VR Polen nach sowjetischen Unterlagen, die Produktion der Optik für Kameras in der SR Rumänien nach Konstruktions- und technologischen Unterlagen der DDR.

operation unter Einschluß weiterer Erzeugnisse oder auch durch Aufbau und Erweiterung eigener Kapazitäten für bestimmte Zulieferungen und Baueinheiten. Eine gesamtzweigliche und volkswirtschaftliche Analyse und Nutzensbetrachtung sowie die bessere proportionale Entwicklung werden dafür mehr Möglichkeiten schaffen. Von Einfluß ist hierbei auch die oft noch einseitige Bewertung der Kennziffer „Warenproduktion“, die mitunter sogar derartige Kooperationsbeziehungen stimuliert.

Zu ökonomischeren Formen können solche Kooperationsbeziehungen dadurch entwickelt werden, daß der Partner eigenes Material bereitstellt, daß eine größere Materialveredlung stattfindet und schließlich eine eigene Weiter- und Neuentwicklung der Zulieferungen, Baugruppen und Teile betrieben wird. So ist zum Beispiel mit der Ungarischen Volksrepublik vereinbart, daß sie die Produktion von Schneidwerken u. a. Adaptern für selbstfahrende Futtererntemaschinen zunächst nach Zeichnungsunterlagen des VEB Kombinat Fortschritt Erfurt durchführt und schrittweise zur eigenen Forschung und Entwicklung neuer Schneidwerke übergeht. Die Parameter und Entwicklungstermine sind abgestimmt. Die Konstrukteure und andere Fachkräfte beider Länder arbeiten zusammen.

Hinsichtlich der Reproduktionsphasen bestehen und entwickeln sich Formen

- für die einzelnen Phasen (Forschung und Entwicklung, Produktion, Zirkulation, wozu Transport, Absatz und Bezugstätigkeit gehört) und
- für den gesamten Reproduktionsprozeß.

Auch hier gibt es keine Schablone. Während es auf einem Gebiet einen echten Fortschritt bedeutet, wenn beispielsweise ein Konstruktions- oder Projektierungbüro bzw. ein Koordinierungszentrum für die gesamte wissenschaftlich-technische Arbeit geschaffen wird und für einen anderen Zweig (oder eine Warengruppe) Koordinierungsorgane oder gemeinsame Einrichtungen für Absatz und Bezug entstehen, ist es in einem dritten Zweig unumgänglich geworden, höhere Formen zu bilden, die den arbeitsteiligen Prozeß komplex organisieren. Aus der Notwendigkeit, der Komplexität der internationalen Spezialisierung und Kooperation Rechnung zu tragen, ergibt sich nicht zwangsläufig, daß höhere Formen der Zusammenarbeit von vornherein den gesamten Reproduktionsprozeß umfassen müssen.

Äußerst wichtige Unterscheidungsmerkmale sind die *Eigentumsform*, der *Grad der Vereinigung nationaler Potentiale* sowie der *gemeinsamen Leitung* und die *Kompetenzen* international institutionalisierter Organe. Danach könnte untergliedert werden in

- Kooperation zwischen national-staatlich selbständigen Betrieben und wissenschaftlichen Einrichtungen auf der Grundlage von Verträgen ohne internationale Koordinierungs- und Leitungsgremien;

- Kooperationsbeziehungen mit gleicher Eigentumsform, aber internationalen Koordinierungsorganen (Koordinierungszentren und -funktionen für Wissenschaft, Technik und Produktion, die offensichtlich auch für Zirkulationsaufgaben, wie koordinierte Marktarbeit, Lizenztätigkeit u. a. geeignet sind);
- Formen einer engeren Vereinigung nationaler Potentiale (wie gemeinsame Kollektive für Forschung und Entwicklung, Investbeteiligung und gemeinsamer Bau von Betrieben);
- internationale Wirtschaftsorganisationen, die neben Koordinierungsfunktionen mehr und mehr zur gemeinsamen Wirtschaftstätigkeit übergehen, in denen sich allmählich die gemeinsame wirtschaftliche Rechnungsführung herausbildet und Filialen wie andere gemeinsame Einrichtungen für Konstruktion, Projektierung, Produktion, Montage, Service, Absatz geschaffen werden. Hier entwickelt sich gemeinsames Eigentum neben weiterhin vorherrschenden staatlich organisiertem gesellschaftlichem Eigentum;
- gemeinsame Betriebe, Institute, Gesellschaften u. a. Einrichtungen mit gemeinsamem Eigentum und entwickelter gemeinsamer Leitung und Planung.

In der Praxis sind für die einzelnen Formen meist mehrere Merkmale zutreffend. Die nach den Aufgaben gegliederten Formen, wie die produktionstechnische Kooperation auf Vertragsbasis, erhalten sich in höheren Formen und können sich hier noch wirksamer entfalten. Vorhandene wie neue Formen können sowohl auf einzelne wie auf mehrere Reproduktionsstufen ausgerichtet sein, sie können bi- und multilateral organisiert sein. Wenn Wichtungen möglich sind, dann u. a. in der Richtung, daß neben der Vervollkommnung bestehender und bewährter zunehmend solche Organisationsformen der Zusammenarbeit geschaffen werden, „die auf ausgewählten Gebieten eine unmittelbare Vereinigung des Wirtschafts- und Produktionspotentials der RGW-Länder gewährleisten".[3] Auch das vollzieht sich in vielfältigen Formen. Oft stehen in internationalen Wirtschaftsorganisationen noch Koordinierungsfunktionen im Vordergrund. Ihre volle Wahrnehmung kann den Prozeß der internationalen Arbeitsteilung beschleunigen. Zugleich ist es notwendig, schrittweise Elemente der gemeinsamen Wirtschaftstätigkeit und auf dieser Grundlage die wirtschaftliche Rechnungsführung zu entwickeln. Mit Hilfe der gemeinsamen Planung und Leitung werden die arbeitsteiligen Prozesse zunehmend komplexer organisiert.

Von außerordentlich großer theoretischer und praktischer Tragweite ist die Erkenntnis, daß sich im absehbaren Zeitraum gemeinsames Eigentum

[3] A. Norden, Bericht des Politbüros an die 10. Tagung des ZK der SED, Berlin 1973, S. 18.

an Produktionsmitteln nur allmählich herausbilden wird. Vorherrschend bleibt das staatlich-sozialistische Eigentum.[4] Die Produktivkräfte und sozialistischen Produktionsverhältnisse drängen immer stärker nach höheren Formen der Zusammenarbeit, deren Grundlage aber primär staatlich-sozialistisches Eigentum ist. Der Grad der internationalen Vergesellschaftung ist noch nicht so weit gereift, daß gemeinsames Eigentum in großem Umfang gebildet werden könnte und müßte. Die Reproduktionsprozesse vollziehen sich noch hauptsächlich im volkswirtschaftlichen Rahmen, wobei sie sich international immer mehr verflechten. Daraus erklärt sich, daß Haupttriebkräfte für die Vertiefung der sozialistischen internationalen Arbeitsteilung noch für eine längere Zeit aus dem staatlichen Eigentum und der nationalen Aneignung der Produktionsergebnisse entspringen. Dabei spielt aber die Erkenntnis eine immer größere Rolle, daß die gesellschaftliche und speziell ökonomische Entwicklung eines einzelnen sozialistischen Landes zunehmend von der Stärkung des Weltsozialismus, von der Vertiefung der Integration abhängt. Mit den sich international entfaltenden sozialistischen Produktionsverhältnissen entstehen dafür zugleich qualitativ neue Triebkräfte.

4.2. Notwendigkeit und Ziele höherer Formen der Kooperation und Organisation

Zu höheren Formen der Kooperation und Organisation, die unter den gegenwärtigen Bedingungen eine stärkere Verbreitung finden werden, zählen vor allem gemeinsame Forschungs- und Entwicklungskollektive, Laboratorien, Konstruktions- und Projektierungsbüros, Koordinierungszentren und internationale Wirtschaftsvereinigungen mit verschiedenen Funktionen. Außer der Zusammenarbeit in der Grundlagenforschung sind verschiedene Arten von Koordinierungsorganen und internationalen Wirtschaftsvereinigungen geeignete höhere Formen der Kooperation und Organisation für die Erzeugnis- und Verfahrensentwicklung, die Produktion und die Zirkulation. Allgemein ist ihre objektive Notwendigkeit in der wachsenden internationalen Vergesellschaftung der Produktion als Einheit von Produktivkräften und sozialistischen Produktionsverhältnissen begründet. Diese bringt höhere Formen der internationalen Organisation und Kooperation der gesellschaftlichen Arbeit und der Leitung und Planung von Produktionsprozessen hervor. Ihrerseits wirken diese Formen auf den weiteren Prozeß der Internationalisierung der Produktion und des gesamten Wirtschaftslebens, auf die Vertiefung der internationalen Arbeitsteilung aktiv ein.

[4] Vgl. dazu auch P. Alampijew, O. T. Bogomolow, Ju. S. Schirjajew, Ökonomische Integration ..., a. a. O., S. 85.

Eine solche allgemeine Begründung ist jedoch für die Entscheidung, welche Form mit welchen Funktionen im konkreten Fall am zweckmäßigsten ist, unzureichend. Eine höhere Form muß ihre Lebensfähigkeit beweisen und nachweisbar ökonomischen Nutzen bringen. Daher ist es wichtig, die Notwendigkeit *und* Möglichkeit der anzuwendenden Formen genau zu untersuchen und zu begründen. Deshalb sind tiefere Untersuchungen über die Kriterien der Zweckmäßigkeit und die Voraussetzungen für die Anwendung solcher Formen so bedeutsam.

Relativ eindeutig ist die Zweckmäßigkeit von Koordinierungs- und gemeinsamen Leitungsformen gegeben, wenn der arbeitsteilige Prozeß eine höhere Stufe der Koordination verlangt. Das gilt beispielsweise für zu entwickelnde internationale Maschinen- und Gerätesysteme. Diese Formen verursachen in der Regel keinen großen Gründungsaufwand und ihre Tätigkeit ist nicht mit so komplizierten ökonomischen Problemen verbunden, wie das bei internationalen Wirtschaftsvereinigungen der Fall ist. Ein Beispiel hierfür ist die Entwicklung des ESER. Bedeutung, Dringlichkeit und Kompliziertheit der Schaffung eines einheitlichen Systems der elektronischen Rechentechnik zwangen zu weitgehenden Konsequenzen hinsichtlich der Struktur und Kompetenzen der zu bildenden Leitungsorgane (mehrseitige Regierungskommission, Rat der Chefkonstrukteure u. a.). Ähnliches gilt für den Landmaschinenbau. Wenn einheitliche internationale Maschinensysteme geschaffen werden sollen, bedarf es zwangsläufig in irgendeiner Form der Koordinierungsfunktion und der Verantwortlichkeit eines Landes/Kombinates für bestimmte Aufgabenkomplexe. So ist das Kombinat „Fortschritt" Neustadt Hauptkoordinator für die Forschungs- und Entwicklungsarbeiten zur Schaffung des Maschinensystems Halmfutterproduktion und -ernte und neben anderen Ländern Objektkoordinator für ein Forschungs- und Entwicklungsobjekt dieses Komplexthemas.

Komplizierter sind Entscheidungen über internationale Wirtschaftsvereinigungen, die nicht nur Koordinierungsfunktionen ausüben, sondern zunehmend eine gemeinsame Wirtschaftstätigkeit organisieren sollen. Hier fallen vielfältige, an dieser Stelle nicht weiter zu behandelnde ökonomische, rechtliche, organisatorische und andere Probleme an, die oft einen erheblichen Zeit- und Mittelaufwand verursachen. Diese Aufgaben stehen auf der Tagesordnung; ihre Lösung ist ein wesentlicher Bestandteil der Entwicklung der sozialistischen ökonomischen Integration. Eine andere Frage aber ist, auf welchen Gebieten (und mit welcher konkreten Zielsetzung) solche Organisation vordringlich zu schaffen sind und wo damit zugleich Erfahrungen für ihre künftig breitere Anwendung gesammelt werden können.

Eine wichtige Prämisse für die Gründung einer internationalen Wirtschaftsvereinigung dürfte sein, daß die anstehenden Aufgaben mit anderen und einfacher organisierbaren sowie oft auch schneller wirksam werdenden Formen der Zusammenarbeit nicht bzw. nicht so rationell bewältigt werden können.[5] Zu untersuchen wäre hierzu, ob insbesondere Koordinierungsorgane in verschiedenen Formen weiter ausbau- und entwicklungsfähig sind. Teilweise können sie sich als eine Vorstufe für internationale Wirtschaftsvereinigungen bewähren. Zusammen mit der Stärkung der politischen Einheit und der weiteren Annäherung der Wirtschaften der sozialistischen Staaten ist also der ökonomische Aspekt, der für alle Beteiligten größere ökonomische Nutzen, entscheidend. Die mit der Bildung internationaler Wirtschaftsvereinigungen verknüpften Anstrengungen müssen sich auszahlen, sonst sind sie nicht existenzfähig. Deshalb sollte die Notwendigkeit eindeutig gegeben und erkannt sein. Dafür können verschiedene konkrete Ursachen in Frage kommen. Uns scheint, daß solche in der Diskussion geäußerten Kriterien wie dringender Bedarf und dazu erforderliche Produktionserweiterung, Entwicklung neuer moderner Erzeugnisse, Aufbau investitionsaufwendiger Produktionskapazitäten, Erreichen des Höchststandes in Wissenschaft, Technik und Produktion u. a. wichtige Ursachen sind bzw. sein können. Für sich genommen müssen sie aber nicht unbedingt zu einer solchen höheren Form der Zusammenarbeit führen. Diese Aufgaben können auch mit üblicher vertraglicher internationaler Spezialisierung und Kooperation oder Investitionsbeteiligung gelöst werden.

Mit gesetzmäßiger Folgerichtigkeit entsteht eine höhere Form und speziell eine Internationale Wirtschaftsvereinigung im Zusammenhang mit den genannten Aufgaben u. E. vor allem aus zwei Gründen: einmal, wenn die Erfüllung dieser Ziele unbedingt einen engeren Zusammenschluß von Wissenschafts- und Produktionspotentialen mehrerer Länder gebietet (um die Aufgaben überhaupt lösen zu können, den Aufwand zu bewältigen bzw. entscheidende Zeiteffekte zu erzielen), und zum anderen, wenn der internationale arbeitsteilige Prozeß so vielgliedrig ist bzw. entwickelt werden muß, daß eine international koordinierte bzw. gemeinsame Planung und Leitung und eine höhere Stufe der Kooperation objektiv erforderlich werden. Neben dem angeführten Beispiel der Entwicklung einheitlicher (abgestimmter) Maschinen- und Gerätesysteme trifft das u. a. auf jene Produktionsgebiete zu, wo nur noch auf der Grundlage einer *tiefgehenden* umfangreichen internationalen Spezialisierung und Kooperation (umfassende Spezialisierung und Kooperation von Baugruppen und Teilen sowie technologischen Prozessen) modernste Technik eingesetzt, Großserien- oder Massenfertigung angewandt und das technisch-organisatorische Niveau der Produktion durchgängig gehoben werden kann. Starke Abhängigkeiten und ein notwendiges enges Zusammenwirken der geteilten Produktions-

[5] Vgl. hierzu auch I. F. Kormnow, Spezialisierung und Kooperation ..., a. a. O., S. 262.

prozesse sowie von Forschung, Entwicklung, Produktion und Absatz erfordern dann eine komplexe gemeinsame Planung und Leitung der Reproduktionsprozesse im Zusammenspiel mit der Leitung und Planung in den beteiligten Ländern. Hier also hat sich konkret eine solche Stufe der internationalen Vergesellschaftung der Produktion herausgebildet oder ist in der Herausbildung begriffen, daß geeignete höhere Formen der internationalen Kooperation, Organisation und Lenkung diesem Entwicklungsstand angepaßt werden müssen bzw. die Funktion haben, den Reproduktionsprozeß in eben dieser Richtung zu gestalten.[6]

Daraus ergeben sich die mit den höheren Formen und vor allem mit internationalen Wirtschaftsvereinigungen zu verfolgenden Ziele. Sie bestehen darin, den gegenseitigen Bedarf an qualitativ hochwertigen Produktions- und Konsumtionsmitteln schneller und bei höchster Effektivität zu decken, nach Möglichkeit durch deren Konkurrenzfähigkeit sowie für große Produktionsvolumen auf den internationalen Märkten feste Positionen zu erringen, den wissenschaftlich-technischen Fortschritt spürbar zu beschleunigen und den technischen wie produktionsorganisatorischen Höchststand zu erreichen. Damit ist die Aufgabe verbunden, die Strukturentwicklung zwischen den beteiligten Volkswirtschaften einander besser anzupassen und die weitere Entwicklung ganzer Zweige zu profilieren. In diesem Prozeß bilden sich internationale Produktionskomplexe heraus. Solche höheren Formen der Zusammenarbeit tragen wesentlich dazu bei, grundlegende volkswirtschaftliche Aufgaben zu lösen, die planmäßige proportionale Entwicklung zu fördern, die Effektivität der gesellschaftlichen Produktion entschieden zu steigern und die Angleichung des ökonomischen Entwicklungsniveaus der sozialistischen Länder voranzubringen. Zu diesem Zweck muß die internationale Spezialisierung und Kooperation konsequent vertieft, rationell gestaltet und komplex organisiert werden. Dabei erweist es sich als ein dringendes Erfordernis, in den internationalen Wirtschaftsvereinigungen große leistungsfähige wissenschaftlich-technische und Produktionspotentiale sowie ausreichende Kapazitäten für einen weltmarktfähigen Absatz und Kundendienst zu schaffen. Die Direktbeziehungen zwischen den Wirtschaftseinheiten der Länder entfalten sich intensiv und auf höherem Niveau. Die gemeinsame Planung wird ausgebaut bzw. erhält in diesem Rahmen eine wirksamere Entwicklungsgrundlage. Das alles sind bzw. werden Merkmale der neuen Qualität der gemeinsamen sozialistischen Arbeit in internationalen Wirtschaftsvereinigungen sein.

[6] Zu diesem Gesichtspunkt findet sich eine ähnliche Begründung in Thesen von L. Rüster, H. Swoboda, Erfahrungen und Probleme bei der Vorbereitung und Bildung von internationalen Wirtschaftsorganisationen, die im Mai 1974 dem Wissenschaftlichen Rat für Fragen der sozialistischen ökonomischen Integration in der DDR vorgelegt wurden (S. 5/6).

Die mit der höheren Stufe der internationalen Konzentration und Arbeitsteilung entstehenden potentiellen Möglichkeiten für das Erzielen größerer Nutzeffekte werden durch bewußte, gemeinsam organisierte Arbeit planmäßig ausgeschöpft. Das hängt in hohem Maße davon ab, daß für diese Kooperations- und Organisationsformen die entsprechenden Bedingungen herangereift sind und genau abgestimmte Ziele gestellt werden.

Es handelt sich hierbei um objektive und subjektive Voraussetzungen ökonomischer, politischer und ideologischer Art, die im Stand der Produktivkräfte, der sozialistischen Produktionsverhältnisse, der Zusammenarbeit und in der Erkenntnis der für das betreffende Gebiet konkreten Notwendigkeit einer weitergehenden internationalen Vergesellschaftung der Arbeit begründet sind. Nur auf der Grundlage eines bestimmten wissenschaftlich-technischen und ökonomischen Entwicklungsniveaus in den Ländern und in ihrer zwischenstaatlichen Spezialisierung und Kooperation, bestehender gemeinsamer Aufgaben und einer etwa gleichen Dringlichkeit ihrer Lösung durch vertiefte Zusammenarbeit erwächst jene Übereinstimmung der Interessen der Länder, die für das Funktionieren internationaler Wirtschaftsorganisationen unerläßlich ist. Zugleich ist die bisherige Zusammenarbeit wichtig für das gegenseitige Kennenlernen der Produktionsmöglichkeiten, für die Herausbildung des nötigen Vertrauens zwischen den Partnern, für den umfangreicheren Informationsaustausch.

Besonders für höhere Organisationsformen mit gemeinsamer Wirtschaftstätigkeit sind grundlegend gleiche langfristige Interessen der Beteiligten und daraus abgeleitete klare und einheitliche Ziele vor ihrer Gründung primäre Voraussetzungen ihrer erfolgreichen Entwicklung. Allerdings ist das kein einmaliger Akt. Bedingungen, Bedürfnisse, Interessen und Ziele entwickeln sich weiter. Sie sind mit der weiteren Ausgestaltung der Wirtschaftsvereinigungen und anderer Formen immer aufs neue aufeinander abzustimmen und zu präzisieren. Für höhere Kooperations- und Organisationsformen ist also nicht nur die Notwendigkeit, sondern auch die Möglichkeit ihrer Bildung maßgebend.

Es bedarf daher einer detaillierten Analyse aller Einflußfaktoren in und zwischen den interessierten Ländern (insbesondere auch des Standes und der weiteren Entwicklungserfordernisse sowie -möglichkeiten der sozialistischen internationalen Arbeitsteilung), um jeweils die Formen auszuwählen, die den Gegebenheiten und Anforderungen am besten entsprechen und den größten gegenseitigen Vorteil für die beteiligten Betriebe und Volkswirtschaften gewährleisten. Das muß vor der Bildung von internationalen Wirtschaftsorganisationen zumindest so weit geklärt sein, daß ökonomisch und politisch begründet entschieden werden kann. Selbstverständlich ist die tatsächliche Wirksamkeit einer Kooperations- und Organisationsform hauptsächlich von der Bereitschaft, der aktiven Mitarbeit und der Fähigkeit der Beteiligten abhängig, die damit geschaffenen organisatorischen Möglichkeiten voll zu nutzen und die Interessen der beteiligten Partner in Übereinstimmung zu bringen. Dabei kann der Nutzen für die einzelnen Länder auch bei internationalen Wirtschaftsorganisationen auf Grund der unterschiedlichen Bedingungen und Entwicklungsperspektiven in den Zweigen verschiedener Art und in der Regel verschieden groß sein. Zugleich ist es – abgeleitet aus den gesammelten Erfahrungen – offensichtlich nötig, daß die betreffenden Länder noch vor der Gründung einer solchen Organisation eine gemeinsame Konzeption für deren Entwicklung erarbeiten. Ein Hauptpunkt ist hierbei die effektivste nationale und internationale Spezialisierung, Konzentration und Kooperation in den Zweigen. Mit Hilfe der Analyse und Konzeptionen können die Hauptkettenglieder für die Befriedigung der nationalen und gemeinsamen Interessen gefunden und jene Folge der zu lösenden Aufgaben sowie der Schritte im Aufbau der Organisation festgelegt werden, die den konkreten Bedingungen entsprechen. Eine gründliche Vorbereitung dient dazu, die Anlaufphase in der Arbeit solcher Organisationen und Einrichtungen zu verkürzen.

4.3. Rolle internationaler Wirtschaftsorganisationen zur Entwicklung der internationalen Spezialisierung und Kooperation

4.3.1. Fortschritte bei der Organisierung der internationalen Spezialisierung und Kooperation

In den bereits seit Jahren bestehenden internationalen Wirtschaftsorganisationen für einzelne Produktionsbereiche konnten beachtliche Ergebnisse in der Produktionserweiterung, im Austausch und in der Bedarfsdeckung sowie in der Qualitätsverbesserung erzielt werden. Dafür seien einige Beispiele angeführt. *Intermetall* – die Organisation für die Zusammenarbeit in der Schwarzmetallurgie – wurde 1964 gegründet. Ihr gehören sechs RGW-Länder an. Nach ersten Spezialisierungsverträgen für Walzgut, Rohre, Profile und Normteile werden gegenwärtig weitere acht Verträge beraten und Vorschläge zur Spezialisierung der Schienen-, Träger- und Grobeisenwalzwerke erarbeitet.

Der Sortimentsaustausch hat sich wie folgt entwickelt:[7]

Jahr	Volumen des Sortimentsaustauschs (in Millionen t)
1965	0,95
1970	1,7
1974	2,3

[7] Diese und die anderen in diesem Teil veröffentlichten Angaben zu OZWi und Interatominstrument sind im wesentlichen entnommen aus: DDR-Außenwirtschaft, 4/1975.

Die Produktionskapazitäten werden besser genutzt. So konnten u. a. 1973 in der VR Bulgarien, der ČSSR und der Ungarischen VR im Jahr 728 000 t Gußblöcke und Halbfabrikate zusätzlich verarbeitet werden. Der Bedarf an Defiziterzeugnissen wird besser befriedigt. Intermetell erarbeitet auch Vorschläge für die Koordinierung von Investitionen und den gemeinsamen Bau von Produktionskapazitäten zur Steigerung der Produktion besonders dringend benötigter Erzeugnisse (z. B. für den Bau der zweiten Stufe einer kombinierten Linie zur Produktion von Weiß- und Chromblechen in der VR Bulgarien).

OZWi – die Organisation für die Zusammenarbeit der Wälzlagerindustrie – ist ebenfalls 1964 gegründet worden. Es war vordringlich, den Bedarf der RGW-Länder auf diesem wichtigen Gebiet besser zu decken und die Produktion durch Spezialisierung, Einführung neuer Technologien und bessere Nutzung der Produktionskapazitäten zu rationalisieren.

Die Produktion wurde rasch gesteigert. Gegenwärtig werden rund 25 Prozent der Weltproduktion an Wälzlagern erzeugt. 1974 wurde der Bedarf in den Teilnehmerländern durch die abgestimmten gegenseitigen Lieferungen zu etwa 98 Prozent gedeckt, wobei allerdings bei einigen wichtigen Sortimenten noch eine Diskrepanz zwischen Produktion und Bedarf besteht. Infolge der internationalen Spezialisierung nach Typen stieg die durchschnittliche Seriengröße bei Wälzlagern von 53 800 im Jahre 1964 auf über 100 000 im Jahre 1972 (Berechnung ohne UdSSR). Im Zuge der internationalen Standardisierung konnte die Anzahl der produzierten Typen von 37 (1970) auf 22 (1974) reduziert werden. Gleichzeitig hat sich die Konzentration erhöht. Die Anzahl der spezialisierten Wälzlagertypenabmessungen stieg von 1220 (1970) auf 1438 (1974). Die OZWi mißt der wissenschaftlich-technischen Zusammenarbeit ein großes Gewicht bei. Hauptmethoden sind die Koordinierung der Pläne für Forschung, Projektierung und Konstruktion und der Austausch von Dokumentationen und Erfahrungen. 1974 bestätigte die OZWi die Prognose der technischen Entwicklung der Wälzlagerindustrie bis 1990.

Interchim, als internationale Industriezweigorganisation für kleintonnagige chemische Erzeugnisse, wurde 1970 geschaffen. Das produzierte Sortiment besteht aus etwa 5000 Produkten. Im Ergebnis der gemeinsamen Anstrengungen konnte eine bessere Bedarfsdeckung erreicht werden. Noch 1971 belief sich der Bedarf an diesen Erzeugnissen, der nicht durch eigene Produktion der Teilnehmer von Interchim gedeckt werden konnte, auf etwa 30 Prozent. Dabei hat sich die Zusammenarbeit zwischen dieser Organisation und der Ständigen Kommission für chemische Industrie des RGW bei der Realisierung von Vorschlägen zur Spezialisierung und Kooperation bewährt. Die Ständige Kommission hatte bereits früher solche Vorschläge für 50 verschiedene Lacke und Farben, für 75 Erzeugnisse der pharmazeutischen Industrie, für einige Kautschuk- und Kunststoffsorten, für 11 technologische Gruppen von Hilfsstoffen für die Textilindustrie sowie für 9 Warengruppen der Haushaltchemie ausgearbeitet.

Als besonders vordringlich gilt die Produktionssteigerung und internationale Spezialisierung und Kooperation bei chemischen Pflanzenschutzmitteln. Hier gab es bis vor kurzem noch keine Koordinierung und Kooperation in der Forschung. Starke Parallelentwicklung von Präparaten, ungenügende Produktion und erhebliche Importe aus dem NSW waren die Folge.

Mit Beginn der Tätigkeit der Organisation wurden ein Koordinierungsplan der Forschung ausgearbeitet und erste Schritte zur internationalen Spezialisierung und Kooperation auf diesem Gebiet unternommen. Im „abgestimmten Plan mehrseitiger Integrationsmaßnahmen der ML/RGW für 1976–1980“ ist nunmehr vorgesehen, Produktionskapazitäten für chemische Pflanzenschutzmittel mit vereinbarten gegenseitigen Lieferungen zu schaffen.

Die internationale Wirtschaftsvereinigung *Interatominstrument* besteht seit 1972. Sie befaßt sich mit der Zusammenarbeit in Forschung, Produktion und Absatz für kerntechnische Geräte. In den ersten zwei Jahren mußten zunächst notwendige Bedingungen für die praktische Arbeit der Organisation geschaffen werden. Als erste wichtige Ergebnisse sind zu verzeichnen: die gegenseitige Information über Forschung, Entwicklung, Produktion und Bedarf und die Abstimmung der Exporte–Importe zwischen den Teilnehmerländern für den Zeitraum 1976–1980.

Der Vereinigung wurde die Funktion eines Export-Import-Koordinators für die betreffenden Erzeugnisse übertragen. Beabsichtigt ist die Gründung einiger Service-Filialen, wofür ein echtes Bedürfnis vorliegt.

Trotz erzielter Fortschritte ist zu erkennen, daß in der Vertiefung der internationalen Spezialisierung und Kooperation die entscheidenden Reserven liegen, um der Funktion internationaler Wirtschaftsorganisationen auf dem Gebiet der Produktion noch besser gerecht werden zu können.

4.3.2. Aufgaben internationaler Wirtschaftsvereinigungen auf dem Gebiet der internationalen Spezialisierung und Kooperation

Ein Hauptweg, auf dem insbesondere die neugebildeten internationalen Wirtschaftsvereinigungen ihre Aufgaben erfüllen, ist die internationale Spezialisierung und Kooperation. Deren Vertiefung und rationelle Gestaltung sollte daher teilweise mehr im Zentrum der Aufmerksamkeit der Organisationen stehen. Das ist ein wichtiger, wenn auch nicht der einzige, objektive Ausgangspunkt für die Ausgestaltung der Funktionen internationaler Wirtschaftsvereinigungen und die Lösung der vielschichtigen ökonomischen und rechtlichen Probleme (der gemeinsamen Planung, der wirtschaftlichen Rechnungsführung, der Preis-, Währungs- und Finanzfragen u. a.). Dabei werden die gegebenen Bedingungen berücksichtigt.

Für die neugebildeten internationalen Wirtschaftsvereinigungen sind die diesbezüglichen Erfahrungen in den seit einigen Jahren tätigen internationalen Wirtschaftsorganisationen eine gewisse Grundlage. Zugleich betreten die internationalen Wirtschaftsvereinigungen Neuland. Das hängt mit den größeren Aufgaben und Dimensionen ihrer Arbeit zusammen. Auch erfassen sie jetzt vielfach sehr komplizierte Produktionen und Zweige. Wissenschaftliche Geräte, Textilmaschinen, Anlagen für Atomkraftwerke usw. sind kompliziertere Erzeugnisse als Wälzlager und Metalle. Folglich wirft auch die zweckmäßigste Art ihrer internationalen Spezialisierung und Kooperation und die Lösung technisch-ökonomischer Aufgaben viele neue und schwierige Fragen auf.

Internationale Wirtschaftsvereinigungen sind dazu berufen, schrittweise einen hohen Stand der internationalen Arbeitsteilung und eine neue Qualität ihrer Organisierung zu erreichen, also Aufgaben langfristig auf einem Niveau zu erfüllen, die außerhalb dieser Formen nicht gestellt werden könnten: d. h. unökonomische Parallelentwicklungen überwinden, die Konzentration optimal gestalten, vorhandene Kapazitäten u. a. Potenzen der Länder zweckmäßig nutzen, materielle und finanzielle Fonds verstärkt gemeinsam einsetzen (international kombinieren), effektivste internationale Spezialisierungsrichtungen, Standorte und Kooperationsformen gewährleisten und den gesamten Reproduktionsprozeß möglichst umfassend organisieren. Dazu ist es erforderlich, die Koordinierungsfunktionen auszubauen und Schritt für Schritt die gemeinsame Wirtschaftstätigkeit zu entfalten[8], die gemeinsame Planung zu entwickeln und wirksame ökonomische Hebel anzuwenden. Es bedarf entsprechender rechtlicher Vollmachten ebenso wie ökonomischer (materieller) Mittel, die zunehmend auf der Grundlage allmählich sich entwickelnder Elemente der wirtschaftlichen Rechnungsführung und des Zusammenschlusses von Wissenschafts- und Produktionspotentialen angehäuft werden. Die Übergänge von der Koordinierung zur gemeinsamen Wirtschaftstätigkeit sind fließend. Offensichtlich werden beide Seiten der Tätigkeit in Wirtschaftsvereinigungen für längere Zeit parallel wahrzunehmen sein.

Allein die Ausarbeitung von Vorschlägen (Varianten) für internationale

[8] Vgl. E. Faude, L. Rüster, Bericht über das Internationale Symposium zu Problemen der Bildung und Tätigkeit sozialistischer internationaler ökonomischer Organisationen, in: Wirtschaftswissenschaft, 12/1973, S. 1866—1871. Zu Recht verweist Sack auf den Umstand, daß die gemeinsame Wirtschaftstätigkeit infolge der unterschiedlichen Interessen und Standpunkte der Partner auf den Gebieten beginnt, „auf denen sie sich für alle aus wissenschaftlich-technischen und ökonomischen Gründen als zweckmäßig erweist." (F. Sack, Erfahrungen und Probleme bei der Bildung internationaler Wirtschaftsorganisationen der ML/RGW aus der Sicht theoretisch-methodologischer Grundfragen der politischen Ökonomie des Sozialismus, in: Wirtschaftswissenschaft, 10/1975, S. 1461.)

Spezialisierung und Kooperation reicht nicht mehr aus, obwohl auch auf diesem Gebiet noch viel zu tun übrigbleibt. Internationale Wirtschaftsvereinigungen sollten aktiv in den Prozeß der Verwirklichung der von den beteiligten Ländern angenommenen Vorschläge und Maßnahmen eingreifen.

Schon zur fundierten Ausarbeitung von Varianten der internationalen Spezialisierung und Kooperation sind unter Berücksichtigung der Erfahrungen in bestehenden internationalen Wirtschaftsorganisationen verschiedene Aufgaben zu lösen. Dazu zählt die Sicherung eines ausreichenden und einheitlichen Informationsaustausches über Bedarf, Vorhaben, Potentiale u. a. Bedingungen der Länder. Die Bedeutung des Informationsaustausches wächst auf Grund der in einer immer größeren Vielfalt benötigten Angaben. Ferner gehören hierzu die zeitliche und sachliche Synchronisierung zwischen der zu entwickelnden gemeinsamen langfristigen Planung und der Volkswirtschafts- sowie Betriebsplanung der beteiligten Partner, die Vereinheitlichung bzw. Abstimmung von Erzeugnis- und Leistungsnomenklaturen und Plankennziffern.

Die Ausgestaltung der Vollmachten internationaler Wirtschaftsvereinigungen und der Instrumente und Methoden ihrer Leitung und Planung sollte in der Richtung erfolgen, daß diese Organisationen zunehmend in die Lage versetzt werden, die internationalen arbeitsteiligen Prozesse komplex zu organisieren, die Arbeiten im Bereich der Forschung und Entwicklung, der Investitionstätigkeit, der Produktion, der Versorgung und des Absatzes miteinander zu verbinden. Mit anderen Worten so, daß ein großer Teil jener Funktionen ausgeübt wird und zusammen mit den Zweigleitungen und Betrieben in den Ländern erfüllt werden kann, die sich aus den dargelegten Aufgaben zur Vertiefung der internationalen Spezialisierung und Kooperation ableiten. Während ein Teil dieser Aufgaben auch in niederen Formen gelöst werden kann, können andere Aufgaben erst in der internationalen Wirtschaftsvereinigung Realität werden. Es handelt sich etwa um folgende:

- Prognose der Verfahrens- und Erzeugnisentwicklung, Koordinierung bzw. Festlegung der diesbezüglichen Richtungen, Organisierung gemeinsamer wissenschaftlich-technischer Arbeiten (dazu gehört die internationale Standardisierung, die Gewährleistung einer einheitlichen Lizenz- und Patentpolitik u. a. m.);
- eigene Bedarfsforschung sowie Abstimmung der von den Partnern übergebenen Bedarfs- und Lieferangaben, Bilanzierung von Bedarf und Aufkommen;
- Ableitung von Plänen zur Produktions- und Kapazitätsentwicklung und Organisierung des gemeinsamen Baus von Betrieben oder ihrer Erweiterung und Modernisierung;

- Ausarbeitung von Varianten der internationalen Spezialisierung und Kooperation, aktiver Einfluß auf ihre Verwirklichung nach Annahme durch die beteiligten Länder;
- Abstimmung von Investitions- und Rationalisierungsmaßnahmen, Mitwirkung bei ihrer Realisierung (gemeinsame Rekonstruktionsmaßnahmen, Übernahme von Besttechnologien, von Rationalisierungsmitteln u. ä.);
- Ausarbeitung von Vorschlägen für die Annäherung bzw. Vereinheitlichung von Produktionsnomenklaturen, später auch von technisch-ökonomischen Normen und der Methoden zur Kostenerfassung und -kalkulation;
- Koordinierung bzw. gemeinsame Tätigkeit auf bestimmten Gebieten der materiell-technischen Versorgung (einschließlich Schaffung gemeinsamer Lager), in der Marktarbeit und im Absatz, beim Kundendienst, bei Montage- und Reparaturarbeiten, bei der Ausrüstung von Betrieben.

Die Erfahrungen bisheriger Arbeiten bestätigen (z. B. bei der Entwicklung von Maschinen- und Gerätesystemen), daß eine weitestgehende Übereinstimmung der wissenschaftlich-technischen Entwicklungsrichtungen der Erzeugnisse und Verfahren und schließlich die gemeinsame wissenschaftlich-technische Politik eine wichtige Voraussetzung für alle nachfolgenden Aktivitäten zur Vertiefung der internationalen Spezialisierung und Kooperation, zur Abstimmung der Produktionsvorhaben usw. darstellt. Gleichzeitig besagen sie aber auch, daß damit nur ein Teil des Gesamtkomplexes der ineinandergreifenden Länder- und Betriebsinteressen abgestimmt wird. Das betrifft vor allem die mit der Produktion, der Volkswirtschaftsstruktur, des Außenhandels zusammenhängenden fundamentalen ökonomischen und politischen Bedürfnisse und Interessen. Die Tätigkeit länger existierender internationaler Wirtschaftsorganisationen und die ersten Schritte in den neugegründeten Vereinigungen weisen darauf hin, wie dringlich es ist, die Entwicklung nicht nur von Erzeugnisgruppen und Erzeugnissystemen, sondern von ganzen Zweigen aufeinander abzustimmen. Und sie zeigen, daß internationale Wirtschaftsvereinigungen, zusammen mit den RGW-Organen und bilateralen Ausschüssen, in noch wirksamerer und umfassender Weise als Koordinierungsorgane eine aktive Rolle bei der internationalen Koordinierung und Strukturpolitik und der Ausarbeitung gemeinsamer Strukturvorstellungen spielen können.

Hierzu müßte die Arbeit in zwei eng miteinander zu verbindenden Richtungen entfaltet werden: in Richtung qualifizierter nationaler Vorstellungen und volkswirtschaftlicher wie zweiglicher Strukturkonzeptionen und in Richtung eigener analytischer Arbeiten und konzeptioneller Vorschläge der internationalen Wirtschaftsvereinigungen für den Bereich der vereinigten Betriebe und Einrichtungen. Das Ergebnis dieser Tätigkeit sollten gemeinsame langfristige Konzeptionen der arbeitsteiligen Beziehungen und Entwicklungsprogramme für die betreffenden Zweige oder Erzeugnisgruppen sein. Auf den Gebieten, wo Koordinierungsorgane und insbesondere Wirtschaftsvereinigungen bestehen, haben diese also zwangsläufig einen aktiven Beitrag zur Ausarbeitung der von der XXX. Tagung des RGW beschlossenen Zielprogramme zu leisten. Langfristige Konzeptionen einer tieferen rationellen Gestaltung der internationalen Spezialisierung und Kooperation werden eine entscheidende Grundlage dieser Programme sein; deren Inhalt selbst ist umfangreicher. *Hauptpunkte* solcher *Programme* wären etwa: Grundrichtungen der einheitlichen wissenschaftlich-technischen Politik, der Erzeugnis- und Verfahrensentwicklung; abgestimmte Strategie der Strukturentwicklung; optimale Varianten der internationalen Spezialisierung und Kooperation sowie alle zur Vorbereitung und Verwirklichung dieser Maßnahmen erforderlichen und oben skizzierten Aufgaben, die eine umfassende Bedarfsdeckung in allen RGW-Ländern bei höchster Effektivität der gesellschaftlichen Produktion gewährleisten.

Eine solche Fortentwicklung der gemeinsamen Arbeit ist die logische Konsequenz der wachsenden Verflechtung unserer Volkswirtschaften. Sie ist Ausdruck einer ständig sich vervollkommnenden internationalen Plankoordinierung und der sich entwickelnden gemeinsamen Leitungs- und Planungstätigkeit. Diese Aufgaben können mit größerer Effektivität bewältigt werden, wenn die Leitungs-, Planungs- und Stimulierungssysteme der RGW-Länder weiter angenähert und integrationsgerecht gestaltet werden. Dazu zählt, daß die Betriebe und Vereinigungen in den Ländern mit im Grunde gleichen oder ähnlichen Vollmachten und Funktionen ausgestattet sind. Dieses Erfordernis wird in besonderem Maße in der Arbeit internationaler Wirtschaftsvereinigungen spürbar.

Von erheblichem Einfluß auf das erfolgreiche Wirken internationaler Wirtschaftsvereinigungen (und teilweise auch internationaler Koordinierungsorgane) ist in dem hier dargelegten Zusammenhang auch die begründete Festlegung der Breite ihres Produktionsgebietes. Sollten zu ihrem Tätigkeitsbereich nur jeweils eng begrenzte Erzeugnisgruppen gehören, wie es Kormnov u. E. verabsolutiert vorschlägt?[9] Auch in dieser Hinsicht besteht kein Schema. Maßgebend sind die ökonomischen wie technologischen Beziehungen zwischen Erzeugnissen und Erzeugnisgruppen, die konkreten Bedingungen und Ziele, die Länderinteressen und die organisatorische Beherrschbarkeit. Während in einem Fall eine enger begrenzte Erzeugnisnomenklatur den Tätigkeitsbereich einer internationalen Wirtschaftsvereinigung bestimmen kann, ist es im anderen Fall eine breitere Nomenklatur, ein ganzer Zweig.

Eine wirklich effektive, multilaterale Lösung der anstehenden Aufgaben

[9] I. F. Kormnow, Spezialisierung und Kooperation . . ., a. a. O., S. 265.

ist für eine einzelne Erzeugnisgruppe oft unmöglich. In vielen Fällen kann erst die – mitunter schrittweise erfolgende – Einbeziehung des gesamten eng miteinander verwandten Produktionsprogramms des Zweiges und aller betreffenden verfügbaren Ressourcen der Teilnehmerländer in die gemeinsame Planung zu Varianten der internationalen Arbeitsteilung führen, die einen echten Fortschritt bewirken. Erst auf dieser Grundlage ist schließlich eine abgestimmte Gesamtprofilierung der Zweige in den Teilnehmerländern möglich, die den anhaltenden Effektivitätszuwachs für jedes Land bei Förderung der Angleichung des ökonomischen Entwicklungsniveaus bewirkt. Darin ist die Aufgabe eingeschlossen, die erforderliche Erzeugnissortimentsbreite für die sozialistische Gemeinschaft zu gewährleisten; also Konzentration–Bedarfsdeckung–Elastizität in richtiger Relation zu entwickeln, eine Aufgabe, die zunehmend nur in einem solchen Rahmen erfüllbar ist.

5. Kriterien und Grundsätze der Nutzeffektsermittlung der internationalen Spezialisierung und Kooperation

Eine wichtige Aufgabe zur Entfaltung der internationalen Spezialisierung und Kooperation besteht darin, ihre Effektivität so genau wie möglich nachzuweisen. Das ist außerordentlich wichtig für das Interesse der an den einzelnen Maßnahmen beteiligten Länder und Betriebe und für die Intensität der Bemühungen um die weitere Vertiefung der internationalen Spezialisierung und Kooperation. Die Nutzeffektsberechnung hat vor allem eine konstruktive Aufgabe: zusammen mit den verschiedenen Analysen die günstigsten und realisierbaren Varianten der internationalen Spezialisierung und Kooperation zu ermitteln.

Trotz verschiedener Ansätze und Fortschritte wird der Nutzeffektsermittlung nicht die gebührende Aufmerksamkeit gewidmet. Das aber verträgt sich nicht mit einem der wichtigsten Ziele der sozialistischen ökonomischen Integration, nämlich die Effektivität der gesellschaftlichen Arbeit in allen RGW-Ländern nachhaltig zu fördern. Unzureichende Nutzeffektsbegründungen und Analysen sind gleichbedeutend mit einer ungenügenden Suche nach den günstigsten Möglichkeiten der sozialistischen internationalen Arbeitsteilung. Die Entscheidungen können nicht im erforderlichen Maß objektiviert werden. Die Nutzeffektsermittlung und -bestimmung wirft inhaltliche und methodische Fragen auf, die weiter erforscht werden müssen. Hier beschränken wir uns im wesentlichen auf Kriterien und Grundsätze. Mit Problemen der Nutzeffektsbestimmung der ISK haben sich vor allem sowjetische Ökonomen befaßt.[1]

Die Vielfalt der Nutzenswirkungen der internationalen Spezialisierung und Kooperation zwingt zu einer *komplexen Nutzensbetrachtung,* sonst kann über Varianten der Arbeitsteilung nicht begründet entschieden werden. Wird beispielsweise nur der Nutzen in der Produktion oder im Außenhandel gesehen, verhindert das, die Effektivitätspotenzen der internationalen Spezialisierung und Kooperation voll auszuschöpfen. Es führt auch zu Einseitigkeiten in der Beurteilung der materiellen Interessiertheit der RGW-Länder an den einzelnen Maßnahmen und erschwert sowohl in den

[1] Vgl. u. a. I. F. Kormnow, Spezialisierung und Kooperation ..., a. a. O., 3. Abschnitt.

Ländern als auch in der Gemeinschaft die effektivsten Varianten zu finden und den gegenseitigen Vorteil richtig zu erfassen. Damit wird die Interessenübereinstimmung zwischen den beteiligten Ländern beeinträchtigt und die ISK gehemmt. Wir verweisen in diesem Zusammenhang auf die notwendige Unterscheidung zwischen dem Prinzip des gegenseitigen Vorteils und dem Äquivalenzprinzip. Der gegenseitige Vorteil ist wesentlich umfassender als das auf den Austauschprozeß bezogene Äquivalenzprinzip.[2] Er wird vor allem über den langfristigen Nutzen gesichert, der durch die Förderung effektiver Volkswirtschaftsstrukturen, eines stabilen hohen Wirtschaftswachstums und die Hebung des technisch-ökonomischen Niveaus der Produktion erzielt wird. Damit verbessern sich auch grundlegend die Bedingungen des internationalen Austausches und die Möglichkeiten, Austauscheffekte zu erschließen.

Die vielseitigen Nutzenswirkungen der internationalen Spezialisierung und Kooperation sind mit verschiedenen Kriterien und Kennziffern erfaßbar. Sie werden in der Einheit quantifizierbarer Ausdrücke und qualitativer Aussagen ausgewiesen. Nicht alle Effekte sind vollständig oder überhaupt quantifizierbar.

Im ersten Abschnitt wurden die potentiellen Nutzeffekte und Aufgaben der ISK für die Befriedigung der wachsenden Bedürfnisse durch Steigerung der Effektivität der gesellschaftlichen Produktion und Arbeit in allen sozialistischen Ländern dargelegt. Die Angleichung des ökonomischen Entwicklungsniveaus ist hierin also eingeschlossen. In aggregierter Form kommen diese ökonomischen Wirkungen – außer weiteren gesellschaftlichen Effekten der sozialistischen internationalen Arbeitsteilung – auf volkswirtschaftlicher Ebene im langfristigen Zuwachs des physischen Umfangs an verfügbarem Nationaleinkommen in bedarfsgerechter Struktur im Verhältnis zum Aufwand an gesellschaftlicher Arbeit zum Ausdruck. Dieses volkswirtschaftlich entscheidende Kriterium gibt eine Grundorientierung für die Ziele, die mit der internationalen Arbeitsteilung zu verfolgen sind. Jedoch können die Nutzeffekte der einzelnen Maßnahmen damit nicht erfaßt und bewertet werden. Diese treten immer sehr konkret und auf verschiedenen Ebenen auf, sind sehr vielschichtig und auch auf Grund ihrer engen Verflechtung mit allen Intensivierungs- und Wachstumsprozessen nicht in so weitgehend aggregierten Form exakt nachweisbar. Allerdings werden die Aggregationsmöglichkeiten mit der breiteren Anwendung von Verflechtungsbilanzen und ökonomisch-mathematischen Modellen zunehmen. Bestimmte Nutzenswirkungen können über Rentabilitätsrechnungen des Außenhandels verdichtet werden. Aber auch diese Rechnungen sind bekanntlich mit Ungenauigkeiten behaftet.

2 Vgl. u. a. G. Gräbig, G. Brendel, H. Dubrowsky, Ware-Geld-Beziehungen in der sozialistischen ökonomischen Integration, Berlin 1975, S. 37 ff.

Praktikabel ist die Arbeit mit den der Vielfalt der Nutzenswirkungen entsprechenden Kriterien und Kennziffern. Eine ganze Reihe dieser Kennziffern sind im Grunde die gleichen, wie sie für die üblichen Nutzensberechnungen verwendet werden. Der Vorteil besteht darin, daß damit der Spezifik der verschiedenen Maßnahmen und dem jeweils unterschiedlichen Gewicht der einzelnen Nutzenswirkungen (ihren Bedingungen, Aufwendungen und Ergebnissen) Rechnung getragen werden kann.

Die Kriterien können nach verschiedenen Gesichtspunkten gruppiert werden. Es bietet sich an, nach den Hauptwirkungsbereichen der Nutzeffekte zu gliedern, denen weitgehend auch die Formen der Zusammenarbeit, der internationalen Spezialisierung und Kooperation, entsprechen. Das ist – unter Berücksichtigung der Verflechtungswirkungen – eindeutig für die wissenschaftlich-technische Zusammenarbeit und Forschungskooperation, die internationale Spezialisierung und Kooperation in der Produktion und den Außenhandel. Hinzu kommt der Anwendernutzen, der bestimmte Seiten des gegenseitigen Vorteils zum Ausdruck bringt. Alle diese Nutzenswirkungen treten in der untrennbaren Einheit von betrieblichen und volkswirtschaftlichen Effekten (und zunehmend Effekten im Rahmen mehrerer sozialistischer Länder bzw. der ganzen Gemeinschaft) auf. Dennoch werden mit einer so gewählten Gliederung außerordentlich wichtige volkswirtschaftliche Wirkungen nicht erfaßt, die folglich gesondert auszuweisen sind.

Jede Untergliederung ist relativ und weist Vor- und Nachteile auf. Wir wählen eine solche Gliederung, weil sie unter dem Gesichtspunkt des unmittelbaren Auftretens vieler Nutzenswirkungen und ihrer Erfaßbarkeit Vorzüge besitzt. Im nachfolgenden sollen nur einige wichtige Kriterien genannt sein. Für die einzelnen Fälle können weitere detailliertere Kriterien notwendig werden.

Kriterien und Kennziffern zur Beurteilung des ökonomischen Nutzens der wissenschaftlich-technischen Zusammenarbeit und Forschungskooperation:

- Entwicklung neuer Erzeugnisse mit höheren technisch-ökonomischen Parametern und produktiverer Verfahren, Verbesserung der Qualität und Parameter vorhandener (ein besonderer Nutzen ist die Lösung wissenschaftlich-technischer Aufgaben, die überhaupt nur durch internationale Zusammenarbeit möglich ist und weitgehende volkswirtschaftliche Auswirkungen hat);
- Einsparung an vergegenständlichter und lebendiger Arbeit für Forschungs-, Entwicklungs-, Konstruktions- und Projektierungsarbeiten;
- Zeitgewinn bei der Durchführung der Arbeiten, Verkürzung der Überleitungszeiten wissenschaftlich-technischer Ergebnisse und damit Schaffung wichtiger Voraussetzungen für eine schnelle Produktionswirksam-

keit neuer Verfahren und rechtzeitige Marktwirksamkeit neuer Erzeugnisse.

Diese und andere Kriterien (wie Erhöhung des Standardisierungsgrades oder erweiterte Möglichkeiten der Lizenzvergabe) können weitgehend mit Kennziffern belegt werden. Eine Kennziffer für mehrere zusammengefaßte Nutzensseiten beim Hersteller bzw. Anwender ist die Entwicklung der Kosten bzw. Preise je Leistungseinheit der Maschine/Anlage.

Die Einsparungen pro Thema können sich auf personelle, materielle und finanzielle Mittel erstrecken und allgemein mit folgender Formel ausgedrückt werden:

$$E_A = A_1 - A_2$$

Hierbei sind:

E_A – Einsparung an Aufwand
A_1 – Aufwand vor der Spezialisierung/Kooperation
A_2 – Aufwand nach der Spezialisierung/Kooperation

Das Ziel der Forschungskonzentration besteht darin, den erforderlichen Kräfte- und Mittelaufwand zu gewährleisten und ein hohes Ergebnis in kürzest möglicher Frist zu erzielen. Daher ist die oft verwendete Kennziffer „Erhöhung des Konzentrationsgrades" in Forschung/Entwicklung durch internationale Spezialisierung und Kooperation allein wenig aussagefähig. Sie muß um die Aussage des erzielten Nutzens, der sich aus der Gegenüberstellung von Aufwand und Ertrag ergibt, ergänzt werden. Mit der Erhöhung der Konzentration werden dafür zwar wichtige, jedoch nur potentielle Grundlagen geschaffen. Analoges gilt für den Konzentrationsgrad der Produktion.

Kriterien und Kennziffern zur Beurteilung des ökonomischen Nutzens der internationalen Spezialisierung und Kooperation beim Produzenten und Anwender:

- bedarfsgerechte Produktionssteigerung von Fertigprodukten und Zuliefererzeugnissen für Produktions- und Konsumtionsmittel (entsprechend dem Bedarf des Inlandes, der Integrationspartner und den Absatzmöglichkeiten auf anderen internationalen Märkten);
- Erreichung optimaler technisch-ökonomischer Parameter und einer hohen Qualität der Erzeugnisse;
- schnelle Produktionsaufnahme neuer oder verbesserter Erzeugnisse;
- Verkürzung der Lieferfristen und Sicherung eines weltmarktfähigen Kundendienstes einschließlich Ersatzteilversorgung;
- Verbesserung der Arbeits- und Lebensbedingungen;
- Auswirkungen auf den Aufwand an vergegenständlichter und lebendiger Arbeit. Das Ziel besteht in der Senkung des Gesamtaufwandes, wobei bei einzelnen Aufwandsarten Erhöhungen eintreten können.

Die Auswirkungen auf Produktionsentwicklung, Aufwand und Ertrag sind unbedingt auch bei den wichtigsten vorgelagerten Produktionsstufen und Kooperationspartnern zu erfassen.

Die Auswirkungen sind meßbar hinsichtlich der

- Arbeitsproduktivität und der Erzeugnisqualität,
- beseren Ausnutzung vorhandener Grundfonds, der Effektivität und Einsparung von Rationalisierungs- und Erweiterungsinvestitionen;
- Selbstkosten pro Erzeugniseinheit (Produkteinheit),
- Materialökonomie, des Umfangs und der Art des Rohstoff- und Energiebedarfes (darunter notwendiger Importe, besonders aus nichtsozialistischen Ländern),
- des Transports,
- des Kooperationsaufwands,
- des Gewinns aus Selbstkostensenkung und Mehrproduktion,
- des Arbeitskräftebedarfs (Umfang und Struktur) und
- der realisierten Warenproduktion.

Diese Wirkungen werden mit den bekannten Kennziffern zur Messung der Arbeitsproduktivität, der Selbstkosten, der Grundfondseffektivität, des spezifischen Material- und Energieverbrauchs usw. berechnet. Dabei sind neben den relativen die absoluten Kennziffern über die Aufwandsentwicklung (an Investitionen, Arbeitskräften, Material etc.) zu erfassen. Weiterhin gilt es die verschiedenartigen sozial-ökonomischen Aspekte von Maßnahmen der ISK zu beachten, die mit Arbeitskräfteverlagerungen, Einsatz in anderen Ländern usw. zusammenhängen.

Mit der internationalen Spezialisierung und Kooperation treten nicht selten zusätzliche einmalige Aufwendungen infolge von Umstellungen, Neuaufnahme oder Erweiterung der Produktion auf. Ebenso können sich die laufenden Aufwendungen erhöhen (in Form von Transport-, Lager- und Verpackungskosten sowie durch größeren Leitungsaufwand zur Sicherung einer reibungslosen Kooperation).

Die höheren Zirkulationskosten dürfen insgesamt in der Regel die erreichte Selbstkostensenkung nicht aufwiegen:

$$S_2 + Z_2 < S_1 + Z_1$$

Hierbei sind:

$S_{1,2}$ – Selbstkosten pro Mengeneinheit oder Erzeugnis vor und nach der Spezialisierung

$Z_{1,2}$ – Zirkulationskosten pro Mengeneinheit oder Erzeugnis vor und nach der Spezialisierung

Die Kriterien beinhalten Nutzeffekte sowohl für den Produzenten als auch für den Anwender. Oder genauer: sie bilden eine potentielle Grundlage für den Anwendernutzen. Dieser ergibt sich aus höheren Gebrauchseigenschaften der Erzeugnisse, besserer Bedarfsdeckung, kürzeren Lieferfristen, Substitutionsmöglichkeiten, Kosteneinsparungen und Verbesserung der Arbeits- und Lebensbedingungen infolge Anwendung neuer Technologien, Produktions- und Konsumtionsmitteln.

Zwischen Produzenten und Verbrauchern bestehen Zusammenhänge, gemeinsame und spezifische Interessen. Gemeinsamkeiten bestehen im Sozialismus nicht nur dergestalt, daß der Produzent an der Herstellung weltmarktfähiger Erzeugnisse interessiert ist, um überhaupt verkaufen zu können. Das sind die rein kommerziellen Interessen. Mit den sich international entfaltenden sozialistischen Produktionsverhältnissen entwickeln sich die gemeinsame Arbeit und das gemeinsame Interesse an der Produktion hochwertiger Produktions- und Konsumtionsmittel. Zugleich können nicht die objektiv bedingten spezifischen Interessen des Produzenten/Exporteurs und des Anwenders/Importeurs in bezug auf Außenhandelspreise, Liefer- und Zahlungsbedingungen, bestimmte Gebrauchswerteigenschaften u. a. Aspekte übersehen werden.

Kriterien und Kennziffern zur Beurteilung des ökonomischen Nutzens aus der internationalen Spezialisierung und Kooperation im Außenhandel:

Allgemeine Kriterien sind die Stärkung der Exportkraft der Volkswirtschaft, die Erzielung möglichst großer Austauscheffekte, die verstärkte Nutzung des Imports als effektivitätssteigernder Faktor sowie die stabile Entwicklung des Außenhandels.

Die Auswirkungen der internationalen Spezialisierung und Kooperation sind vor allem zu erfassen hinsichtlich der

- Entwicklung des Export- und Importvolumens nach SW und NSW, der Exportreduzierung und Zusatzimporte sowie deren Sicherheit und Qualität. Infolge der mit der ISK verbundenen Produktionsumstellungen und -einstellungen sind diese Wirkungen oft von erheblichem Gewicht;
- Export- und Importrentabilität, wobei das Ziel besteht, diese durch vermehrte Ausnutzung von absoluten und komparativen Austauschvorteilen zu erhöhen;
- Möglichkeiten, durch Einfuhr moderner Technik und rationeller Rohstoffe und Materialien die Effektivität der gesellschaftlichen Produktion zu steigern. Dabei kommt es aber vor allem darauf an, die importierten Maschinen voll auszulasten;
- Verbesserung der Waren- und Regionalstruktur unter Beachtung ökonomischer und politischer Gesichtspunkte in der Einheit von Außen- und Außenwirtschaftspolitik;
- Kontinuität und Stabilität außenwirtschaftlicher und damit auch vieler binnenwirtschaftlicher Prozesse, der Herausbildung und Festigung stabiler effektiver Export- und Importlinien;

- Handels- und Zahlungsbilanzentwicklung insgesamt und mit den einzelnen Ländern bzw. Währungsgebieten, des Devisenaufkommens und -bedarfs, der Kreditentwicklung, der Lizenznahme und -vergabe und der Patentsituation.

Kriterien zur Beurteilung weiterer gesamtvolkswirtschaftlicher Nutzenswirkungen

Die Einzelmaßnahmen der internationalen Spezialisierung und Kooperation sind stets auf höchstmögliche gesamtvolkswirtschaftliche Nutzenswirkungen auszurichten. Diese sind ihrerseits zugleich wichtige Bedingungen für anhaltende hohe Nutzeffekte der konkreten Maßnahmen. Als solche Kriterien wären hervorzuheben:

- Verwirklichung einer langfristigen stabilen und effektiven volkswirtschaftlichen Strukturentwicklung im Einklang mit dem wissenschaftlich-technischen Fortschritt bei rationeller internationaler Standortverteilung und zunehmender gegenseitiger Anpassung der Strukturen in den RGW-Ländern;
- Sicherung der planmäßigen proportionalen Entwicklung der Volkswirtschaft des eigenen Landes und aller Länder der sozialistischen Gemeinschaft (vor allem hinsichtlich der Grundproportionen wie beispielsweise zwischen extraktiver und verarbeitender Industrie);
- Beschleunigung des wissenschaftlich-technischen Fortschritts auf den Hauptgebieten der Ökonomie und der gesellschaftlichen Entwicklung (Erzielung neuer Grundlagenerkenntnisse zur langfristigen Rohstoff- und Energieversorgung, zur Gewinnung neuer Werkstoffe, für technologische Umwälzungen, für den Umweltschutz usw.).

Die Kriterien und anwendbaren Kennziffern sind weitgehend bekannt, wenn sie auch teilweise unterschiedlich gefaßt und gegliedert werden. Die in der DDR gewonnenen Ergebnisse fanden Eingang in entsprechende Methodiken, Materialien und Veröffentlichungen.[3] Neben Problemen, die

[3] Eine weitere Ausarbeitung und praktische Erprobung fand in einer Arbeitsgruppe DDR/ČSSR statt, die Kriterien und Methoden zur Ermittlung des ökonomischen Nutzens der Zusammenarbeit im Werkzeugmaschinenbau ausarbeitete. Seitens der DDR waren daran Thum, Möbius, Keil und Morgenstern beteiligt. Siehe dazu auch K. Schaal, P. Thum, H. Möbius, Die Ermittlung des Nutzeffekts der bilateralen Zusammenarbeit DDR/ČSSR im Werkzeugmaschinenbau, in: Die Wirtschaft, 42/1974, S. 10 f.
Zu erwähnen sind ferner das Internationale Symposium an der Hochschule für Ökonomie im Jahre 1974 (vgl. Konferenzbericht in: Wirtschaftswissenschaft, 7/1975, S. 1080—1085) und der jetzt erschienene Beitrag von H. Bleßing, G. Brendel, Zur ökonomischen Effektivität der sozialistischen internationalen Kooperation und Spezialisierung der Produktion und zu Fragen ihrer Messung, in: Wirtschaftswissenschaft, 10/1975, S. 1475—1493.

sich aus der Ermittlung von Primärdaten und der teilweise ungenügenden Aussagefähigkeit von Wertkategorien über den gesellschaftlich notwendigen Aufwand ergeben, bestehen nicht geringe Schwierigkeiten bei den Nutzeffektsberechnungen von Maßnahmen der internationalen Spezialisierung und Kooperation in der praktischen Handhabung und in der Wertung der mit den Kriterien und Kennziffern gewonnenen Aussagen.

Die Kriterien dürfen nicht willkürlich auswählbar sein, wobei es allerdings auf Grund der Spezifik der einzelnen Maßnahmen kein allgemeines Schema geben kann. Aber ein grundlegendes Erfordernis besteht darin, jeweils eine möglichst umfassende Gegenüberstellung von Aufwendungen und Ergebnissen vorzunehmen und dabei die wichtigsten herauszustellen. Dadurch können mehrere Varianten verglichen und die Entscheidungen objektiviert werden. Das führt uns zur Problematik zusammenfassender Formeln des Nutzensnachweises. Wir halten diese in der Nutzeffektsberechnung allgemein übliche Methode auch für die Nutzeffektsberechnung auf dem Gebiet der ISK für möglich und notwendig. Allerdings scheint die weitere Forschung u. a. die Fragen näher beantworten zu müssen, welche Nutzensseiten zusammenfaßbar sind, welche Aussagen damit gewonnen werden und welche Stellung diese Formeln (bzw. synthetischen Kriterien) folglich in der gesamten Nutzeffektsberechnung einnehmen.

Ein entsprechender Versuch liegt mit der Formel vor, den „volkswirtschaftlichen Nutzeffekt der internationalen Spezialisierung und Kooperation“ vorhabenbezogen zusammenzufassen und auszuweisen.

Addiert werden sollen danach:

a) Differenz zwischen Exporterlösen spezialisierter und betroffener Erzeugnisse und ihrem volkswirtschaftlichen Aufwand,
b) Differenz zwischen Eigenaufwand bzw. „Hätte-Aufwand“ für Importerzeugnisse und deren Importaufwand,
c) Selbstkostenentwicklung für die vom Spezialisierungsvorhaben beeinflußten Erzeugnisse.

Abgesehen von verschiedenen methodischen Problemen (u. a. der Unmöglichkeit, für alle Erzeugnisse die Antiimportkosten zu berechnen) stellt sich hier vor allem die Frage nach dem Aussagewert dieser Formel. Wenn sie nach Meinung mancher Ökonomen das zusammenfassende Kriterium sein soll, während die anderen Kriterien als „Zusatzkriterien“ bezeichnet werden, müßten sich aus ihr für die einzelnen Vorhaben jeweils die wichtigsten Schlußfolgerungen ableiten. Das ist sicher bei einer ganzen Reihe möglich, bei anderen aber wiederum angesichts der Vielschichtigkeit der Maßnahmen und der Nutzenswirkungen nicht. Mit einer solchen Formel werden die Auswirkungen der Spezialisierung und Kooperation auf den Außenhandel (Volumen und Rentabilität der Exporte und Importe) und auf die Selbstkosten erfaßt. Das sind wichtige Nutzeffektsbereiche.

Besonders auch für die DDR besteht – wie bereits dargelegt – eine vordringliche Aufgabe der internationalen Spezialisierung und Kooperation in der Erhöhung des Exportvolumens und der -rentabilität sowie im Erreichen des erforderlichen Exportüberschusses. Das gilt für die *Gesamtheit* der Maßnahmen und damit implizit auch für viele einzelne. Deshalb ist es aber noch nicht berechtigt, vor allem aus der Gegenüberstellung der Export- und Importentwicklung, die das *einzelne* Vorhaben bewirkt, auf deren Notwendigkeit und Vorteil zu schließen. Eine Spezialisierung verursacht größeren Export oder Import und beides kann volkswirtschaftlich vorteilhaft sein.

In dieser Formel sind viele weitere, und zwar entscheidende, Nutzenswirkungen nicht enthalten. Aber eine hauptsächliche Erfahrung der Nutzeffektsrechnungen besteht gerade darin, daß sie ausreichend komplex erfolgen müssen. Das betrifft die Wirkungen der wissenschaftlich-technischen Zusammenarbeit und der Forschungskooperation, soweit sie nicht im Außenhandel und in den Selbstkosten zum Ausdruck kommen, was ja nur bedingt und mittelbar der Fall ist. Dagegen ist die Zweckmäßigkeit von Vorhaben/Varianten in diesem Bereich mit Hilfe einzelner, den konkreten Gegebenheiten entsprechender Kriterien nachweisbar.

Das betrifft aber auch die Produktion und den Außenhandel. Dabei handelt es sich nicht nur um „zusätzliche" Wirkungen, die mit Zusatzkriterien erfaßt werden können, sondern teilweise um vorrangige, die für die Beurteilung einer Maßnahme ausschlaggebend sein können. Die einzelne Spezialisierung/Kooperation kann eine große Effektivität in der Produktion hervorrufen, ohne daß der Export kurzfristig wesentlich ansteigt; der Import spezialisierter Erzeugnisse (Rohstoffe, Maschinen etc.) bringt einen erheblichen Produktivitätsgewinn oder ist für die proportionale Entwicklung wichtig, dringender Bedarf wird befriedigt bzw. ein anderer Anwendernutzen erreicht. Dabei kann die Importrentabilität womöglich ungünstig verlaufen oder sie ist gar nicht exakt ausweisbar. Es werden langfristige progressive Strukturveränderungen eingeleitet usw.

Selbst wenn also in einer Grundformel nicht nur die Selbstkosten, sondern auch die einmaligen Aufwendungen enthalten sind[4] (was das mindeste wäre!), können damit wesentliche Nutzenswirkungen nicht ausgewiesen werden. Außerdem müssen selbstverständlich auch die Transport- und Lagerkosten berechnet werden.

Unterstrichen werden soll nochmals, daß stets die Auswirkungen von Maßnahmen der internationalen Spezialisierung und Kooperation auf die Export- *und* Importentwicklung analysiert werden müssen. Eine ganz andere Frage jedoch ist die nach den daraus zu ziehenden Schlußfolgerun-

[4] Vgl. die in der UdSSR diskutierte Formel, die u. a. in dem Buch von Kormnov dargelegt wird. I. F. Kormnow, Spezialisierung und Kooperation ..., a. a. O., S. 121 ff.

gen für das *einzelne* Vorhaben und nach den Anwendungsbedingungen eines solchen Vergleiches.

Auf gesamtvolkswirtschaftlicher Ebene ist dieser auf jeden Fall notwendig und von großer Aussage. Auch auf der Ebene von Ministerien und Zweigleitungen ist eine derartige Gegenüberstellung aller betreffender Maßnahmen notwendig und möglich, wenn begründete zentrale Bilanzvorgaben vorliegen. Für das *einzelne* Objekt kann daraus gefolgert werden, welchen Beitrag es zum Ausgleich der Bilanz leistet. Das ist zwar ein sehr wichtiger Gesichtspunkt, aber allein kein Urteil über alle wesentlichen Nutzenswirkungen. Deshalb kann eine solche vorhabenbezogene Gegenüberstellung nicht das einzige synthetische Kriterium sein.

Eine Aufgabe der Forschungsarbeit besteht daher u. E. darin, zu untersuchen und praktisch zu erproben, ob neben dieser zu verbessernden Formel nicht noch weitere Formeln geeignet sind, um jeweils mehrere Nutzenswirkungen in ihrem wertmäßigen Ausdruck zu erfassen. Das ist – neben der Entwicklung der Außenhandelsbilanzen – vorstellbar einmal für den Bereich der Forschung und Entwicklung, wobei eine Voraussetzung darin besteht, daß die Aufwands- und Ergebnisanteile der Partner (Länder) ökonomisch begründet sind, zum anderen für Produktion und Zirkulation. Hier sind zumindest erfaßbar: Selbstkosten, Investitionen, Transport-, Lagerkosten und Kooperationsaufwand (Z) sowie Produktionshöhe P (Z als Symbol für Transport-, Lagerkosten und Kooperationsaufwand).

Beim Vergleich von zwei Varianten könnte dann die bekannte Formel in erweiterter Gestalt angewendet werden:

$$E_K = [(S_1 + I_{N_1} + Z_1) - (S_2 + I_{N_2} + Z_2)] \cdot P$$

Hierbei sind:

E_K – Kosteneinsparungen pro Jahr
$S_{1/2}$ – Selbstkosten vor und nach der Spezialisierung/Kooperation
$I_{N_{1/2}}$ – Investitionen vor und nach der Spezialisierung/Kooperation multipliziert mit dem Normativkoeffizienten
$Z_{1/2}$ – Gesamtaufwand für Zirkulation vor und nach der Spezialisierung/Kooperation
P – Jahresvolumen der Produktion nach der Spezialisierung/Kooperation

Mit Hilfe der Reduktionsformel wäre mit diesen drei Aufwandsarten die günstigste Variante zu ermitteln.

$$S + I_N + Z \rightarrow \text{Minimum!}$$

Auf dieser Grundlage wäre auch die Gegenüberstellung des Reduktionsaufwandes zum Exporterlös als eine Kennziffer des Exportnutzens aussagefähiger:

$$\text{Hierbei ist: } Ne = \frac{\text{Exporterlös (netto)}}{S + I_N + Z}$$

Ne – Nutzeffekt des Exports der spezialisierten Produktion.

Methodische Probleme sind u. a. die richtige Festlegung des Normativkoeffizienten der Investitionen, die ökonomisch begründete Bewertung der Aufwendungen und Ergebnisse für Forschung und Entwicklung, die Aussagefähigkeit der Außenhandels- und Binnenpreise.

Zusammenfassend besteht zu diesem Diskussionspunkt folgende Auffassung: Soweit es möglich ist, sollten synthetische Kriterien und entsprechende Formeln des Nutzensnachweises angewendet werden. Uns scheint das aber, wie angedeutet, nicht nur für einen, sondern für mehrere Nutzensbereiche sinnvoll zu sein. Es ist notwendig, die ökonomische Aussage dieser Kriterien (Formeln) und ihre Stellung in der gesamten Nutzeffektsbestimmung klar zu umreißen. Da in ihnen nicht nur einzelne Aspekte des Nutzens Ausdruck finden, sondern mehrere Seiten/Arten der Aufwendungen und Ergebnisse gegenübergestellt werden, helfen sie in größerem Maße, zwischen mehreren Varianten objektiv zu vergleichen. Alle Nutzenswirkungen können nicht mit ein oder zwei solcher Formeln erfaßt und teilweise überhaupt nicht quantifiziert werden. Mitunter sind das aber die für ein Vorhaben entscheidenden Kriterien. Sie dürfen daher nicht als „Zusatzkriterien" bezeichnet und damit abgewertet werden. Nicht selten sind in Abhängigkeit vom Gegenstand der Spezialisierung und Kooperation sowie den konkreten Zielen und Bedingungen wenige und teilweise unterschiedliche Kriterien und Kennziffern in Einheit mit verbalen Aussagen ausschlaggebend. Deshalb kann es für die Praxis der Nutzeffektsberechnung keine Schablone geben. Wohl aber sind verallgemeinerte Wichtungen und Grundsätze möglich, die vertieft werden sollten. Die Entscheidungen über Varianten der ISK müssen, soweit nur irgend möglich, objektiviert werden. Bei strenger Berücksichtigung der Ökonomie erfolgt die Entscheidung unter Beachtung aller weiteren gesellschaftlichen Erfordernisse und Wirkungen. Für die Nutzeffektsberechnung und -bewertung können in Form von Grundsätzen etwa folgende Verallgemeinerungen vorgenommen werden.

1. Die Nutzeffektsermittlung ist ein wichtiger Bestandteil der Leitung und Planung der internationalen Spezialisierung und Kooperation auf allen Ebenen und in allen Phasen. Sie dient dem Auffinden verschiedener Varianten und der Auswahl der effektivsten realisierbaren Maßnahmen unter Berücksichtigung politischer und sozialer Ziele und Wirkungen. Sie muß rechtzeitig erfolgen, beginnend mit der konzeptionellen Arbeit als Vorausberechnung, schrittweise präzisiert werden bis zum Abschluß internationaler Verträge/Vereinbarungen und als Kontrollrechnung während der Durchführung der Vorhaben und nach Eintreten der Nutzeffekte gehandhabt werden.

2. Der Nutzeffekt wird komplex berechnet und bewertet. Es werden die wesentlichen Verflechtungsbeziehungen in den Reproduktionsphasen, die Aufwendungen, Voraussetzungen und Auswirkungen auf vor- und nachgelagerte Produktionsstufen ermittelt und beachtet. Dabei ist vor allem auch die zeitlich bedingte Realisierbarkeit der verschiedenen Aufwandsarten zu prüfen und zu bilanzieren.

3. Bei der Bewertung der einzelnen Varianten besitzen die volkswirtschaftlichen Erfordernisse und Wirkungen das Primat. Das schmälert in keiner Weise die Bedeutung der betrieblichen Nutzeffekte. In ihrer *Gesamtheit* sind sie die Grundlage der volkswirtschaftlichen Effekte.[5] Jeder Produktions- und Außenhandelsbetrieb muß daher um ein Höchstmaß an Nutzeffekten aus internationaler Spezialisierung und Kooperation ringen. Aber in einem Betrieb werden nur einzelne positive und mitunter sogar negative Wirkungen aus der ganzen Nutzenskette sichtbar. Die Hauptgebiete und -richtungen der Beteiligung an der internationalen Arbeitsteilung und der Entwicklung des Außenhandels können nur aus volkswirtschaftlicher Sicht begründet festgelegt werden, wobei die Erfordernisse und Möglichkeiten der anderen sozialistischen Länder streng zu berücksichtigen sind. Das betrifft u. a. Dringlichkeit der Bedarfsdeckung, Auswahl der volkswirtschaftlich effektivsten/realisierbaren Variante, Sicherung der Proportionalitätserfordernisse, Grundrichtungen der Produktionsstruktur, der Waren- und Regionalstruktur des Außenhandels.

4. Der Nutzeffekt wird hinsichtlich seiner kurzfristigen und langfristigen Wirkungen gewertet, wobei es auf ein ausgewogenes und den volkswirtschaftlichen Gegebenheiten angepaßtes Verhältnis zwischen dem Zeitverhalten der Aufwendungen und Ergebnisse ankommt. Bei allem Bedürfnis nach schnell eintretbarem Nutzen sind letztlich die langfristigen Wirkungen der ISK in Forschung und Produktion und die Schaffung rationeller Produktions- und Außenhandelsstrukturen für volkswirtschaftliche Effektivität und planmäßiges proportionales Wachstum entscheidend.

5. Umfang und Tiefe der Nutzeffektsberechnungen können vom Charakter des Objekts/der Maßnahme und der volkswirtschaftlichen Bedeutung beeinflußt werden. Ebenso kann es, wie gesagt, kein Schema in der Anwendung und Wichtung von Kriterien und Kennziffern geben. Allgemein besitzt jedoch das Schwergewicht der Effektivitätsentwicklung die Forschung, Entwicklung und Produktion als materielle Grundlage auch für hohe Außenhandelseffekte. Die Nutzeffektsberechnung erfolgt zusammen mit technisch-ökonomischen und volkswirtschaftlichen Analysen und erhält

[5] Unseres Erachtens sollte das Wechselverhältnis von betrieblichen und volkswirtschaftlichen Nutzenswirkungen näher untersucht werden. Einige Gedanken dazu enthält der Artikel: Morgenstern, K., Probleme der Ermittlung und Durchführung effektiver Varianten der sozialistischen internationalen Spezialisierung und Kooperation, in: Wirtschaftswissenschaft, 10/1973, S. 1443 ff.

so einen fundierten Rahmen. Die Methode zur Ermittlung des Nutzens muß praktikabel sein und mit möglichst wenig Aufwand zu einer ausreichenden Aussage führen.

6. Die von einem Betrieb/Land vorgesehene Variante der Arbeitsteilung muß stets den gegenseitigen Vorteil der in Frage kommenden sozialistischen Partner sichern. Das ist ein grundlegender Unterschied zur kapitalistischen internationalen Arbeitsteilung. Es sind daher von den ersten konzeptionellen Schritten an nicht einfach bloß die äußeren Marktverhältnisse zu studieren, sondern die gegebenen Ressourcen und Entwicklungsmöglichkeiten sowie -bedürfnisse der anderen sozialistischen Länder in Produktion und Außenhandel zu beachten. Dabei verlangt der stete Strukturwechsel der sozialistischen Volkswirtschaften und ihre weitere Verflechtung, die wachsende Leistungsfähigkeit, die zunehmende und aktiv zu fördernde Angleichung des ökonomischen Entwicklungsniveaus, die Bedürfnisentwicklung und der wissenschaftlich-technische Fortschritt ein dynamisches Herangehen an die Auswahl der Spezialisierungsvarianten.

Um die vom Standpunkt mehrerer Länder bzw. der gesamten sozialistischen Gemeinschaft günstigsten Varianten zu ermitteln, wird schrittweise die Methode internationaler Vergleiche von Varianten und zunächst einzelner Nutzenskomponenten zu entwickeln sein. Das ist gegenwärtig nur in Annäherung möglich und mit zahlreichen Schwierigkeiten verbunden.

Voraussetzungen für fundierte Nutzeffektsberechnungen innerhalb der Volkswirtschaften und für internationale Vergleiche sind die Vervollkommnung der Meßfunktion der Wertkategorien (Inlands- und Außenhandelspreise, Kurse bzw. Umrechnungskoeffizienten), exakte Leistungsbewertungen der Betriebe, die allmähliche Annäherung der Prinzipien und Methoden der Inlandspreisbildung, der Kostenkalkulation, der Nutzeffektsmethoden, der Austausch von Informationen über Nutzeffektsberechnungen, der sich nur sukzessive und zunächst für wenige Objekte und vielleicht einzelne Aufwandselemente entwickeln wird, und die weitere Annäherung der Volkswirtschaften insgesamt.

Daraus wird ersichtlich, daß die Lösung dieser Aufgaben eine längere Periode in Anspruch nimmt. Aber auch ohne fundierte Vergleiche von Wertkennziffern sollte mit Hilfsmethoden (indirekten Vergleichen), mit technisch-ökonomischen Kennziffern und qualitativen Analysen (für einige Seiten des Produzenten- und Anwendernutzens wie Parameter der Erzeugnisse, der Auswirkungen auf Bedarfsdeckung, proportionale Entwicklung usw.) gearbeitet werden. Erinnert sei hier an das bereits zitierte Beispiel für die Berechnung optimaler Produktionskapazitäten bei Kormnov.[6]

[6] I. F. Kormnow, Spezialisierung und Kooperation ..., a. a. O., S. 158 ff.

6. Einige Aufgaben der Leitung und Planung der internationalen Spezialisierung und Kooperation

Die sozialistische ökonomische Integration und die internationale Spezialisierung und Kooperation als ein Hauptbestandteil der Integration sind planmäßig geleitete Prozesse unter Führung der kommunistischen und Arbeiterparteien und der Regierungen der RGW-Länder. Das ist im Gesetz der planmäßigen proportionalen Entwicklung und im Gesamtsystem der ökonomischen Gesetze des Sozialismus objektiv begründet. Folglich ist – wie es im Komplexprogramm heißt – die Plankoordinierung, die gemeinsame Planungstätigkeit die Hauptmethode zur Organisierung der sozialistischen internationalen Arbeitsteilung und Zusammenarbeit.

Die neuen Dimensionen, in denen sich die Zusammenarbeit und Integration entfalten, stellen an die Leitung und Planung in den Ländern und auf zwischenstaatlicher Ebene höhere Anforderungen. Die Beschlüsse der letzten RGW-Tagungen und die Arbeiten in den Ländern zur Qualifizierung der Leitung und Planung und der internationalen Plankoordinierung, die Ausarbeitung von Planteilen der Integration und das erstmalige Aufstellen eines abgestimmten Planes der wichtigsten mehrseitigen Integrationsmaßnahmen sind Ausdruck entsprechenden erfolgreichen Bemühens.

Die Aufgaben der Leitung und Planung der internationalen Spezialisierung und Kooperation ergeben sich aus der Funktion, den Entwicklungserfordernissen und wachsenden Möglichkeiten der internationalen Spezialisierung und Kooperation für Wachstum, Effektivitätssteigerung und bessere Bedürfnisbefriedigung. Diese Potenzen gilt es so umfassend wie möglich für die planmäßige proportionale und effektive Entwicklung der eigenen Volkswirtschaft und der ganzen sozialistischen Gemeinschaft zu erschließen. Das bedeutet, die arbeitsteiligen Beziehungen komplex langfristig, stabil und zugleich flexibel zu organisieren. Dazu ist es notwendig, noch entschiedener vor allem folgenden Erfordernissen Rechnung zu tragen:

- die sozialistische internationale Arbeitsteilung sowie die Möglichkeiten der weltweiten Arbeitsteilung zu einer entscheidenden Grundlage für die Vervollkommnung der Volkswirtschaftsstruktur und die Intensivie-

rung der volkswirtschaftlichen und betrieblichen Reproduktionsprozesse zu machen,
- die Leitung und Planung der internationalen Spezialisierung und Kooperation - wie aller Integrationsaufgaben - auf allen Ebenen und in allen Bereichen organisch in die gesamte Leitungs- und Planungstätigkeit einzuordnen, sie zunehmend international abzustimmen und Formen der gemeinsamen Leitung und Planung schrittweise zu entwickeln und zu vervollkommnen,
- die gemeinsame Planungstätigkeit auf größere Zeiträume, Bereiche und alle Reproduktionsphasen auszuweiten und sie eng mit der Volkswirtschafts- und Betriebsplanung zu verbinden,
- die zwischenstaatlichen Planungs- und Koordinierungsergebnisse weiter zu fundieren und ihre Verbindlichkeit zu erhöhen, indem die Maßnahmen und übernommenen Verpflichtungen vorrangig und voll in die Bilanzen und Pläne aufgenommen und konsequent erfüllt werden,
- die Einheit von materieller und finanzieller Planung sowie von Planung und ökonomischer Stimulierung der arbeitsteiligen Beziehungen national und international besser zu gewährleisten,
- die Wirtschaftseinheiten stärker für die Ermittlung effektiver Varianten der internationalen Arbeitsteilung zu befähigen und materiell zu interessieren. Dazu gehört auch, daß die Erfüllung der Vereinbarungen und Verträge ein wichtiges Kriterium ihrer Leistungsbewertung wird.

Die Vervollkommnung der staatlichen Planung und der gemeinsamen Planungstätigkeit der RGW-Länder beeinflussen sich immer intensiver und bedingen sich einander in wachsendem Maße. Zugleich ist die Erfüllung der angeführten Aufgaben vom engen Zusammenwirken zwischen der zentralen staatlichen Leitung und Planung und der Tätigkeit der Wirtschaftseinheiten abhängig. Hierbei sind Stärkung und Qualifizierung der zentralen Leitung und Planung sowie Erhöhung der Initiative, Vollmachten und Aufgaben der Wirtschaftseinheiten auf der Grundlage des staatlichen Außenhandelsmonopols untrennbar miteinander verbunden.

Auf diese Weise werden die Volkswirtschafts- und Betriebspläne, die international koordinierten Maßnahmen, die gemeinsamen Programme und Pläne der internationalen Spezialisierung und Kooperation und der abgestimmte Plan mehrseitiger Integrationsaufgaben immer wirkungsvollere direkte Instrumente zur Organisierung der sozialistischen internationalen Arbeitsteilung.

In den vorangegangenen Abschnitten wurden bereits einige wesentliche Gesichtspunkte für die Leitung und Planung auf dem Gebiet der internationalen Spezialisierung und Kooperation angesprochen. Sie sollen nunmehr in einigen Aspekten weiter ausgeführt werden.

Das System der Vorbereitung von Maßnahmen der internationalen

Spezialisierung und Kooperation bis zum Abschluß von Vereinbarungen könnte gegliedert werden in

- Prognose- und Analysentätigkeit,
- Ausarbeitung von Konzeptionen/Varianten mit einer Grobbilanzierung und Berechnung der Nutzeffekte,
- volle Einordnung der Varianten bzw. Maßnahmen in die langfristigen Pläne, Fünfjahres- und Jahrespläne,
- Abschluß von Verträgen, Ausarbeitung gemeinsamer Realisierungsprogramme.

Durch die analytische und prognostische Tätigkeit werden die benötigten Ausgangsformationen beschafft. Ausgangspunkt aller weiteren Arbeit ist die Kenntnis der im Sozialismus sich entwickelnden gesellschaftlichen Bedürfnisse, die im Maße der realen Gegebenheiten durch die eigene Produktion und die potenzierten Möglichkeiten der sozialistischen ökonomischen Integration befriedigt werden. Dazu bedarf es – wie mit den sozialpolitischen Programmen unserer Länder begonnen – einer Präferenzskale der Dringlichkeit und zeitlichen Möglichkeit ihrer Befriedigung. Die konkrete Bedarfsermittlung im eigenen Land und in den Bruderländern liefert präzisierte Daten; sie ist aber keine einmalige Aufgabe, da sich im Zuge der Durcharbeitung verschiedener Varianten bis zum Abschluß von Vereinbarungen neben anderen Einflußfaktoren ständig Veränderungen ergeben. Es ist hierbei besonderer Wert auf tatsächlich realisierbare Exporte und valutamäßig gesicherte Importe zu legen. Mit der Erweiterung der Außenhandels- und Wirtschaftsbeziehungen zu nichtsozialistischen Ländern wächst auch die Bedeutung der Marktforschung und der Bedarfsprognosen auf diesen internationalen Märkten.

Außer Bedarfs- und sozialökonomischen Angaben sind Kenntnisse volkswirtschaftlicher und technisch-ökonomischer Art nötig. Das sind Daten über die Produktions- und Außenhandelsstrukturen in sozialistischen und nichtsozialistischen Ländern, über die Entwicklungstendenzen der Erzeugnisse, Verfahren und Anwendertechnologien, über die Aufwendungen und Ressourcen usw. (vgl. dazu Abschnitt 1.3.). Die erfolgreiche Weiterentwicklung der Arbeitsteilung und Integration ist in nicht geringem Umfang von gesicherten Erkenntnissen über diese Daten abhängig. Ihre fundierte Ermittlung in jedem Land, ein gründlicher Informationsaustausch und die verstärkte gemeinsame analytische und prognostische Arbeit sind daher von großem Gewicht.

An Hand der gewonnenen Angaben werden die verschiedenen Konzeptionen ausgearbeitet. Es handelt sich dabei vor allem um Strukturkonzeptionen, um die wissenschaftlich-technische Konzeption für die Erzeugnis- und Verfahrensentwicklung, die Konzeption für die Produktionsentwicklung und -organisation und um die Marktstrategie (Konzeption für den Absatz, für die Kundendienstorganisation). Alle diese Konzeptionen und langfristigen Entwicklungsprogramme der Zweige und Betriebe sollten von vornherein auf die internationale Arbeitsteilung und die Ausnutzung ihrer Möglichkeiten ausgerichtet sein und dazu verschiedene Varianten enthalten. Zugleich entstehen in Wechselbeziehung dazu und in einem Prozeß ständiger Vervollkommnung spezielle Konzeptionen der internationalen Spezialisierung und Kooperation. Diese müssen frühzeitig vorbilanziert und mit einer ersten, zunächst groben, Nutzeffektsberechnung belegt sein.

Im Zusammenhang mit den Strukturkonzeptionen bieten insbesondere die technisch-ökonomischen Analysen und darauf aufbauenden Konzeptionen unmittelbar Beziehungen zur internationalen Spezialisierung und Kooperation.

Es handelt sich hierbei um die Fertigungsverfahren und Anwendertechnologien, die Gebrauchswertparameter der Erzeugnisse, die konstruktive Gestaltung der Erzeugnisse und Erzeugnissysteme und die Produktionsorganisation. So ergeben sich aus der Entwicklung kompletter technologischer Linien sowie von Maschinen- und Gerätesystemen, aus den auch mit Hilfe von Weltstandsvergleichen festzulegenden höchsten Gebrauchswertparametern, aus der Konstruktion und den technologischen wie organisatorischen Fertigungsbedingungen Aufgaben bzw. Zusammenhänge zur Gestaltung der internationalen Spezialisierung und Kooperation. In Ableitung aus den Standardisierungsmaßnahmen der Erzeugnisse, ihrer Produktion und Anwendung (einschließlich Paßfähigkeit von Baugruppen, agrotechnischen Anwendungsbedingungen, Hygienebestimmungen, Güte- und Prüfvorschriften usf.) entstehen Vorschläge für Typenreihen von Erzeugnissen bzw. allgemein für ein rationelles standardisiertes Erzeugnissortiment.

Diese technisch-konstruktive Seite scheint gegenwärtig bereits teilweise mehr im Blickfeld der konzeptionellen Vorbereitung und der Zusammenarbeit zu stehen als die Beziehungen zwischen Produktionstechnologie, -organisation und internationaler Spezialisierung und Kooperation. Beides in untrennbarer Einheit zu sehen und leitungs- wie planungsmäßig zu beherrschen ist aber wichtig, um allseitig die Ökonomie zu erhöhen und kostengünstiger produzieren zu können. Durch internationale Spezialisierung und Kooperation sind die zweckmäßigsten konstruktiven Lösungen zu realisieren und zugleich Grundlagen für effektive technologische und organisatorische Fertigungsbedingungen (Fertigungsarten und -prinzipien) zu schaffen. Das erfordert auf den meisten Gebieten den Übergang zu Großserien- bzw. allgemein zu hohen Produktionsmaßstäben.

Bei der Ausarbeitung von Varianten der internationalen Spezialisierung und Kooperation werden die konkreten Anforderungen (Aufwendungen) und Realisierungsmöglichkeiten der zunächst stark technisch-ökonomisch begründeten Vorstellungen geprüft. Bei dieser technisch-ökonomischen

Arbeit kommt es also darauf an, umfassend zu untersuchen, alle Abschnitte des Reproduktionsprozesses und der Betriebsbereiche daraufhin zu durchleuchten, wie mit Hilfe der internationalen Spezialisierung und Kooperation rationalisiert und erweitert produziert werden kann. So ist beispielsweise zu prüfen: Welche Arbeiten zur Erzeugnis- und Verfahrensentwicklung wären mit welchen Partnern arbeitsteilig und gemeinsam zu leisten oder zu welchen Problemen bietet sich ein internationaler Austausch der Ergebnisse an; welche Erzeugnisse bestimmen künftig das Produktionsprogramm und bei welchen ist eine internationale Spezialisierung und Kooperation geeigneter Baueinheiten, Teile oder technologischer Prozesse zweckmäßig; wie kann mit Hilfe der internationalen Spezialisierung und Kooperation eine produktivere Technologie und Produktionsorganisation rationell angewendet, die Produktionskapazität mehr ausgelastet und die Erzeugnisqualität verbessert werden; durch welche Richtungen und Formen der Zusammenarbeit läßt sich die Materialbilanz verbessern, können teure Importe eingespart, kann die Produktion von Betriebsmitteln rationalisiert und erweitert werden; welche günstigeren Möglichkeiten und Konsequenzen ergeben sich aus der internationalen Spezialisierung und Kooperation für die Absatzwirtschaft, für ein koordiniertes und gemeinsames Auftreten auf dritten Märkten? Es zeigt sich, wie eng die sozialistische Rationalisierung in Forschung und Entwicklung, Produktion und Marktarbeit sowie die Rekonstruktion und Erweiterung von Produktionsanlagen mit der internationalen Spezialisierung und Kooperation verbunden sind.

Es gibt bereits eine Reihe Beispiele eines solchen Vorgehens, wenn damit auch noch nicht immer der gesamte Reproduktionsprozeß erfaßt wird. Zwischen der UdSSR, DDR und der ČSSR wurde schon vor Jahren eine einheitliche Reihe von Asynchronmotoren entwickelt. Weitere bilaterale und multilaterale Vereinheitlichungen stehen auf dem Arbeitsprogramm des Elektromaschinenbaus. Sie sind Voraussetzungen für die internationale Spezialisierung und Kooperation, für gemeinsame Rationalisierungs- und Rekonstruktionsarbeiten, wie sie zwischen Betrieben der DDR und der UdSSR begonnen wurden.

Für die Entwicklung des ESER wurden von der Mehrseitigen Regierungskommission verbindliche Empfehlungen erarbeitet. Die ESER-Entwicklungsrichtlinien werden in das jeweilige System der nationalen Standards eingeführt. So konnten in der ersten Etappe der Schaffung dieses großen Gerätesystems die entscheidenden Parameter festgelegt und ein hoher Grad der Vereinheitlichung der technischen, mathematischen und technologischen Lösungen erreicht werden. Jetzt werden RGW-Standards auf dem Gebiet der Rechentechnik erarbeitet (z. B. Code, Vorschriften zum Aufbau von Algorithmen und Programmen, technische Forderungen und Prüfverfahren). Mit dieser qualitativ neuen Form der Standardisierung entstehen wichtige Grundlagen für die zweite gemeinsame Entwicklungsetappe des ESER und für die weitere Spezialisierung und Konzentration von Forschung, Entwicklung und Produktion.[1]

Das Kombinat „Fortschritt" Neustadt hat als Objektkoordinator für den selbstfahrenden Feldhäcksler im Rahmen des Maschinensystems Halmfutterproduktion und -ernte federführend die Zielstellung für die gemeinsame Entwicklung des Grundmodells mit Modifikationen für die unterschiedlichen Einsatzbedingungen ausgearbeitet. Diese Zielstellung wurde international abgestimmt und bestätigt. Die Aufgaben für die mitarbeitenden Länder und die Formen der Zusammenarbeit werden in einem Objektvertrag festgelegt. Die auszuarbeitende technische Konzeption soll vor allem zwei Bedingungen erfüllen:

- Gestaltung der Grundmaschine, die in den Parametern und Baugruppen die erforderlichen Modifikationen ermöglicht,
- Gliederung in solche Baugruppenkomplexe, die für den Entwicklungs- und Produktionsprozeß relativ selbständig sind und durch einfache Montageprozesse zur Gesamtmaschine zusammengefügt werden können.

Im weiteren Verlauf bedarf es hier wie auf anderen Gebieten vor allem der Spezialisierung und Kooperation in der Produktion, ihrer engen Verbindung mit der arbeitsteiligen Forschung und Entwicklung und der Lösung ökonomischer Probleme der Zusammenarbeit (Preise u. a.).[2]

Auf der Grundlage international abgestimmter und zunehmend gemeinsam ausgearbeiteter Konzeptionen bzw. Programme für die weitere Entwicklung der internationalen Spezialisierung und Kooperation können die vorgesehenen Maßnahmen detailliert bilanziert und in den volkswirtschaftlichen wie betrieblichen Reproduktionsprozeß komplex eingeordnet werden. Das geschieht durch die Fünfjahres- und Jahresplanung und künftig auch durch die langfristige Planung. Wenn von den ersten Schritten der konzeptionellen Arbeit bis zu den Vereinbarungen über Maßnahmen der internationalen Spezialisierung und Kooperation diese Einordnung in den gesamten Planungsprozeß gewährleistet ist, wird eine entscheidende Basis für reale Verträge und gemeinsame Programme der internationalen Spezialisierung und Kooperation sowie ihre Verwirklichung geschaffen. Allerdings bedarf es dazu einer insgesamt ausbilanzierten und gut ge-

[1] Vgl. Die Wirtschaft, 14/1975, Beilage.

[2] Zu einigen Erfahrungen über die analytische und konzeptionelle Arbeit des Landmaschinenbaus der DDR auf dem Gebiet der internationalen Spezialisierung und Kooperation. Vgl. bei R. Martin, G. Umbreit, Aufgaben und Probleme der Qualifizierung der Planung von Maßnahmen der sozialistischen ökonomischen Integration in Betrieben, Kombinaten und Zweigleitungen, in: Wirtschaftswissenschaft, 10/1975, S. 1499 ff.

planten proportionalen Entwicklung der Volkswirtschaften, die sich zwar hohe, aber reale, materiell gedeckte Ziele stellen.

In diesem Prozeß der Planung steht die Frage nach der Rolle des gesonderten Planteils „Sozialistische ökonomische Integration“ und der Ebene seiner Ausarbeitung. Es hat sich gezeigt, daß ein solcher Planteil nicht nur für die Volkswirtschaft, sondern auch auf der Ebene der Zweige und in jenen Kombinaten ausgearbeitet werden muß, die mit Volkswirtschaften anderer sozialistischer Länder vor allem über internationale Spezialisierung und Kooperation eng verflochten sind. Erste positive Erfahrungen liegen in mehreren VVB und Kombinaten vor. Ein solcher Planteil sollte nicht nur die bereits abgeschlossenen Vereinbarungen enthalten, sondern auch Projekte nächstfolgender Maßnahmen. Damit würde er sich als Kontroll- und Führungsinstrument bewähren. Selbstverständlich ist ein eigener Planteil kein Ersatz für die Aufnahme der entsprechenden Aufgaben in die jeweiligen Bilanzen und Planteile (wie MAK-Bilanzen, Pläne für Forschung und Entwicklung, Investitionen, Produktion, materiell-technische Versorgung, Export und Import). Nur so wird eine komplexe Einbindung der Integrationsmaßnahmen gesichert.

Eine fundierte Leitung und Planung der internationalen Spezialisierung und Kooperation hängt wesentlich von der guten Zusammenarbeit zwischen der zentralen staatlichen Planung und der Planung auf Zweig- und Betriebsebene ab. Im Rahmen der Ausarbeitung der volkswirtschaftlichen Strukturkonzeption, der Analyse und Festlegung der Grundproportionen und Hauptaufgaben der volkswirtschaftlichen Entwicklung planen und bilanzieren die zentralen Organe die Grundrichtungen der weiteren Eingliederung der Volkswirtschaft in die internationale Arbeitsteilung und die volkswirtschaftlich entscheidenden sowie besonders aufwendigen Objekte und Maßnahmen der sozialistischen ökonomischen Integration. Das sind vor allem auch Aufgaben, die überzweiglich stark verflochten sind.

Mit der Qualifizierung dieser Tätigkeit ist zugleich eine aktive Planungs- und Wirtschaftstätigkeit der Betriebe zur Vertiefung der internationalen Spezialisierung und Kooperation erforderlich.[3] In einer Reihe von VVB und Kombinaten gibt es in dieser Hinsicht bereits beachtliche Fortschritte. Dabei wird die initiativreiche Arbeit der Wirtschaftseinheiten durch fundierte langfristige Vorgaben und Rahmenbedingungen wesentlich gestützt. Das sind in wertmäßiger und (differenziert nach der Art der Zweige und Erzeugnisse) gebrauchswertmäßiger Form sowohl Forderungen an die Entwicklung der Zweige und Betriebe als auch die dafür erforderlichen materiellen, arbeitskräftemäßigen und finanziellen Voraussetzungen bzw. Begrenzungen für ihre erweiterte Reproduktion. Sie leiten sich aus den

[3] Vgl. Ch. Luft, Höhere Verantwortung der Betriebe und Zweige im Integrationsprozeß, in: Einheit, 12/1974, S. 1393–1399.

Hauptproportionen der volkswirtschaftlichen Entwicklung, den Grundlinien der Beteiligung an der sozialistischen ökonomischen Integration und der internationalen Arbeitsteilung sowie aus den volkswirtschaftlich wichtigsten Objekten der internationalen Spezialisierung und Kooperation ab.

Wenn diese Zielstellungen und Rahmenbedingungen die nötige Stabilität aufweisen, kann sich die schöpferische Arbeit der Wirtschaftseinheiten im Rahmen der gesellschaftlichen Erfordernisse bewegen. Das Niveau der zentralen staatlichen Leitung und Planung hat wesentlichen Einfluß darauf, daß sich die Tätigkeit der Wirtschaftseinheiten auf die Schwerpunkte der volkswirtschaftlichen Entwicklung und der sozialistischen ökonomischen Integration konzentriert, daß sich die von ihnen auszuarbeitenden Vorschläge und Vorhaben in die Volkswirtschaftspläne einpassen und in diese eingeordnet werden können, daß die Ausgewogenheit der Außenhandelsbilanzen und die Stabilität der arbeitsteiligen Beziehungen gefördert wird.

Wichtige Vorgaben und Rahmenbedingungen sind:[4]

- die durch internationale Vereinbarungen bestimmten grundlegenden Entwicklungsrichtungen für Forschung, Entwicklung und Produktion;
- Orientierungsgrößen für den Bedarf der DDR;
- Exportaufgaben und Importmittel pro Land bzw. Währungsgebiet;
- Orientierungsgrößen der Bereitstellung von Investitionen, Material und Energie sowie hinsichtlich der Arbeitskräfteentwicklung;
- Entwicklung ökonomischer Kennziffern.

Die rechtzeitige und fundierte Festlegung dieser Grundrichtungen und Vorgaben setzt die unmittelbare aktive Mitarbeit der VVB und Kombinate sowie der Außenhandelsbetriebe voraus. Deren eigene Vorstellungen über die perspektivische Entwicklung von Produktion und Außenhandel auf der Grundlage der internationalen Spezialisierung und Kooperation sind eine wichtige Grundlage der auszuarbeitenden lang- und mittelfristigen Volkswirtschaftspläne und ihrer internationalen Koordinierung.

Aufgaben der Wirtschaftseinheiten.

Mit der Vertiefung der sozialistischen internationalen Spezialisierung und Kooperation und der wachsenden Vielfalt und Differenziertheit der hierbei zu lösenden Aufgaben erhöht sich gesetzmäßig die Funktion der produzierenden Wirtschaftseinheiten und Außenhandelsbetriebe bei der Ermittlung der detaillierten Varianten der internationalen Arbeitsteilung und der Organisierung der internationalen Spezialisierung und Kooperation.

[4] Vgl. Autorenkollektiv, Die sozialistische ökonomische Integration — ihre Leitung, Planung und Stimulierung, Berlin 1974, S. 105.

Sie tragen eine große Verantwortung dafür, die Möglichkeiten der internationalen Spezialisierung und Kooperation zur bedarfsgerechten Produktion hochwertiger Erzeugnisse, zur Steigerung der Exportkraft der Volkswirtschaft und zu ihrer kontinuierlichen, effektiven erweiterten Reproduktion sowie für den steten wissenschaftlich-technischen Fortschritt und hohen technisch-ökonomischen Stand der spezialisierten und kooperierten Produktion auszuschöpfen. Das sind zugleich Grundvoraussetzungen, um die arbeitsteiligen Beziehungen vertiefen und festigen zu können. Daher beziehen sich die Aktivitäten der Wirtschaftseinheiten besonders

- auf die Vorbereitungsphase der internationalen Spezialisierung und Kooperation. In dieser werden durch umfangreiche eigene analytische und konzeptionelle Arbeiten die günstigsten Wege zum Ausnutzen der Vorzüge der sozialistischen und weltweiten internationalen Arbeitsteilung ermittelt und eine allseitige planmäßige Vorbereitung der Objekte und Maßnahmen gesichert. Das schließt ihre aktive Mitwirkung an der internationalen Plankoordinierung und an der gemeinsamen Planung ein;
- auf die Ausgestaltung und den Abschluß von Verträgen über die Spezialisierung und Kooperation nach deren zentraler Bestätigung und
- auf die volle Realisierung der eingegangenen Verpflichtungen, die gegenseitige Hilfe bei der Vertragserfüllung und die eventuelle Präzisierung der Verträge.

Zu diesem Zweck erweitern und festigen die Wirtschaftseinheiten ihre Direktbeziehungen zu den Partnern der RGW-Länder. In wachsender Zusammenarbeit mit diesen bestehen ihre Aufgaben auf der Grundlage der zentralen staatlichen Leitung und Planung und der gemeinsamen Planungstätigkeit vor allem in folgendem:

- Mitwirkung bei der Festlegung der Grundlinien der sozialistischen internationalen Spezialisierung und Kooperation;
- Analyse der Entwicklungstendenzen von Wissenschaft, Technik und Technologie bezüglich Produktion und Anwendungsbedingungen;
- genaue Abstimmung des Bedarfs und verstärkte gemeinsame Prognostizierung des Bedarfs, der Ressourcen und der Potentialentwicklung zwischen den RGW-Ländern;
- Ausarbeitung von Varianten der internationalen Spezialisierung und Kooperation mit Nutzensnachweis sowie der technisch-ökonomischen Konzeption für die Erzeugnis-, Verfahrens- und Produktionsentwicklung. Die Ermittlung der Konzentrationserfordernisse auf dem konkreten Gebiet in Forschung, Entwicklung und Produktion sowie der zweckmäßigsten internationalen Spezialisierung und Kooperation, der Erzeugnisvergleich und die Standortanalyse können nur von den Wirtschaftseinheiten und den betreffenden wissenschaftlichen Einrichtungen mit Sachkenntnis vorgenommen werden.

Bei diesen Analysen sind stets auch die Voraussetzungen und Auswirkungen in vor- und nachgelagerten Produktionsstufen zu untersuchen, zu beachten und zu bilanzieren. Die günstigsten Spezialisierungsvarianten können nur unter dem Blickwinkel der gesamten Kooperationskette im nationalen und internationalen Rahmen gefunden werden;

- Ermittlung der Aufwendungen und der qualitativen Voraussetzungen für ein hohes technisch-ökonomisches Niveau und eine bedarfsgerechte spezialisierte Produktion sowie einen modernen Kundendienst;
- materiell-technische, arbeitskräftemäßige sowie finanzielle Vorbereitung und Sicherstellung der Spezialisierungs- und Kooperationsmaßnahmen;
- Abstimmung verbindlicher Forschungs- und Entwicklungspläne bzw. gemeinsame Durchführung der Forschung und Entwicklung, der Projektierung und der Konstruktion bei sukzessiver Erweiterung von Elementen einer gemeinsamen wissenschaftlich-technischen Politik – Typisierung und internationale Standardisierung von Verfahren, Erzeugnissen, Anwendertechnologien, Systemunterlagen, Prüfbedingungen usw.;
- Koordinierung und zunehmende gemeinsame Planung der bedarfsgerechten Produktion, der Kapazitätsentwicklung in den Ländern und der gegenseitigen Lieferungen in Menge und Qualität, der Preise, der Liefer- und Zahlungsbedingungen (das setzt die rechtzeitige Prüfung der Auswirkungen von Spezialisierung und Kooperation in den Ländern auf die Handels- und Zahlungsbilanz und die Sicherung der benötigten Valutamittel für den Import voraus);
- Koordinierung, gemeinsame Planung und zum Teil gemeinsame Durchführung von Investitionen sowie Rekonstruktions- und Rationalisierungsmaßnahmen;
- Verwirklichung anderer Maßnahmen der Hilfe und Zusammenarbeit zur vollen technologischen und organisatorischen Beherrschung der spezialisierten Produktion in den betreffenden Ländern, zur Erreichung bester technisch-ökonomischer Parameter und einer hohen Qualität der Erzeugnisse;
- Abstimmung, gegenseitige Unterstützung und gemeinsame Marktarbeit, einschließlich auf dritten Märkten, Sicherung eines weltmarktfähigen Kundendienstes und gemeinsamen Vorgehens in der Lizenztätigkeit sowie im Erwerb und Verkauf anderer wissenschaftlich-technischer Unterlagen.

Etwa diese Aufgaben sind im Zusammenhang mit der aktiven Nutzung der Ware-Geld-Kategorien Inhalt der komplexen Organisierung der internationalen Spezialisierung und Kooperation. Sie sind Voraussetzungen bzw. Bestandteil der auszuarbeitenden und international abzustimmenden langfristigen Programme für die Entwicklung der internationalen Spezialisierung und Kooperation. Zugleich lassen sie erkennen, wie eng und untrennbar die Maßnahmen der internationalen Spezialisierung und Kooperation mit der Gesamtentwicklung der Betriebe verbunden sind. Daher können diese auch nur aus der Gesamtsicht der Reproduktionsprozesse bewertet und entschieden werden.

Wie bereits dargelegt, sollte in Koordinierungszentren und internationalen Wirtschaftsvereinigungen eine höhere Qualität bei der Erfüllung dieser Aufgaben erreicht werden. Besonders internationale Wirtschaftsvereinigungen sind auf den ausgewählten Gebieten dazu berufen, einen geschlossenen, gemeinsam geplanten und organisierten Zyklus von der Forschung und Entwicklung über die Investition und Produktion bis zum Kauf und Verkauf von Waren und Leistungen und dem Kundendienst aufzubauen.

Die Organisierung und Durchführung von Spezialisierungs- und Kooperationsmaßnahmen ist also keine Ressortangelegenheit. Sie verlangt eine enge Zusammenarbeit zwischen allen Bereichen und Abteilungen in den VVB, Kombinaten und Betrieben (insbesondere zwischen Forschung und Entwicklung, Investition, Produktion und Absatz) unter Leitung der Generaldirektoren und Direktoren und sollte noch mehr zur Sache aller Werktätigen, zum ständigen Bestandteil der politisch-ideologischen Arbeit und des sozialistischen Wettbewerbs werden.

Zur Herausbildung stabiler und effektiver arbeitsteiliger Beziehungen haben sich zwei- und mehrseitige Abkommen und Verträge über Spezialisierung und Kooperation bewährt. Es erweist sich als notwendig, multilaterale Verträge schneller durch detaillierte zweiseitige Vereinbarungen zu untersetzen. Die Wirksamkeit der Verträge wird erhöht, wenn die gegenseitigen Verpflichtungen in gebrauchswertmäßiger und wertmäßiger Form komplex und auf der Grundlage eingehender Analysen der Einflußfaktoren und der Realisierungsbedingungen festgelegt werden, wenn diese, vor allem auch mit Hilfe der Preise, eindeutig auf ein hohes technisch-ökonomisches Niveau der Leistungen und Erzeugnisse orientieren und wenn um die Erfüllung der Verträge mit großer politischer Verantwortung sowie mit ausreichenden ökonomischen Stimulierungsmitteln (darunter wirksamen Sanktionen) gerungen wird. In den Verträgen sind die entsprechenden wissenschaftlich-technischen Arbeiten, anzuwendende Standards, die technisch-ökonomischen Parameter der Erzeugnisse, die Preise und die Grundsätze ihrer Veränderung, die gegenseitigen Lieferungen nach Umfang, Sortiment und Termin, Maßnahmen zur Sicherung eines leistungsfähigen Kundendienstes und der Ersatzteilversorgung einschließlich eines abgestimmten bzw. gemeinsamen Auftretens auf dritten Märkten und evtl. Aufgaben zur technischen und ökonomischen Unterstützung zwischen den Partnern festzulegen.

Das gewissenhafte Erfüllen von Verträgen sowie aller aus der Zusammenarbeit resultierenden Verpflichtungen wird immer bedeutender, denn mit vertiefter internationaler Spezialisierung und Kooperation wächst die gegenseitige Abhängigkeit der Volkswirtschaften und verzahnen sich die Reproduktionsprozesse immer stärker. Damit erhöht sich die ökonomische und politische Verantwortung des einen Landes für die ökonomische und gesamtgesellschaftliche Entwicklung des anderen sozialistischen Landes und der ganzen Gemeinschaft.

Die mit der internationalen Spezialisierung und Kooperation verbundenen Strukturveränderungen und enger werdenden Verflechtungsbeziehungen erfordern vor allem längerfristige Verträge. Im konkreten richtet sich ihr Gültigkeitszeitraum nach der Art und der Spezifik des Gegenstands, der Vorbereitungszeit der Produktion, dem überschaubaren Reproduktionszyklus, der Prognose der Bedarfsentwicklung und anderen Faktoren.

Auch das Problem einer richtigen Verbindung von Stabilität und Elastizität der arbeitsteiligen Beziehungen bedarf einer konkreten Lösung durch die Ausgestaltung der Verträge (Liefermenge und -fristen, Preise, Qualität, wissenschaftlich-technische Weiterentwicklung der Erzeugnisse usw.) und durch die Festlegung der Bedingungen ihrer Veränderungen. Von Bedeutung ist hierbei auch das Verhältnis von Planzeitraum und Laufzeit der Verträge und die daraus abgeleitete Frage der zeitlichen Eintaktung des Abschlusses der Verträge in die internationale Plankoordinierung und den Abschluß der Außenhandelsabkommen. Dabei besteht eine wichtige Aufgabe darin, die Übereinstimmung von Plankoordinierung – Außenhandelsabkommen – Spezialisierung- und Kooperationsverträgen und Volkswirtschafts- sowie Betriebsplänen zu sichern. Deshalb sollten in die Fünfjahrpläne alle abgeschlossenen und in Vorbereitung befindlichen Maßnahmen der internationalen Spezialisierung und Kooperation aufgenommen und neue Verträge weitgehend im Zuge der Koordinierung dieser Pläne abgeschlossen werden. Das ist bei der Koordinierung der Fünfjahrpläne von 1976–1980 bereits in größerem Umfang geschehen.

Damit ist jedoch nicht die Forderung begründet, alle Spezialisierungs- und Kooperationsverträge im Ergebnis der Plankoordinierung und vor dem Abschluß der fünfjährigen Außenhandelsabkommen zu vereinbaren. Manche Spezialisierungs- und Kooperationsverträge können nicht in einem solchen „Fünfjahrrhythmus“ abgeschlossen werden. Außer längerfristig geltenden Verträgen, die fortlaufend in die Pläne und Außenhandelsabkommen einzuordnen sind, bedarf es für den Abschluß neuer Verträge einer größeren Beweglichkeit während der Realisierung der Fünfjahrpläne. Durch Toleranzen in der Planung, langfristige kontinuierliche Volkswirtschaftsplanung und internationale Plankoordinierung und andere Voraussetzungen kann den Wirtschaftseinheiten so viel Spielraum gelassen werden, daß neu entstehenden Möglichkeiten und Erfordernissen planmäßig organisierter arbeitsteiliger Beziehungen im Rahmen der volkswirtschaftlichen Bedingungen zügiger entsprochen werden kann.

Zwischen langfristiger Planung der Volkswirtschaften, ihrer internationalen Koordinierung und der stabilen Entwicklung von Spezialisierung und Kooperation bestehen somit untrennbare Wechselbeziehungen. Dem sollte der Mechanismus von Leitung und Planung im nationalen und internationalen Rahmen Rechnung tragen, um sowohl größere Stabilität als auch Beweglichkeit und Effektivität der Wirtschaftsabläufe zu gewährleisten.

Es wurde schon darauf hingewiesen, daß fundierte volkswirtschaftliche Strukturkonzeptionen, eine zunehmend international abgestimmte Strukturpolitik und die Koordinierung der langfristigen Volkswirtschaftspläne es ermöglichen, in den Grundrissen den perspektivisch zweckmäßigsten Platz der einzelnen Volkswirtschaften in der sozialistischen internationalen Arbeitsteilung zu umreißen. Damit erhalten die Länder größere Sicherheiten für ihre weitere Entwicklung und unerläßliche Rahmenbedingungen für die internationale Spezialisierung und Kooperation, an der ihr Interesse gefördert wird.

Wenn so vorgegangen wird und die Analyse wie die Festlegung sowohl der Hauptrichtungen der arbeitsteiligen Beziehungen als auch der einzelnen Maßnahmen der internationalen Spezialisierung und Kooperation von vornherein in die gesamte konzeptionelle und Planungsarbeit auf allen Ebenen einbezogen ist, werden wichtige Voraussetzungen zur Lösung eines der akutesten Probleme geschaffen. Es handelt sich um das schwierige Problem, die Beziehungen zwischen der Entwicklung der internationalen Spezialisierung und Kooperation und der Handels- und Zahlungsbilanz von der materiellen Grundlage her planmäßig langfristig und kurzfristig besser zu beherrschen. Die Analyse des Entwicklungsstands der internationalen Spezialisierung und Kooperation ergibt als eine ihrer Schlußfolgerungen, daß vor den Vereinbarungen über arbeitsteilige Beziehungen volle Sicherheiten über deren materielle und finanzielle Realisierbarkeit gegeben sein müssen. Neben Investitionen und Arbeitskräften bezieht sich das in hohem Maß auf die notwendig übereinstimmende Entwicklung der Zahlungsbilanz mit den aus der Erweiterung der internationalen Spezialisierung und Kooperation resultierenden Export- und Importströmen. Stabile arbeitsteilige Beziehungen setzen einen gesicherten Export und die Bereitstellung ausreichender Valutamittel für den Import voraus. Die von der bisherigen Praktizierung des jährlichen und zweiseitigen Zahlungsbilanzausgleichs oft ausgehenden Eingriffe und Umorientierungen in Lieferungen und Bezüge stören die Kontinuität der außenwirtschaftlichen und binnenwirtschaftlichen Entwicklung und betreffen teilweise bereits vereinbarte Spezialisierungen. Sie sind unvereinbar mit einer vollen Ausschöpfung der Reserven der internationalen Arbeitsteilung und ihrer stabilen Gestaltung.

Ein enges bilanzmäßiges Herangehen an die internationale Spezialisierung und Kooperation ist fehl am Platze. Das heißt, die Entwicklung der internationalen Spezialisierung und Kooperation kann nicht im engen Sinn aus der gegebenen Zahlungsbilanzsituation mit den einzelnen Ländern abgeleitet werden.[5] Sicher ist hier zwischen manch kurzfristig erforderlicher Maßnahme und dem grundsätzlichen Vorgehen zu unterscheiden. Vom Standpunkt einer langfristigen Planung – und nur das ist für die Anlage der internationalen Spezialisierung und Kooperation tragfähig – bringt ein solches einseitiges bilanzmäßiges Vorgehen, gewollt oder ungewollt, eine starke statische Betrachtungsweise und eine ungenügend aktive Haltung zur internationalen Spezialisierung und Kooperation mit sich.

Eine aktive Politik der internationalen Spezialisierung und Kooperation zu betreiben heißt, Effektivitätsreserven durch ausgeprägte export- und importorientierte Entwicklung der internationalen Spezialisierung und Kooperation voll auszuschöpfen, wobei der für die Zahlungsbilanz erforderliche Exportüberschuß erwirtschaftet werden muß. Sie versucht – soweit erfaßbar – auch die vielfältigen multiplikativen Wirkungen des Imports moderner Technik und wirtschaftlicher Rohstoffe und Materialien auf das Wachstum und die Effektivität der Volkswirtschaft einzukalkulieren. Geht man von einer solchen, die Zahlungsbilanzmöglichkeiten erweiternden Wirkung der internationalen Spezialisierung und Kooperation aus, dann können aus der großen Beanspruchung durch Rohstoffimporte perspektivisch prinzipiell keine engen Bilanzierungsbegrenzungen für die internationale Spezialisierung und Kooperation abgeleitet werden. Die entscheidende Voraussetzung dafür besteht allerdings darin, die internationale Spezialisierung und Kooperation zu einem der wichtigsten Elemente der nationalen und internationalen koordinierten Strukturpolitik und der gesamten Planung zu machen mit dem Ziel, die Exportkraft der Volkswirtschaft zu stärken, moderne Erzeugnisse bedarfsgerecht und effektiv zu produzieren und damit einen langfristig gesicherten rentablen Export sowie Import mit dem sozialistischen und dem nichtsozialistischen Wirtschaftsgebiet zu garantieren. Dazu gehört die Übereinstimmung der Grundrichtungen der internationalen Spezialisierung und des Exports und Imports mit der Forschungsstrategie, der Investitionspolitik, der Entwicklung der Produktionsstruktur und aller materiellen wie finanziellen Ressourcen.

Besondere Schwierigkeiten bereitet es, die Beziehungen zwischen der aus der internationalen Spezialisierung und Kooperation resultierenden Waren- und Länderstruktur planmäßig zu organisieren. Der faktische Bilateralismus im Zahlungsbilanzausgleich erfordert eine ländermäßige Bilanzierung. Daraus entsteht die Aufgabe, die Varianten und Programme der internationalen Spezialisierung und Kooperation nach der Waren- und

[5] G. Schürer, Die Aufgaben bei ..., a. a. O., S. 26.

Länderstruktur auszuarbeiten, der internationalen Plankoordinierung zugrunde zu legen und ihre materiellen und wertmäßigen Auswirkungen zu bilanzieren. Das ist auf volkswirtschaftlicher Ebene als auch auf Zweigebene notwendig.[6] Langfristige Planung der internationalen Spezialisierung und Kooperation und langfristige Planung der Handels- und Zahlungsbilanzentwicklung sind von der Grob- bis zur Feinbilanzierung aufeinander abzustimmen und in ihren wechselseitigen Beeinflussungen zu berücksichtigen.

Die straffere Länderplanung der Zahlungsbilanz sollte daher nicht nur besser mit der – auch nach Ländern zu planenden – Entwicklung der internationalen Spezialisierung und Kooperation abgestimmt, sondern auch beweglich gehandhabt werden. Dazu würde u. a. gehören, durch ein gut funktionierendes Informationssystem zwischen Wirtschaftseinheiten und Zentrale neuen Export- und Importmöglichkeiten in den gegebenen Grenzen schnell Rechnung zu tragen. Hierzu gehören auch Toleranzen in den Vorgaben und materielle wie finanzielle Reserven. Zu überprüfen wäre, ob eine teilweise Anwendung des Saldenprinzips der Export-Importentwicklung bei Vorgabe des notwendigen Exportvolumens zweckmäßig und möglich ist. Allerdings dürfte das mit wenigen Ausnahmen nur bis zur Ebene der Industrieministerien sinnvoll sein, weil die Kopplung der Export-Importentwicklung nach Ländern auf der Ebene der Wirtschaftseinheiten in der Regel kaum wesentliche selbständige Änderungsvarianten zuläßt.

Neben der übereinstimmenden Länderplanung der internationalen Spezialisierung und Kooperation und der Handels- und Zahlungsbilanzen ist es für die bessere Lösung des behandelten Problems aber auch dringend notwendig, das sozialistische internationale Währungs- und Finanzsystem weiter zu vervollkommnen, den internationalen Kredit noch stärker anzuwenden, den multilateralen Verrechnungsverkehr schrittweise auszubauen und dazu allmählich die mehrseitige und mehrjährige Bilanzierung der Außenhandelsumsätze zwischen den RGW-Ländern zu entwickeln. Bekanntlich sind für einen entfalteten multilateralen Verrechnungsverkehr jedoch vor allem ökonomische, materielle Voraussetzungen erforderlich. Grundbedingung ist also die Schaffung noch effektiverer, einander sich immer mehr verzahnender Produktions- und Außenhandelsstrukturen und die weitere Erhöhung des technisch-ökonomischen Niveaus in den RGW-Ländern, wozu die vertiefte internationale Spezialisierung und Kooperation einen großen Beitrag leistet. Bei der hierzu erforderlichen Planung der Wechselbeziehungen zwischen internationaler Arbeitsteilung, internationalem Austausch und Zahlungsbilanz (insgesamt und territorial) wer-

[6] Wir halten diesbezügliche Vorschläge zur Ausarbeitung von Länderkonzeptionen auf der Ebene von VVB für begründet. (Vgl. R. Martin, G. Umbreit, Aufgaben und Probleme . . ., a. a. O., S. 1502 ff.)

den zugleich die Ware-Geld-Beziehungen aktiver genutzt. Die Einwirkungsmöglichkeiten der Zirkulationssphäre auf die Entwicklung der Produktion und der internationalen Arbeitsteilung dürfen nicht unterschätzt werden.

Wie im Vorwort betont, werden in dieser Arbeit die Probleme der Ware-Geld-Beziehungen nicht ausführlich in einem gesonderten Abschnitt behandelt. Dazu gibt es bereits in relativ großer Zahl spezielle Veröffentlichungen.[7] Eine Reihe konkreter Bezüge zur internationalen Spezialisierung und Kooperation wurde in verschiedenen Zusammenhängen hergestellt. Abschließend soll unterstrichen werden, daß ein qualitativ höheres Niveau der internationalen Spezialisierung und Kooperation nur erreicht werden kann, wenn neben allen anderen Voraussetzungen die Ware-Geld-Kategorien in allen Etappen der Zusammenarbeit planmäßig angewendet werden, wenn den Erfordernissen des Wertgesetzes im Gesamtsystem der ökonomischen Gesetze des Sozialismus unter Berücksichtigung der materiellen ökonomischen Bedingungen der sozialistischen Staaten planvoll entsprochen wird. Dabei geht es nicht um Einzelmaßnahmen, sondern darum, alle Seiten der Ware-Geld-Beziehungen organisch mit der Planung zu verbinden und aktiv als Meßgrößen, als Instrumente der Leitung, Planung und ökonomischen Stimulierung für das Ermitteln und Verwirklichen effektiver Varianten der internationalen Spezialisierung und Kooperation zum gegenseitigen Vorteil einzusetzen.

Das gilt innerhalb der Volkswirtschaften und für den zwischenstaatlichen Mechanismus der sozialistischen ökonomischen Integration. So kann die Einheit von materieller und finanzieller Planung, von Planung und ökonomischer Stimulierung realisiert werden, können die materiellen Aufgaben und übernommenen Verpflichtungen zur Entwicklung der internationalen Spezialisierung und Kooperation mit den finanziellen Möglichkeiten in Übereinstimmung kommen.

In bezug auf die internationalen Ware-Geld-Beziehungen kommt es hier speziell darauf an, das Wachstum der Außenhandelsbeziehungen zwischen den RGW-Ländern (nach Struktur und Volumen) planmäßig mit der Entwicklung der internationalen Spezialisierung und Kooperation zu verbinden. Die RGW-Vertragspreise sollten stärker als Anreiz zum Ausschöpfen aller Möglichkeiten der internationalen Spezialisierung und Kooperation für niedrigen Aufwand, hohes technisch-ökonomisches Niveau der Produktion und der Erzeugnisse sowie für eine bedarfsgerechte Produktion moderner Produktions- und Konsumtionsmittel wirksam werden. Hierzu gehört ferner, die Valuta-, Finanz- und Kreditbeziehungen im Zusammenhang mit der Stärkung des transferablen Rubels und dem systematischen Ausbau seiner Geldfunktionen noch aktiver auszunutzen.

[7] Vgl. vor allem auch G. Gräbig, G. Brendel, H.-J. Dubrowsky, Ware-Geld-Beziehungen in der sozialistischen ökonomischen Integration, Berlin 1975.

Für das Organisieren und Stimulieren der internationalen Spezialisierung und Kooperation wie der gesamten sozialistischen ökonomischen Integration kann es innerhalb der Länder im Prinzip offensichtlich kein gesondertes System geben (einzelne besondere Erfordernisse und Regelungen sind dabei nicht ausgeschlossen). Das setzt aber voraus, daß das System der Leitung, Planung und Stimulierung in seiner Gesamtheit immer vollkommener auf Intensivierung und Effektivitätsfortschritt und damit zugleich zwingend sowie zielgerichtet auf umfassende und rationelle Ausnutzung der internationalen Spezialisierung und Kooperation ausgerichtet wird. Der gesamte Leitungs- und Planungsprozeß in den Betrieben und zentralen Organen, geplante Effektivitätssteigerung, Preis, Kredit, Zins, die wirtschaftliche Rechnungsführung (einschließlich Leistungsbewertung der Betriebe) müssen so erfolgen und gestaltet sein, daß alle Glieder der Volkswirtschaft gezwungen sind, stimuliert werden, aber auch materiell in der Lage sind, die großen Reserven der internationalen Arbeitsteilung im Einklang mit den volkswirtschaftlichen Erfordernissen und Möglichkeiten immer wirksamer zu erschließen.[8]

Die internationale Spezialisierung und Kooperation ist einer der entscheidenden Faktoren der sozialistischen ökonomischen Integration, der neben den inneren Erfordernissen der Volkswirtschaft dazu zwingt, die Systeme der Leitung, Planung und Stimulierung in den RGW-Ländern zu vervollkommnen und immer mehr einander anzunähern. Dieser Prozeß ist mit dem Ausbau der internationalen Planungszusammenarbeit und des gesamten ökonomischen Mechanismus der sozialistischen ökonomischen Integration organisch verbunden. Die Annäherung der innerstaatlichen Systeme der Leitung und Planung sowie der Stimulierung geht etappenweise und langfristig vor sich. Darauf wirken vor allem auch die unterschiedlichen volkswirtschaftlichen Bedingungen der Länder ein.

Die ständige Höherentwicklung der internationalen Spezialisierung und Kooperation ist zusammen mit den objektiven Faktoren – den materiell-ökonomischen Bedingungen – von subjektiven Faktoren abhängig: der Wissenschaftlichkeit der Leitung und Planung in den Ländern und auf zwischenstaatlicher Ebene, der Stärke und Zielgerichtetheit der materiellen Interessiertheit der Volkswirtschaften und Betriebe, der Erkenntnis und Überzeugung von ihrer bedeutenden Funktion und der Fähigkeit aller Leitungsorgane, die gemeinsamen und nationalen Interessen gut mitein-

8 So hat u. a. das Bemühen, die Kennziffer „Warenproduktion“ richtig in andere Kennziffern zur exakten Leistungsbewertung der Betriebe einzuordnen, auch einen unmittelbaren Bezug zur internationalen Spezialisierung und Kooperation. Die Kennziffer „Warenproduktion“ beeinflußt die Wahl internationaler Spezialisierungsrichtungen und des Standortes nicht immer in der an sich ökonomischsten Art und Weise (z. B. durch einseitige Stimulierung des Imports von Kooperationszulieferungen).

ander zu verbinden. Daraus erklärt sich die wachsende Rolle der Bewußtheit, des Klassenbewußtseins, auch auf diesem für die Stärkung des Weltsozialismus wichtigem Gebiet.

Die der internationalen Spezialisierung und Kooperation immanenten großen Wachstums- und Effektivitätspotenzen können immer wirksamer erschlossen werden, je tiefer die sozialistische ökonomische Integration wie der gesamte sozialistische und kommunistische Aufbau als gemeinsame Aufgabe der sozialistischen Staaten begriffen wird. Zugleich ist darauf von Einfluß, welchen Vorteil die zwischenstaatliche Arbeitsteilung dem einzelnen Land und der ganzen sozialistischen Gemeinschaft tatsächlich bringt. Das Erkennen der Notwendigkeit und der Vorzüge der sozialistischen internationalen Arbeitsteilung sowie das praktische Wirksamwerden dieser ist gleichermaßen wichtig für das Erreichen einer höheren Stufe und die ununterbrochene Weiterentwicklung der arbeitsteiligen Beziehungen zwischen den RGW-Ländern.

Kolibri 360 GmbH
Ferdinand-Jühlke-Straße 7
99095 Erfurt, Deutschland
produktsicherheit@kolibri360.de